# AVVENTURE FUORI DAL CORPO

*A mia moglie Susan e ai nostri figli,*
*Alex ed Eric,*
*con tutto il mio amore.*

# ALTRI LIBRI PUBBLICATI DA MACRO

WILLIAM BUHLMAN

# AVVENTURE FUORI DAL CORPO

## COME SPERIMENTARE LE PROTEZIONI ASTRALI VOLONTARIE

MACRO

Cesena • Paris • Montréal • Barcelona • Madrid • Santiago de Chile

www.gruppomacro.com

Titolo originale: Adventure beyond the body. How to experience out-of-body travel


| | |
|---|---|
| Coordinamento editoriale | Sara Broccoli |
| Traduzione | Alessandra De Vizzi |
| Coordinamento grafico | Roberto Monti |
| Impaginazione | Claudio Corvino, Valentina Pieri |
| Copertina | Matteo Venturi |
| Stampa | Tipografia Lineagrafica, Città di Castello (PG) |

I edizione novembre 2002
I edizione economica giugno 2015
1ª ristampa maggio 2019

Collana "Sesto Senso"




un marchio del Gruppo Macro
Via Giardino, 30 - 47522 Cesena (FC)
ISBN 9788862297615

# Prefazione

Cinquecento anni fa alcuni coraggiosi esploratori varcarono l'oceano in cerca di una terra nuova e misteriosa, nascosta da una immensa distesa d'acqua ancora inesplorata e non indicata dalle mappe. Molti considerarono quel viaggio un'inutile perdita di tempo e di risorse: dopotutto, la civiltà moderna era fiorita per secoli anche senza esplorazioni di quel genere.

Contro ogni aspettativa, quella manciata di pionieri avanzò inarrestabile, spinta ad affrontare l'ignoto da un forte desiderio di scoperta. Avevano abbandonato le comodità della loro casa per avventurarsi al di là degli orizzonti conosciuti. Affrontando i dubbi e le paure che li affliggevano, comuni all'intera società, proseguirono e arrivarono a realizzare il loro obiettivo: la scoperta.

Oggi ci troviamo ad affrontare un compito molto simile: un oceano inesplorato di energia aspetta di essere conquistato da individui che possiedono la preveggenza e il coraggio di spingersi oltre i limiti dei loro orizzonti fisici. Così come in passato, la visione dell'esploratore deve estendersi oltre le barriere materiali; egli deve inoltre possedere la spinta interiore e la determinazione che lo portano a viaggiare oltre i limiti conosciuti della società e della scienza. È un individuo in grado di avanzare da solo, lontano dalle masse che si aggrappano alla sicurezza della terraferma.

E ancora oggi coloro che indagano sono guidati dal bisogno di scoprire per se stessi. Accettare qualcosa di inferiore alla conoscenza di prima mano significa infatti adattarsi alle credenze e alle convinzioni di chi si ostina a rimanere aggrappato alla riva.

Ognuno di noi ha l'opportunità di oltrepassare i confini fisici e partire per la grande avventura che chiunque può condividere.

# Ringraziamenti

Vorrei ringraziare di cuore tutte le persone che mi hanno aiutato a realizzare questo libro. Kate Tacie grazie per la tua eccellente capacità di usare il computer: hai sempre esaudito le mie richieste con rapidità e senza commettere errori. Loretta e John Drury: la vostra creatività nell'uso della grafica al computer ha dato vita alle mie idee. Grazie a William Birchfield, la cui pazienza nel tradurre i programmi al computer è stata duramente messa alla prova ma ha saputo resistere. E anche al mio agente, Nat Sobel, per aver avuto fiducia nel potenziale di questo progetto. Sol Lewis, ti sono grato per avermi invitato a far parte della Michigan Metaphysical Society. Grazie a Jerry Castle per le sue intuizioni e la sua conoscenza nel campo dell'ipnoterapia. Debbie Aronson, i tuoi commenti sul manoscritto originale si sono rivelati di grande importanza.

Un ringraziamento particolare va ai numerosi partecipanti ai miei seminari e alle mie conferenze: condividere con me le vostre esperienze fuori dal corpo è stato un gesto fondamentale. La mia riconoscenza va anche a Kevin Bentley per le sue valide osservazioni e la sua assistenza.

E un grazie speciale a Michelle Griffith: la tua amicizia e il tuo entusiasmo hanno collaborato a far arrivare qui nel presente questo libro, che era rimasto sospeso in un vago futuro.

Parte Prima

# Esplorare il mistero

CAPITOLO 1

# Primi viaggi

> Il mistero è l'esperienza più meravigliosa che possiamo vivere, l'emozione fondamentale che sta alla base della vera arte e della vera scienza. Chiunque non la conosca e non sia più capace di meravigliarsi e stupirsi è praticamente morto, e i suoi occhi sono offuscati.

Queste parole, scritte molto tempo fa da Albert Einstein, sono impresse per sempre nella mia mente. Vent'anni fa ero fermamente convinto che il mondo fisico che vediamo e sperimentiamo fosse l'unica realtà. Credevo a ciò che vedevano i miei occhi: la vita non possedeva alcun mistero nascosto, ma solo infinite forme di materia che viveva e poi moriva. I fatti erano chiari; non c'erano prove che dimostrassero l'esistenza di mondi non fisici o della continuazione della vita dopo la morte. Mettevo in discussione l'intelligenza di chiunque fosse abbastanza sciocco da accettare i concetti illogici di paradiso, Dio e immortalità, che per me erano solo favole create per confortare i deboli e manipolare le masse. La vita era semplice da capire: il mondo consisteva di materia e forme solide; i concetti di vita dopo la morte e paradiso erano deboli tentativi umani di creare la speranza là dove non esisteva.

Possedevo la conoscenza arrogante di chi giudica il mondo basandosi solo sui sensi fisici; sostenevo le mie conclusioni con le schiaccianti osservazioni fornite dalla scienza e dalla tecnologia: se ci fosse stato davvero qualcosa di misterioso, la scienza se ne sarebbe senz'altro accorta.

Queste ferme convinzioni riguardanti la vita e la realtà continuarono fino al giugno del 1972. Nel corso di una conversazione con un vicino, la nostra discussione passò ad analizzare le possibilità della vita dopo la morte e l'esistenza del paradiso. Feci presente il mio punto di vista agnostico con vigore e, con grande sorpresa, il mio vicino non mi contestò, ma mi raccontò invece un'esperienza che aveva avuto alcune settimane prima. Una sera, subito dopo essersi addormentato, era rimasto sconvolto accorgendosi di fluttuare sopra il suo corpo fisico. Completamente sveglio e consapevole, si era spaventato, tornando così di scatto nell'involucro fisico. Eccitato, mi confidò che non si era trattato di un sogno o di uno scherzo dell'immaginazione, ma di un'esperienza reale.

Incuriosito, decisi di indagare su quello strano fenomeno. Dopo alcuni giorni di ricerche trovai numerosi riferimenti a esperienze fuori dal corpo, e riuscii addirittura a scovare un libro che suggeriva come provocarle con la propria volontà. L'intero argomento mi sembrava decisamente strano, e considerai quel testo il risultato di un'immaginazione troppo fertile. Per pura curiosità, decisi di provare prima di addormentarmi una delle tecniche indicate; ma dopo vari tentativi cominciai a sentirmi ridicolo: nell'arco di tre settimane, l'unica cosa insolita che potevo riscontrare era l'aumento della capacità di ricordare i sogni. Mi convinsi sempre più che doveva trattarsi semplicemente di un sogno vivido e intenso stimolato dalle cosiddette tecniche per uscire dal corpo.

Finché una sera, verso le undici, scivolai nel sonno proprio mentre stavo eseguendo uno di questi esercizi, e cominciai a sognare di essere seduto a un tavolo rotondo insieme ad alcune persone che mi posero varie domande relative allo sviluppo del mio sé e del mio stato di consapevolezza. In quel momento nel sogno cominciai a sentirmi confuso, e in tutto il corpo si diffuse uno strano torpore simile a quello provocato dagli anestetici. Incapace di mantenere una posizione eretta, svenni, battendo la testa sul tavolo. Fu così che mi svegliai di colpo, conscio, steso nel letto davanti al muro. Percepii uno strano ronzio, mi sentii in qualche modo diverso. Allungando un braccio toccai la parete e, sbalordito, vidi la mia mano che vi entrava fisicamente: ne avvertii l'energia vibratoria come se stessi toccando la sua struttura molecolare. Solo allora l'incredibile realtà si fece strada in me: «Mio Dio, non sono nel mio corpo!».

In preda all'eccitazione, riuscivo a pensare solo: è vero, mio Dio, è vero! Ancora sdraiato, mi fissavo incredulo la mano. Quando cercai di serrare il pugno, avvertii la pressione della presa, la mano era solida, ma il muro fisico davanti a me sembrava composto da un materiale denso e vaporoso.

Cominciai a muovermi senza sforzo verso i piedi del letto, la mente che turbinava all'idea che tutto ciò fosse vero. Una volta alzatomi, mi toccai le braccia e le gambe per controllare se ero solido, e con mia grande sorpresa scoprii di essere solido e del tutto reale. Attorno gli oggetti familiari della stanza mi apparivano una sorta di miraggio tridimensionale. Abbassai lo sguardo e scorsi una grossa forma sul letto: sbalordito, mi accorsi che era il mio corpo fisico, addormentato e silenzioso.

Concentrai la visione sul lato opposto, e la parete sembrò dissolversi con estrema lentezza. Mi apparve un enorme campo verde che si estendeva ben oltre la stanza. Mi guardai intorno, scorsi una figura che mi osservava silenziosa a una decina di metri di distanza: era un uomo alto, con i capelli scuri e la barba, con addosso una veste viola. Colto alla sprovvista dalla sua presenza, mi spaventai e tornai di scatto in me. Con un soprassalto mi ritrovai nel mio corpo fisico; appena aprii gli occhi l'intorpidimento e il formicolio scomparvero. Emozionato, mi misi a sedere sul letto, e la mente sembrò esplodere per la comprensione di quello che era appena avvenuto. Sapevo che era tutto vero, che non si era trattato di un sogno o di uno scherzo dell'immaginazione: la mia coscienza era stata sempre presente e consapevole.

All'improvviso dovetti riprendere in considerazione tutto ciò che avevo imparato sulla mia esistenza e sul mondo che mi circondava. Avevo sempre dubitato che esistesse qualcosa al di là del mondo fisico, ma ora ogni cosa era cambiata: sapevo con assoluta certezza che esistono altri mondi dove vive gente simile a me, che il mio corpo fisico è solo un veicolo temporaneo del mio vero io interiore, e che con la pratica sarei riuscito a liberarmene con un semplice atto di volontà.

Eccitato per la scoperta, afferrai carta e penna, riportai con estrema precisione quello che mi era capitato. Una marea di domande mi affollò la mente: per quale motivo gran parte del genere umano non è consapevole di tale fenomeno? Perché la scienza e le varie religioni non indagano in proposito? Possibile che quel mondo invisibile sia il paradiso citato nei testi sacri? E perché i governi non esplorano quest'universo di energia all'apparenza parallelo? Può darsi che l'eccessiva dipendenza dalle percezioni fisiche ci abbia condotti a trascurare un incredibile campo di esplorazione e scoperta.

Dopo aver assorbito la sorpresa iniziale dei primo viaggio, mi resi conto che la mia vita non avrebbe più potuto essere la stessa. Più meditavo sul significato di quanto mi era accaduto, più ero consapevole di quanto fosse profondo. Tutte le mie credenze agnostiche erano state spazzate via in una sola notte. Sapevo che avrei dovuto rivalutare quello che avevo imparato fin dai tempi dell'infanzia. Fino ad allora le mie rassicuranti conclusioni riguardanti la scienza, la psicologia, la religione e la mia stessa esistenza si erano chiaramente basate su una serie di informazioni incomplete.

Mi sentivo eccitato ma anche a disagio: i concetti familiari di realtà non sembravano rivestire alcuna importanza. Avevo sempre più l'impressione di trovarmi immerso nel vuoto. Quando mi era capitato di raccontare agli amici la mia esperienza, l'avevano trovata troppo bizzarra per poter essere presa sul serio. Nel 1972 l'espressione "viaggio fuori dal corpo" non era nemmeno stata coniata, infatti la definizione più diffusa era "proiezione astrale". Nessuno di mia conoscenza ne aveva mai sentito parlare, e se qualcuno raccontava in giro di essere uscito dal proprio corpo, tutti si affrettavano a pensare che facesse uso di stupefacenti o che fosse impazzito. Scoprii ben presto che dovevo mantenere il massimo riserbo sulla faccenda per evitare di incorrere nell'incredulità, o di rendermi addirittura ridicolo.

Dopo la prima esperienza fuori dal corpo, la mente era affollata da infinite possibilità e domande. Alla disperata ricerca di una guida e di qualche informazione, trascorsi varie settimane all'interno di librerie e biblioteche, cercando di trovare qualunque forma di conoscenza fosse disponibile sull'argomento. In breve tempo mi accorsi che il materiale era scarso: certi testi risalivano a decenni prima e non venivano nemmeno più stampati. Alla fine del luglio 1972 mi resi conto che avrei dovuto arrangiarmi da solo.

Decisi allora di concentrarmi sulla tecnica che avevo utilizzato con successo: mentre mi addormentavo avrei dovuto visualizzare un luogo fisico che conoscevo bene. Come nel caso precedente, immaginai con la massima precisione il soggiorno della casa di mia madre. All'inizio mi risultò difficile, ma nel giro di poche settimane riuscii a vedere sempre più chiaramente i dettagli della stanza: i mobili, la carta da parati, la struttura degli oggetti, perfino le minuscole imperfezioni del legno e della tinteggiatura cominciarono ad apparirmi con grande precisione. Mi accorsi che se immaginavo me stesso all'interno di quella stanza, intento a interagire con gli oggetti fisici, le visualizzazioni si facevano più dettagliate. Grazie all'esercizio costante imparai a muovermi fisicamente nel locale e a memorizzare ciò che vi era racchiuso. Imparai anche l'importanza di "sentire" l'ambiente, creando a livello mentale le sensazioni che provavo camminando su un tappeto, stando seduto su una sedia, accendendo una lampada o aprendo la porta. Maggiore era il coinvolgimento (e più numerose erano le caratteristiche che percepivo), più validi erano i risultati ottenuti. Sebbene all'inizio mi sembrasse tutto piuttosto complesso, a un certo punto animare le mie visualizzazioni divenne un vero divertimento. Decisi quindi di tenere un diario per registrare le mie esperienze fuori dal corpo.

## DIARIO. 6 AGOSTO 1972

Mi sveglio alle quattro di mattina dopo aver dormito per tre ore e mezzo; mi metto a leggere un libro sulle esperienze fuori dal corpo. Dopo una quindicina di minuti mi viene sonno, decido di visualizzare il soggiorno di mia madre. Ho scelto questa stanza perché la conosco bene; vi trovano posto diversi manufatti che risalgono ai tempi delle elementari: un portacenere di metallo, un fermaporta di legno, un acquerello che ritrae l'oceano. Mentre creo nella mente l'immagine di quel locale mi concentro lentamente su di essi, e con la massima intensità possibile mi vedo camminare nella stanza, guardando mobili e suppellettili. Comincio così a vedere bene l'ambiente. Mi concentro su un oggetto dopo l'altro, visualizzo me stesso mentre li tocco. Non appena mi immergo nelle sensazioni e nella visione del soggiorno, mi addormento.

Nel giro di pochi secondi mi sveglio a causa di un forte ronzio e di intense vibrazioni che mi attraversano il corpo; ho l'impressione di trovarmi nel bel mezzo di un motore a reazione; il mio corpo e la mia mente sembrano sul punto di vibrare distaccati. Sconvolto e spaventato torno di scatto nel mio corpo. Apro gli occhi, mi accorgo di essere intorpidito e in preda a un intenso formicolio. Nei minuti successivi le percezioni fisiche rientrano nella normalità. Non riesco a credere all'intensità di quanto ho appena vissuto.

Steso sul letto, mi chiedo il motivo di tali fenomeni e la loro eventuale causa. So che non è stato niente di fisico: deve trattarsi di qualcosa in qualche modo connesso alla mia forma non fisica, forse il riconoscimento consapevole del trasferimento della coscienza dal corpo fisico a quello non fisico. Forse sono stato semplicemente conscio di un mutamento o transizione vibratoria necessari per poter avere esperienze fuori dal corpo. Di qualunque cosa si tratti, può essere a dir poco terrificante. Ho deciso di scoprire il motivo di quelle strane vibrazioni: dev'esserci per forza una spiegazione logica.

La settimana successiva non accadde nulla. Cominciai a dubitare di me stesso e della mia capacità di vivere ancora una simile esperienza. Finché una sera, verso le undici, mi appisolai mentre stavo visualizzando il soggiorno di mia madre; pochi minuti dopo venni svegliato da un suono penetrante e da forti vibrazioni che mi attraversavano il corpo.

Aprendo gli occhi mi resi conto di essere metà dentro e metà fuori dal corpo fisico. La prima reazione fu di paura: la mente venne invasa da un panico irrefrenabile, e rientrai subito nell'involucro materiale. Aprendo gli occhi scoprii che il mio corpo fisico era intorpidito e in preda al formicolio: come mi era già accaduto, la sensazione si dissolse pian piano e le percezioni fisiche tornarono normali. Mi alzai a sedere sul letto, sconvolto dall'intensità di rumori e vibrazioni, e ricordo di aver esclamato: «Ma che diavolo è successo?». Rividi l'intera esperienza, e dovetti ammettere di essere impreparato. Una paura istintiva sembrava infatti fluire in me al primo accenno di separazione.

Per due notti non accadde nulla di insolito; la terza notte mi svegliai in preda a uno strano torpore e a una vibrazione che si diffondeva dalla parte posteriore del collo al resto del corpo. Feci del mio meglio per calmarmi e placare la paura, senza però riuscirci: mi sentivo privo di controllo e vulnerabile. Sbigottito, cercai di concentrarmi sul corpo fisico, e le vibrazioni cessarono lentamente. Appena recuperai la percezione fisica, rimasi deluso perché avevo perso una grossa opportunità di esplorare. Deciso a non sprecarla mi tranquillizzai, evitando di pensare al corpo fisico e incoraggiando il ritorno delle vibrazioni: ci riuscii concentrandomi sulle sensazioni che avevo appena provato nella parte posteriore del collo.

Dopo un quarto d'ora mi rilassai e scivolai di nuovo tra il sonno e la veglia; le vibrazioni riapparvero, cominciando sulla parte posteriore del collo e diffondendosi pian piano nel resto del corpo, finché mi sentii fremere con una frequenza o livello di energia più elevata. Questa volta rimasi tranquillo, e l'ansia diminuì: se ero preparato, le vibrazioni risultavano addirittura piacevoli. Un suono acuto echeggiava dentro di me; io mi sentii carico di energia e leggero come una piuma. Appena pensai di fluttuare, mi sentii spingere in avanti. Ero privo di peso, e per la prima volta le sensazioni che provavo erano splendide. Fluttuai fino al soffitto e lo toccai con una mano. Incredulo, mi resi conto che stavo sfiorando la materia energetica del muro: premendo il palmo sulla struttura molecolare indistinta, avvertii l'energia vibratoria. Mi scostai, vidi che il mio braccio era costellato da un migliaio di puntini blu luminosi e luci bianche. Incuriosito, allungai l'altra mano per afferrarmi il braccio, e con mia grande sorpresa scoprii che era solido. Concentrandomi su di esso, rimasi affascinato dall'intensità e dalla bellezza delle luci: sembrava di vedere una galassia di stelle. Per quanto possa apparire strano, fui attratto in un universo che corrispondeva al mio essere. E in quel preciso istante tornai di colpo nel corpo; il formicolio scomparve. Aprii gli occhi.

## DIARIO. 4 OTTOBRE 1972

Sempre più assonnato, per dieci o quindici minuti ripeto mentalmente l'affermazione: "Adesso sono fuori dal corpo". E appena prima di scivolare nel sonno imprimo maggiore intensità alle parole.

Mi sveglio quasi subito, scosso da forti vibrazioni e da un ronzio quasi elettrico. Confuso, mi sento assalire dalla paura, ma ritrovo la calma ripetendo: «Sono protetto dalla luce». Il timore iniziale si dissolve mentre visualizzo me stesso avvolto da un globo di luminosità protettiva. Penso di fluttuare, e subito esco dal corpo fisico, salendo leggero come una piuma verso il soffitto. Allontanandomi dal mio corpo mi rendo conto che le vibrazioni e il ronzio sono diminuiti, riducendosi a un tenue mormorio. Sentendomi più sicuro, apro gli occhi e mi ritrovo a fissare il soffitto, a pochi centimetri dal viso. Stupito all'idea di aver volato così in alto, senza volerlo penso di guardare il mio corpo steso sul letto, e mi ci ritrovo dentro di scatto; dopo aver provato una strana vibrazione ricupero subito le percezioni fisiche.

Steso sul letto rivivo l'intera esperienza, e capisco che pensare al corpo ha provocato l'immediato ritorno. Sono certo che sia possibile vedere il proprio organismo fisico perché durante la prima esperienza a me è capitato con grande chiarezza. Il trucco consiste nel mantenere il maggior distacco possibile a livello mentale ed emozionale, e non pensarci affatto: altrimenti ci si ritrova subito nella forma fisica. Mentre fluttuavo avrei dovuto pensare di girarmi, in tal modo avrei potuto osservare il mio corpo fisico, evitando con cura di formulare alcun pensiero al riguardo.

## DIARIO. 12 OTTOBRE 1972

Mi sveglio alle tre e un quarto di notte dopo tre ore e mezzo di sonno (con due periodi REM), e vado a sedermi sul divano del soggiorno. Leggo per circa quaranta minuti finché, insonnolito, inizio una visualizzazione diversa: mi vedo come una sfera color arancione brillante piena di elio che si ingrandisce, io divento sempre più leggero. Aumento l'intensità della visione, mantenendola il più a lungo possibile. Mi addormento e mi risveglio, sentendomi attraversare da una forte vibrazione e da un ronzio. Appena capisco di essere pronto al distacco, penso subito di fluttuare; inizio a salire verso il soffitto; suoni e vibrazioni scompaiono. D'istinto mi allungo per toccare il muro: la mano entra lentamente nella sostanza del soffitto stesso; percepisco una leggera resistenza mentre mani e braccia si muovono. Avanzando pian piano, il mio corpo entra, passando attraverso le travi e il solaio. In preda all'eccitazione arrivo in cima alla casa.

Penso di assumere una posizione eretta, e di colpo mi ritrovo in piedi sul punto più alto dell'edificio. Guardandomi intorno vedo con grande chiarezza le antenne TV e i camini. È il cuore della notte, ma il cielo e tutto ciò che mi sta intorno è parzialmente illuminato da un chiarore argenteo.

A quel punto provo il desiderio improvviso di volare: allargo le braccia, scivolo giù dal tetto, mi libro sopra il cortile sul retro. Senza capire perché mi sento sempre più pesante; continuo a scendere finché non arrivo a pochi centimetri da terra. Penso al "controllo", ma ormai è troppo tardi, e con un forte tonfo finisco a faccia in giù sul prato. In quel preciso istante mi trovo di nuovo nel mio corpo fisico, riacquistando le percezioni fisiche. Per quale motivo sono diventato così pesante?

## DIARIO. 2 NOVEMBRE 1972

Mi sveglio per il ronzio e le vibrazioni, con l'impressione che il mio corpo e la mia mente stiano per separarsi. All'inizio sono confuso, ma riesco a tranquillizzarmi, concentrandomi sull'idea di fluttuare via dal corpo fisico. Infatti nel giro di pochi secondi esco, salendo a vari centimetri d'altezza. Appena si verifica la separazione il rumore e le vibrazioni si attenuano, sostituiti da una sensazione di calma e serenità. Mi sembra di essere privo di peso e di poter vagare nell'aria come una nuvola. Penso di andare verso la porta, e ho l'impressione di avanzare automaticamente in quella direzione. Mi sento libero, come non lo sono mai stato prima. Decido di volare, e appena penso di farlo volo attraverso il soffitto, superando il tetto come un razzo. Eccitato da tale reazione immediata, mi rendo conto che i pensieri sono l'energia che alimenta la mia propulsione personale. Allargo le braccia, alzandomi di alcuni metri nell'aria. Sotto di me vedo chiaramente gli edifici e le strade del mio quartiere. Mi sento strattonare mentre volo sempre più in alto sulla città di Baltimora; quando la sensazione di essere tirato indietro si fa più forte, penso al mio corpo e torno nel mio corpo fisico, intorpidito e attraversato da un notevole formicolio. Apro gli occhi.

Le esperienze fuori dal corpo continuarono, e io rimasi affascinato dalle strutture di energia non fisica che osservavo. Ogni volta le domande aumentavano finché fui ossessionato dal desiderio di comprenderne la natura. Nel tentativo di capire il rapporto tra ambienti fisici e non fisici, escogitai una serie di semplici esperimenti. Per esempio, ogni giorno mettevo una matita o una penna in equilibrio sul bordo del comodino per vedere se sarei riuscito a muovere un oggetto materiale con il mio organismo non corporeo. Scoprii ben presto che questa semplice prova era più difficile di quanto si pensi. La cosa più complessa era concentrarmi sull'esperimento: al momento della separazione la mia mente era affollata da migliaia di possibilità, e il tentativo stesso mi appariva insignificante se paragonato alle meraviglie che avevo a disposizione.

A ogni prova aumentavo la consapevolezza che lo stato non fisico di coscienza era assai sensibile, e reagiva al più vago pensiero; era proprio il pensiero a inviarmi in una direzione specifica. Imparai ben presto che l'inconscio esercitava sulle azioni un'influenza e un controllo maggiori di quanto avessi mai immaginato. Spesso un pensiero spontaneo creava una reazione immediata. Per esempio, se pensavo di volare (e lo facevo spesso) ecco che subito volavo attraverso il soffitto o la parete, e sorvolavo il mio quartiere.

Con il passare del tempo mi resi conto che assumere il pieno controllo della coscienza nei secondi successivi alla separazione era di fondamentale importanza. Per riuscire in tale compito provai vari sistemi; all'inizio tentai di concentrarmi sulla mano o sul braccio. Mi auguravo così di poter focalizzare i pensieri su una singola idea, ottenendo il controllo immediato. Tutto ciò provocava la strana sensazione di essere immerso in me stesso: pur essendo esilarante, il risultato finale non era affatto il controllo ma la sensazione di essere incantato e attirato in un brillante universo di luminose stelle blu.

Insoddisfatto dei risultati, decisi di afferrare il braccio non fisico e di concentrarmi sulla sensazione della presa, che con mia grande sorpresa si rivelò incredibilmente solida. L'organismo non fisico possedeva una propria qualità vibratoria, grazie alla quale percepivo la tenue energia della sostanza. Scoprii ben presto che il mio corpo energetico era davvero "reale" sotto ogni punto di vista, esatto duplicato di quello fisico. Quando i miei pensieri si concentravano sull'organismo non materiale, mi sentivo attratto verso l'interno, come se venissi risucchiato da un profondo vuoto dentro il mio essere.

Nell'arco di vari mesi ho ripetuto questo procedimento di autoesame, e, un errore dopo l'altro, ho imparato a conoscere il mio corpo non fisico. Grazie a una lunga osservazione ho capito che si tratta di una sorta di stampo di energia, energia consapevole che ha assunto una forma temporanea. Il corpo che sperimentavo durante i viaggi sembrava essere il risultato delle aspettative e dei pregiudizi della mente. Ho capito inoltre che concentrarmi sul corpo non fisico ha creato una forte tendenza a essere attirato verso zone che non arrivavo ancora a comprendere. Sapevo di dover trovare un altro metodo per acquisire il controllo consapevole.

Dopo quasi un anno, frustrato dai numerosi fallimenti, scoprii finalmente che stavo rendendo l'intero processo più complicato di quanto fosse in realtà. Un pomeriggio, durante un'esperienza fuori dal corpo gridai: «Controllo!». E subito sentii ampliarsi la mia mente analitica.

In piedi in fondo al letto, mi accorsi che la visione era migliorata ma restava comunque sfocata; appena gridai: «Chiarezza!», vidi subito benissimo. Il corpo e la mente vennero attraversati da un'ondata di energia e consapevolezza. Ero molto emozionato, perché per la prima volta sentivo di avere il controllo completo: la mia consapevolezza era presente, e io mi sentivo più cosciente che durante il normale stato di veglia. I pensieri erano cristallini e vibranti di vitalità.

A un tratto realizzai che la chiave consisteva nella semplice richiesta di un controllo pieno e consapevole subito dopo la separazione. Cominciai anche a comprendere l'importanza di concentrare i pensieri e il bisogno di essere molto specifico quando formulavo una richiesta. Una volta, subito dopo la separazione, esclamai ad alta voce: «Richiedo la piena coscienza dello stato da sveglio», e tornai subito nel corpo fisico. Mi accorsi così che la parte della mente che esercita il controllo prende i pensieri alla lettera: avevo quindi sbagliato a scegliere la parola "sveglio", che venne subito interpretata come "risveglio" fisico. Dopo aver provato per vari mesi con diverse frasi, capii che mi ero involontariamente programmato a pensare "controllo" durante le esperienze fuori dal corpo. Lo facevo in modo automatico mentre uscivo dal corpo fluttuando verso l'alto. Dopo un anno di tentativi ed errori, seppi di essere sulla strada giusta.

Nel frattempo avevo continuato a eseguire l'esperimento delle penne appoggiate sul bordo del comodino. In varie occasioni tentai di spostarle, e con mia grande sorpresa mi accorsi che la frequenza vibratoria (densità) del mio corpo non fisico sembrava determinare la capacità o meno di vedere la matita e addirittura l'intera stanza. L'ambiente attorno a me non era quindi il mondo fisico, così come avevo presupposto, e le strutture non erano fisiche. I pezzi del mosaico pian piano iniziarono ad andare a posto. Capii perché c'erano lievi differenze tra i mobili fisici e non fisici e gli altri oggetti. Per esempio, le pareti non fisiche avevano spesso un colore diverso, anche la forma e lo stile di mobili e pareti erano differenti. Si trattava di piccoli dettagli che potevo comunque notare.

Affinché potessi vedere il normale ambiente fisico che mi circondava, la vibrazione interiore doveva essere relativamente densa o bassa. Il semplice atto di richiedere consapevolezza e chiarezza sembrava far automaticamente aumentare la frequenza interna del mio corpo non fisico. Cercando di rendere più realistici gli esperimenti, sistemai alcune matite in equilibrio in tre diversi punti da cui passavo appena lasciavo il corpo. Speravo così di notarle, ai lati o ai piedi del letto, quando passavo lì vicino.

Nel giro di alcune settimane, dopo la separazione riuscii nell'intento: mentre mi muovevo sul lato del letto, mi concentrai sulla matita posta sul bordo del cassettone. All'inizio la visione era offuscata, quasi fuori sincronia, quindi esclamai: «Chiarezza!». Subito tutto fu a fuoco: l'oggetto mi appariva come una forma indistinta tridimensionale dotata di sostanza. Mi avvicinai, la toccai con la mano e sentii una leggera vibrazione quando le dita passarono attraverso la sostanza della matita stessa. Frustrato, provai di nuovo, ma ottenni lo stesso risultato. Concentrandomi, mi resi conto che il mio corpo non fisico era senz'altro meno denso della matita, e d'istinto esclamai: «Devo essere più denso!». Uno scatto, e mi ritrovai nel corpo fisico, in grado di percepire a livello materiale. Non potei fare a meno di ridere: in fondo, la mia richiesta era stata esaudita! Dovevo tenere a mente che tutto ciò che chiedevo quando mi trovavo fuori dal corpo veniva preso alla lettera, lasciando ben poco spazio a interpretazioni e sfumature; occorreva quindi formulare ogni desiderio con la massima precisione. Forse una frase come: «Vorrei spostare questa matita» sarebbe stata più efficace.

Nel corso di un'esperienza simile avvenuta anni dopo, mi stavo esercitando a svolgere l'autoipnosi con l'aiuto di una candela accesa. Dopo la separazione mi ritrovai in piedi accanto alla candela stessa e decisi di spegnerla: con mia grande sorpresa si smorzò subito da sola. Tornato nel corpo fisico, aprii gli occhi e vidi che la candela reale stava ancora bruciando. Ciò significava che quella che avevo spento io si trovava nella dimensione parallela più vicina a quella materiale, dove l'energia fisica relativamente densa è un duplicato del mondo fisico.

Questo semplice esperimento si è rivelato importante perché mi ha fornito la prova che gli ambienti e gli oggetti incontrati nel corso delle esperienze fuori dal corpo esistono indipendentemente dall'universo fisico. È quindi evidente che non osserviamo il mondo fisico da una diversa prospettiva, come credono in molti, ma interagiamo invece in una dimensione parallela e separata.

## DIARIO. 21 GIUGNO 1973

Mi sveglio alle cinque del mattino, vado a sedermi sul divano. Leggo per circa un quarto d'ora, finché mi viene sonno e decido di tentare qualcosa di nuovo: prendo un foglio di carta e comincio a scrivere affermazioni fuori dal corpo (per esempio: "Adesso sono fuori dal corpo"), ripetendolo senza sosta tra me. Dopo averle scritte almeno cinquanta volte, riesco a malapena a tenere gli occhi aperti: mi addormento continuando a recitarle.

Vengo destato da uno strano intorpidimento e da forti vibrazioni in tutto il corpo. Cerco di mantenere la calma, concentrandomi sulla sensazione di fluttuare verso l'alto. Dopo alcuni secondi mi sento sollevare, esco dal corpo e mi avvicino alla finestra. Poiché mi sento in qualche modo sfocato, chiedo chiarezza; il miglioramento è impercettibile, devo quindi ripetere la richiesta con maggiore decisione: «Ho bisogno di chiarezza, subito!». La mia coscienza diventa cristallina, il mio corpo più leggero e carico di energia. Sveglio e consapevole, decido di volare. Allungando le braccia, faccio un piccolo balzo e volo attraverso il soffitto e il tetto, arrivando a varie centinaia di metri sopra il quartiere. Agito le braccia e decollo: è fantastico. Mi sento completamente libero mentre scivolo sulla città di Catonsville. Anche se è notte, il paesaggio è illuminato da un chiarore argenteo. Sotto di me le case e i giardini sembrano decorazioni natalizie. All'improvviso mi sento tirare da dietro, e penso d'istinto al mio corpo, rientrandovi così di scatto. Mi sveglio con un leggero intorpidimento e un formicolio generalizzato.

# DIARIO. 3 LUGLIO 1973

Mi sveglio avvertendo un forte ronzio, con l'impressione che il corpo e la mente si trovino all'interno di un motore. In un primo momento rimango colpito dall'intensità delle vibrazioni, poi però mi tranquillizzo, focalizzandomi sull'idea di fluttuare dal mio corpo. La separazione è immediata, mi alzo verso il soffitto, il ronzio diminuisce. Mentre mi libro a circa quindici centimetri dal corpo, le vibrazioni vengono sostituite da un senso di calma: mi sento senza peso, avvolto da una nuvola. Penso alla porta, e subito mi sento spingere in quella direzione.

Concentrandomi, penso al soggiorno e lo raggiungo, sempre fluttuando. Non riesco a credere che possa essere così facile e naturale. Penso di stare in piedi, e mi ritrovo nel soggiorno, intento a esaminare ciò che mi circonda. Ogni cosa ha un aspetto familiare, a parte il fatto che le pareti sono di colore giallo chiaro invece che bianche, e alcuni mobili sono leggermente diversi dai loro corrispettivi fisici. Per esempio, un'antica sedia a dondolo con intarsiata una testa di leone è uguale, ma il tavolino da caffè sembra risalire al secolo scorso, mentre invece il suo corrispondente materiale è moderno.

Mi accorgo che riesco a vedere attraverso il profilo indistinto delle pareti: mi concentro sui muri che assumono un aspetto sempre più vaporoso, e la sostanza si dissolve lentamente. Davanti a me si stende un ambiente del tutto nuovo, un prato immenso che arriva fin dove giunge lo sguardo. Faccio alcuni passi ed entro in questo nuovo territorio. Guardandomi intorno noto la figura di un uomo in piedi a una ventina di metri di distanza: mi osserva con estrema attenzione, ma non si avvicina. Ha i capelli scuri, la barba corta, indossa una lunga tunica viola; mostra di essersi accorto di me rivolgendomi un cenno del capo e un esile sorriso. La situazione sembra sopraffarmi, mi sento a disagio e incerto sul da farsi: dovrei avvicinarmi e parlare con quello sconosciuto, o evitarlo? E dilemma si risolve subito, perché torno di scatto nel mio corpo fisico.

Steso nel letto, penso che potrebbe trattarsi della stessa persona che ho visto in occasione della prima esperienza fuori dal corpo. Più ci penso, più mi convinco che non si tratta di un semplice abitante dell'universo non fisico che passa per caso: sembrava infatti osservare con attenzione ogni mia mossa, anche se era chiaro che non aveva alcuna intenzione di avvicinarsi o comunicare con me. Immagino sapesse che qualunque movimento da parte sua mi avrebbe terrorizzato: è già stato abbastanza sconvolgente vedere qualcuno!

Per diversi giorni la curiosità nei confronti di quest'uomo non mi abbandona. Quali sono le sue intenzioni? Da quale scopo è animato? Mi chiedo se non sia una specie di guida che controlla i miei progressi, e se tutti coloro che vivono esperienze fuori dal corpo vengono tenuti d'occhio da qualcuno. Era chiaro che non aveva intenzione di intervenire; quando l'ho visto sembrava addirittura sorpreso. Posso solo immaginare che mi stesse guardando da un livello vibratorio leggermente diverso dal mio, in modo da non farsi scoprire. Quando ho focalizzato l'attenzione, devo aver elevato il livello vibratorio, e di conseguenza sono riuscito a vedere al di là del mio normale ambiente fisico. Confrontando questo episodio con il mio primo viaggio, devo ammettere che sotto molti punti di vista sono simili. La differenza principale sta nel fatto che quest'ultima volta il controllo e la visione erano migliori.

Più pensavo alle mie esperienze, più mi rendevo conto che tutto ciò che ritenevo vero o reale doveva essere ripreso in considerazione. Per esempio, il "fatto" da lungo stabilito che la nostra coscienza è il risultato di un'attività elettrochimica all'interno del cervello, è in realtà una conclusione ridicola derivata da informazioni chiaramente insufficienti. Ora sapevo che il cervello deve svolgere un'altra funzione, forse come congegno di trasferimento biologico tra la mente non fisica e il corpo fisico; è simile al disco fisso di un computer che immagazzina dati e ricordi necessari per sostenere e far funzionare il nostro veicolo biologico temporaneo.

Le esperienze fuori dal corpo continuarono, confermando tale osservazione. Inoltre, era innegabile che potevo pensare senza l'intervento del cervello fisico: riuscivo infatti a creare, analizzare, ricordare pensieri. Mi resi conto anche che esistevano differenze ben precise; per esempio, quando mi trovavo fuori dal corpo ero più spontaneo e deciso, mi sentivo motivato a fare cose che quando ero all'interno del corpo fisico non prendevo nemmeno in considerazione. Mi capitava spesso di pensare di volare, e subito volavo fuori dalla stanza e vagavo sopra il mio quartiere, o mi ritrovavo a sorvolare strani paesaggi che non riuscivo a identificare. A volte sospettavo di essere diretto da una parte più ampia e sconosciuta del mio essere. Spesso i pensieri immediati mi conducevano in situazioni ed esperienze che fornivano intuizioni relative a settori o avvenimenti legati al passato o al presente. In varie occasioni ne compresi il motivo solo settimane o addirittura anni dopo. L'esperienza qui di seguito riportata ebbe su di me un profondo impatto: per la prima volta mi resi conto dell'infinito potenziale connesso alle esplorazioni non fisiche.

## DIARIO. 9 LUGLIO 1973

Verso mezzogiorno decido di fare un sonnellino. Mentre mi addormento visualizzo il soggiorno della casa di mia madre. Nel corpo si diffonde una sensazione di torpore e formicolio che assaporo; esco dall'involucro fisico con facilità. Mi sento attraversare da una forte eccitazione mentre avanzo verso i piedi del letto.

Mi guardo intorno, provo l'impulso di vedere la ragazza che abita nell'appartamento sopra il mio. Galleggio verso l'alto e sento la testa e le spalle che entrano nel soffitto. Non capisco per quale motivo, ma incontro una forte resistenza e non riesco a passare. Bloccato, vengo preso dal panico. Esclamo: «Giù!», e scendo subito verso il pavimento.

Con una sensazione di sollievo mi calmo e mi centro. Mi dirigo nella mia stanza; varcando la soglia provo una lieve agitazione, ma non ho problemi; vicino alla porta intravedo un'apparizione vaga e indistinta. Camminando normalmente entro in soggiorno, vado verso la porta d'entrata quando alla mia destra sento una voce maschile che chiama il mio nome.

«Willie!».

Confuso, mi giro e vedo un uomo seduto sul divano. Dimostra una trentina d'anni, e ha un'aria familiare.

«Willie, mi fa piacere vederti».

Riconosco la voce, e mi rendo conto di avere davanti lo zio Hilton. Sconvolto dalla sua presenza, mi limito a fissarlo.

«Scommetto che sei sorpreso di vedermi!». Si lascia sfuggire una risatina, e riprende: «Direi che hai avuto qualche problema con il soffitto!».

Mi avvicino e gli chiedo: «Zio Hilton, sei davvero tu?»

«Certo, sono io», mi risponde con un sorriso.

Lo scruto con estrema attenzione: mi sembra più giovane di almeno vent'anni e molto più magro di quando è morto.

Sembra divertito dal mio esame accurato. «Ehi, guarda che sono sorpreso quanto te di vederti!». Il suo tono si fa più serio: «Willie, come hai imparato a farlo?». La sua domanda mi coglie di sorpresa: «Ho semplicemente provato, e ha funzionato».

«Sono in pochi a riuscirci. Tutti noi siamo piuttosto sorpresi». Mi fissa, aspettando che io gli dica qualcosa.

Ma la realtà della situazione sembra sopraffarmi, e per chissà quale motivo sento il bisogno di volare. «Zio Hilton, devo andare».

Mi sorride, rivolgendomi un cenno del capo; mi avvio verso la porta.

Esco, e mi trovo davanti un enorme campo verde. (L'ambiente fisico che mi circonda nella realtà è un appartamento). Alzo le braccia sopra la testa. L'impulso di volare sembra spingermi nell'aria come un missile. Allargo le braccia, decollo. Mi guardo intorno; vedo chiaramente la Statale 40 sotto di me. Decido di seguire la strada e volo a ovest, a diverse centinaia di metri da terra,

Ogni singola parte del mio essere emana un forte senso di allegria e libertà. Abbasso lo sguardo: vedo con grande chiarezza le strade, le case, perfino i campi coltivati. Mentre passo sopra Ellicott City mi sento strattonare in un punto in mezzo alla schiena, penso al mio corpo fisico, e in un attimo mi ci ritrovo dentro. Per un breve istante provo un senso di formicolio e torpore che però svanisce ben presto.

Appena recupero la percezione fisica, prendo l'album delle fotografie di mia madre e cerco il ritratto dello zio. Giro frenetico le pagine, e finalmente lo trovo, ripreso quando deve avere circa trent'anni. Non ci sono dubbi: è la copia esatta dell'uomo che ho appena incontrato! Mentre rivedo questa esperienza, un paio di cose mi diventano chiare: prima di tutto, dopo la morte noi continuiamo a esistere. Lo so fin da quando sono uscito per la prima volta dal corpo, ma dopo aver parlato con un defunto che avevo conosciuto in vita non ho più dubbi. Sono certo di non essermi sbagliato: l'individuo con cui ho parlato era senz'altro mio zio. Mi ha colpito il suo aspetto giovanile, al punto che non l'avevo riconosciuto subito, almeno a livello visivo. Sono stati la sua voce particolare e il modo in cui mi ha detto "Willie" a farmi capire chi era: solo lui usava quel diminuivo, tutti gli altri mi hanno sempre chiamato William o Bill.

Lo zio è morto all'età di cinquantaquattro anni, notevolmente sovrappeso; quando l'ho rivisto mi è invece apparso giovane, magro, pieno di salute. È probabile che dopo esserci liberati del corpo fisico al momento della morte, assumiamo la forma di energia modellata o influenzata dal concetto che abbiamo di noi stessi. Poiché ho imparato che le energie non fisiche reagiscono in maniera naturale al pensiero, mi sembra ragionevole che i nostri pensieri e l'immagine del sé influenzino la nostra energia personale. È quindi probabile che siamo liberi di assumere la forma non fisica che più si adatta al concetto che abbiamo di noi stessi. Non posso fare a meno di chiedermi quale sia il mio aspetto quando esco dal corpo, e se sia uguale a quello fisico. Mi piacerebbe inoltre sapere se la mia forma cambierebbe se io modificassi intenzionalmente l'immagine che ho di me. Può sembrare strano, ma è possibile che anche la nostra forma non fisica sia un veicolo temporaneo, proprio come il corpo fisico. Chissà cosa succederebbe se mi concentrassi per cambiare la forma del mio corpo non fisico quando sono fuori dal corpo!

Nelle settimane successive continuai a ripensare a quell'incontro. Lo zio mi era sembrato stupito e incuriosito per la mia capacità di lasciare il corpo, e al tempo stesso avevo avuto l'impressione che mi stesse aspettando, che sapesse che stavo per entrare nel soggiorno. Forse era quello il motivo per cui non ero riuscito a passare dal soffitto, ed ero stato in qualche modo diretto verso il salotto. Avevo poi avuto l'impressione che ci fosse stato qualcuno seduto accanto a lui. È un concetto difficile da spiegare, ma avevo percepito una presenza, e per un breve istante avevo addirittura intravisto la sagoma di una donna.

Continuai a seguire la procedura che aveva sempre funzionato in passato: mi svegliavo alle sette e mi preparavo per la lezione delle nove al college, al termine della quale tornavo a casa da mia madre e leggevo fino a essere insonnolito. Di solito verso mezzogiorno iniziavo a eseguire gli esercizi per uscire fuori dal corpo. Proseguii la sperimentazione con vari metodi, ma scoprii che il più semplice era quello che funzionava meglio. Mi sdraiavo sul letto e visualizzavo me stesso che camminavo nella stanza esaminandone i minimi dettagli.

Spesso sceglievo tre o quattro oggetti, e facevo il possibile per vederli con estrema chiarezza nella mia mente. Non capivo cosa stessi facendo, non pensavo nemmeno alle meccaniche relative: sapevo solo che funzionava.

Il 30% delle volte, dopo essermi appisolato mi alzavo a sedere, fluttuavo o mi giravo di lato, uscendo dal corpo. Le sensazioni che provavo durante la separazione erano molto simili: un forte ronzio accompagnato da un aumento dell'energia interiore o da una notevole vibrazione che si diffondeva nel corpo. Giunto al culmine delle vibrazioni mi allontanavo mentalmente dal corpo sedendomi o rotolando di fianco. Preferivo alzarmi a sedere perché rotolare mi disorientava. Scoprii che il metodo meno impegnativo era proprio mettermi a sedere, perché mi permetteva di mantenere un maggiore controllo sull'energia del mio organismo non fisico. Può darsi che i movimenti simili a quelli fisici, associati al fatto di camminare, avessero un effetto stabilizzante.

## DIARIO. 14 SETTEMBRE 1973

Assonnato, ripeto mentalmente la solita affermazione: «Adesso sono fuori dal corpo». Nel frattempo visualizzo gli oggetti nella stanza di mia madre, e dopo circa un quarto d'ora mi addormento. Un colpo d'arma da fuoco mi echeggia vicino alla testa e mi sveglia all'improvviso. Mi sento intorpidito, e un potente flusso di energia scorre in me. Ho paura, penso al mio corpo fisico, nel quale torno di soprassalto, guardandomi intorno alla ricerca della fonte del rumore. Dopo aver riacquistato le percezioni fisiche, mi rendo conto di aver affrontato male questa esperienza. Credo che lo sparo sia stato un suono interiore, causato forse dalla separazione dal corpo fisico: devo essermi staccato in un punto di connessione posto sulla testa. Secondo una nota teoria, tutti noi siamo legati al nostro corpo fisico in sette punti precisi, e il rumore di uno schiocco indica il distacco avvenuto nella zona accanto alla ghiandola pineale. Al momento non possiedo prove in grado di dimostrare la validità di tale ipotesi, devo ammettere però che la mia esperienza è somigliante ai suoni riportati da Sylvan Muldoon e Paul Twitchell. Il materiale raccolto sulle sensazioni e i suoni associati alle esperienze fuori dal corpo è ancora scarso. Spero che tutto ciò cambi al più presto. Se consideriamo il vasto potenziale di conoscenza disponibile, è ragionevole prevedere che debbano essere condotte ulteriori ricerche: sono fermamente convinto che sveleranno nuovi aspetti della natura invisibile e della fonte di consapevolezza.

## DIARIO. 25 OTTOBRE 1973

Sempre più rilassato e insonnolito, ripeto l'affermazione: «Adesso sono fuori dal corpo». Ed ecco che mi ritrovo seduto sul letto, completamente sveglio, e osservo l'ambiente. Le vibrazioni fluiscono in me mentre mi alzo e mi separo dal corpo, attraverso il muro della stanza ed entro in un nuovo ambiente. Sto camminando su una specie di sentiero o marciapiede, tutt'intorno a me si stende una vasta pianura. In lontananza c'è un palo altissimo, sembra un ripetitore radiofonico. Sento l'impulso di andarci vicino, e appena dico a me stesso: «Devo arrivare a quella torre», mi ci trovo subito accanto. Davanti a me ci sono decine di bidoni della spazzatura che mi impediscono il cammino; li spingo da parte e mi chiedo ad alta voce: «Che cosa rappresenta questa roba?». In quel preciso istante nella mia mente appare una serie di immagini vivide; non riesco a capire se provengono da me stesso, o se mi giungono dall'esterno. «Molto bene, cominci a capire. Ti trovi in una regione dalle vibrazioni più elevate, un ambiente che reagisce al pensiero. Le tue percezioni di quello che ti circonda sono create dalla tua mente, che lo interpreta secondo i punti di riferimento e le forme a cui possono riferirsi».

La mia mente è in preda all'eccitazione. Per la prima volta capisco ciò che è ovvio; il marciapiede è il mio sentiero, la direzione della mia vita; i bidoni della spazzatura sono tutto il ciarpame che rallenta la mia evoluzione, e cioè le paure, i limiti e le dipendenze. Tutto ciò deve essere rimosso dal cammino affinché io avanzi e raggiunga gli obiettivi spirituali.

Fisso per un momento i bidoni, che hanno un aspetto vecchio e malridotto; con un senso di profonda gioia e soddisfazione li tolgo di mezzo. Eliminati gli ostacoli, mi sento assalire da un potente flusso di energia; carico e potente, avanzo verso il ripetitore e scopro di esserci proprio dietro. Cerco un'entrata ma non la trovo. Mentre gironzolo nei paraggi mi sento tirare con forza: so che devo tornare nel corpo.

Penso per un breve istante al mio organismo fisico, e mi ci ritrovo subito dentro. Apro gli occhi e mi accorgo che devo andare in bagno. Me la prendo con me stesso per non essermi organizzato meglio. Sono molto incuriosito dalla torre e da ciò che rappresenta. Perché non sono riuscito a trovare la porta? Ho un'ipotesi in merito, però mi serve una conferma. Sono curioso soprattutto per la comunicazione che ho ricevuto; non saprei spiegarla, ma nella mia mente era tutto molto chiaro: si trattava di immagini, non di parole. Mi rendo conto che questa esperienza è diversa dalle altre. Sono entrato in una dimensione completamente diversa, un mondo non fisico separato da quello materiale che sperimento di solito; in aggiunta, l'ambiente sembrava rispondere con estrema facilità ai miei pensieri. Ero in qualche modo differente, più leggero e carico di energia. Non capisco bene cosa mi è accaduto, ma sono certo che è importante.

## DIARIO. 12 NOVEMBRE 1973

Sento una leggera vibrazione e un senso di rapido movimento. All'improvviso mi trovo all'interno di una cattedrale riccamente decorata, in piedi davanti a un alto pulpito. A mio agio, salgo in fretta i gradini, pronto a rivolgermi alla folla, ma quando abbasso lo sguardo non vedo nessuno. Confuso e incerto, torno di scatto nel corpo e mi ritrovo seduto sul letto, sveglio e consapevole. Stupito, mi dico: «Strano... non ho mai avuto un'esperienza fuori dal corpo stando seduto!». Poi mi accorgo di non essere affatto nel mio corpo fisico, che vedo steso nel letto profondamente addormentato. Eccitato, mi rendo conto che l'esperienza della cattedrale si è verificata in un corpo di energia diverso. Per la prima volta mi è chiaro che la "sensazione" dei due corpi non fisici è completamente diversa: quello in cui mi trovo adesso è più denso, quasi fisico se confrontato con la leggerezza dell'altro.

Grazie a questa esperienza ho scoperto che il primo corpo non fisico (denso) è in pratica un duplicato di energia del fisico, mentre il secondo possiede un tasso di energia più raffinata e pura, pronta a reagire al minimo pensiero. Più pensavo a quanto avevo compreso, maggiore era l'emozione. Sapevo di aver compiuto un passo importante perché avevo capito quanto sia limitato il primo corpo di energia. Questo spiegava anche perché le mie capacità e la mia percezione cambiavano così tanto quando mi trovavo fuori dal corpo. In teoria avrei dovuto riuscire a spostàrmi in maniera consapevole da una forma di energia all'altra, mollando il primo corpo e passando a volontà al secondo. Non vedevo l'ora di vivere un'altra esperienza per mettere alla prova questa teoria.

Per una settimana provai senza avere successo, poi finalmente accadde. Dopo aver dormito per cinque ore, mi svegliai alle sei di mattina e andai a mettermi sul divano. Lessi per circa quindici minuti, finché venni assalito dalla sonnolenza e cominciai a ripetere l'affermazione: «Adesso sono fuori dal corpo» da quaranta a cinquanta volte, mentre mi addormentavo.

Riconobbi subito lo stato vibratorio, mi alzai dal corpo fisico e feci alcuni passi verso la porta. Invece di attraversarla come al solito, domandai chiarezza, chiedendo deciso di sperimentare la seconda forma energetica: «Io avanzo al mio corpo più elevato». Percepii una spinta di energia, mi ritrovai subito in un ambiente nuovo. Il fatto che il procedimento avesse funzionato mi emozionò in maniera incredibile.

Mi sentii colmo di energia, leggero come una piuma, la mente affollata da nuove possibilità. Spinto dall'abitudine ordinai di avere maggiore chiarezza, e la mia mente divenne cristallina. Per la prima volta capii veramente cosa significa essere consapevole: i pensieri si fecero più veloci, vibranti e vivi di quanto fossero mai stati. È difficile da descrivere, ma mi sentii immenso, senza limiti o paure. Mi resi conto che lo stato fisico di coscienza è una percezione offuscata, simile a un vago sogno, e che il primo corpo non fisico è molto simile a quello fisico.

Nell'ambito di quell'esperienza si verificò un graduale cambiamento del mio corpo non fisico mentre avanzavo nello spazio interiore; aumentando la frequenza dell'energia personale, avanzavo automaticamente nelle regioni interne e non fisiche dell'universo. Questa scoperta riveste una notevole importanza per ognuno di noi: quando esploriamo la parte più intima del nostro essere, oltre alla frequenza e alla densità cambiano anche la forma e l'aspetto non fisici. Dopo aver sperimentato questo cambiamento in un certo numero di occasioni, non potevo più ignorarne l'importanza. La frequenza dell'energia personale del corpo è direttamente collegata a quella dell'ambiente che ci circonda. Di conseguenza, quando alteriamo la frequenza dell'energia personale noi passiamo automaticamente al livello di energia non fisica dell'universo che corrisponde alla frequenza interiore. Dopo aver acquisito un certo controllo sulle mie esplorazioni non fisiche, cominciai a sperimentare alterando in maniera consapevole la velocità, e ci riuscii richiedendo un cambiamento di energia ogni volta che mi trovavo fuori dal corpo.

Per due anni avevo creduto di muovermi di lato da una zona all'altra della stessa dimensione, ma ora l'incredibile verità cominciava a farsi strada: mi spostavo infatti a livello interiore, da un ambiente energetico all'altro. Il movimento laterale è diverso, e in genere provoca sensazioni più fisiche. Dopo innumerevoli tentativi ed errori, raccolsi una serie di osservazioni. Prima di tutto, quando richiediamo un cambiamento nel nostro corpo non fisico di energia, esso reagisce subito. Secondo: quando chiediamo di elevare la velocità di vibrazione o di muoverci all'interno, la coscienza ci spinge in maniera automatica in una zona dell'universo dove la frequenza è più elevata. Terzo: la frequenza interiore corrisponde sempre a quella della nuova dimensione o dell'ambiente che stiamo sperimentando.

Grazie all'esercizio costante è possibile alterare e controllare in maniera consapevole la frequenza vibratoria personale del nostro corpo non fisico. Il processo è la chiave al vero controllo e alla libertà illimitata che si prova quando ci si trova fuori dal corpo. Con questa conoscenza è possibile passare da una dimensione di energia all'altra con controllo pieno e consapevole, e soprattutto essa ci fornisce la possibilità di esplorare l'intero universo multidimensionale. Il movimento interiore, se controllato, ci fornisce la capacità di diventare esseri interdimensionali del tutto consapevoli. Qui di seguito potete trovare un esempio.

# DIARIO. 12 MARZO 1974

A mezzogiorno ripeto la solita affermazione: «Adesso sono fuori dal corpo», e pian piano mi addormento. Nel giro di pochi secondi percepisco lo stato vibratorio, mi allontano dal corpo fisico addormentato e vado ai piedi del letto. Domando: «Chiarezza, adesso», e la mia visione migliora. Sentendomi centrato, resto ai piedi del letto e dichiaro ad alta voce: «Avanzo all'interno». Percepisco un'immediata sensazione di rapido movimento interiore, vengo attirato in un profondo spazio vuoto dentro me stesso. La sensazione di movimento è così intensa che grido: «Basta!». Smetto subito di muovermi, e mi rendo conto di essere in un ambiente nuovo, all'aperto, in uno splendido parco. La messa a fuoco è confusa. Allora ripeto: «Chiarezza!». La visione e i pensieri sembrano andare a posto. Così come il mio corpo è più leggero e carico di energia vibratoria. Cerco di restare calmo mentre l'attività della mente è frenetica. Abbasso lo sguardo e percepisco il mio corpo: forma e aspetto sono distinti, simili a quelli del mio normale organismo fisico (anche se la forma attuale mi sembra più leggera e carica di energia).

Eccitato per il successo, esclamo: «Passo al livello successivo». Di colpo vengo attirato all'interno a incredibile velocità. Mantengo a malapena l'equilibrio, comincio ad avere paura. Nel giro di pochi secondi il movimento interiore si ferma, e io mi ritrovo a fluttuare in un altro strano ambiente. Questa volta sono visibili solo pochi oggetti, ma io percepisco una forte energia che si irradia intorno a me. Mi guardo intorno, e scopro che per farlo non ho bisogno di girare la testa: riesco a vedere in qualunque direzione invii i pensieri, simultaneamente. Abbasso lo sguardo sul mio corpo ma non vedo nulla che posso descrivere: sono un punto di vista a 360 gradi, privo di forma o sostanza. Provo un forte senso di energia e conoscenza che fluisce in me. Il mio intero essere è immerso in un mare di energia pura e amore incondizionato. Per quelle che mi sembrano ore assaporo la piacevole sensazione di fluttuare in questo oceano di luce divina. Poiché non desidero tornare al mio corpo fisico, mantengo il più possibile la concentrazione. Finalmente torno al mio involucro esteriore, guardo l'orologio e mi accorgo con stupore che sono passati solo quaranta minuti.

Rivedendo le mie esperienze ho cercato di comprendere meglio la mia esistenza non fisica. Le somiglianze e le differenze tra il corpo materiale e quello non fisico sono ora evidenti.

Per esempio, mi sono accorto che quando sono fuori dal corpo la capacità di vedere è molto simile a quella fisica, l'unica differenza è la chiarezza. Subito dopo la separazione la vista era spesso offuscata e priva di sincronicità. Riuscivo comunque a migliorarla in fretta esclamando: «Chiarezza!». Ho scoperto che è fondamentale farlo durante ogni esperienza, ripetendo magari più volte la richiesta durante lo stesso viaggio.

Faccio affidamento in modo particolare sulla vista, mentre gli altri sensi rivestono un'importanza del tutto trascurabile. Ripensandoci ora credo sia a causa della mia dipendenza nei confronti della visualità. Ognuno di noi è diverso: chi si concentra di più sull'udito e sul tatto, vi farebbe maggiore affidamento anche nello stato non fisico. Per esempio, un musicista professionista potrebbe concentrarsi maggiormente sull'udito e un ballerino sul tatto.

Ho capito anche che la respirazione non è più necessaria, e che non c'è alcuna percezione della temperatura. Avevo comunque il senso del tatto, sentivo gli oggetti e persino la mia stessa presa. In aggiunta, mentre la capacità di udire rimaneva invariata, il gusto sembrava scomparso. In seguito scoprii che tutti e cinque i sensi sono invece disponibili, purché ci si concentri su di essi.

Con l'esperienza sono infatti arrivato a capire che essi vengono creati e controllati dalla mente. Per quanto mi riguarda, dubito seriamente che il corpo non fisico possieda la capacità naturale o innata di percepire: i nostri pensieri lo modellano in conformità con l'immagine che abbiamo di noi stessi. L'organismo fisico è solo un veicolo temporaneo che mi permette di esprimermi; con il passare del tempo ho realizzato che ciò vale anche per il corpo non fisico, che spesso era un duplicato energetico di quello concreto. La forma e l'aspetto rimanevano uguali, anche se le sostanze energetiche di cui ero composto variavano in maniera notevole. Invece delle molecole, il mio corpo non fisico sembrava essere fatto da una quantità infinita di minuscoli puntini di luce. In due occasioni cercai di guardare in uno specchio (concreto) mentre mi trovavo fuori dal corpo, ma non riuscii a vedere nulla. La curiosità sull'aspetto, la costituzione e la sostanza del mio corpo non materiale aumentava ogni volta. Anche se potevo osservarmi la mano e il braccio, vedere la mia forma completa risultava una vera impresa. Finalmente, dopo una decina d'anni di tentativi, mi accadde quanto segue:

## DIARIO. 2 OTTOBRE 1982

Sento un rumore simile al rombo di un motore e decido di uscire dal corpo. Cammino fino alla porta della stanza e domando: «Chiarezza!». La vista migliora; attraverso la porta per entrare nel soggiorno. Mi sento ancora un po' fuori sincronia, e ripeto la mia richiesta con maggiore enfasi: «Chiarezza, ora!». La consapevolezza e la vista sono ora regolari, i pensieri chiari. Esprimo una domanda a voce alta: «Ho bisogno di vedere la forma che ho assunto adesso!». Ho l'immediata sensazione di essere in qualche modo attirato in me; mi sento diverso e privo di peso, come se stessi fluttuando nello spazio. Vedo davanti a me una forma bianca e blu scintillante. Non so perché, ma ho la certezza di guardare il mio corpo non fisico da una diversa prospettiva. Fisso sbalordito questa forma davanti a me che brilla e fluisce di luce ed energia.

Sembra un involucro energetico creato da un milione di minuscoli puntini di luce, emana un chiarore bluastro ma sembra possedere una struttura esteriore ben definita. Il corpo di luce è nudo e identico alla mia forma fisica. Anche se appare solido, presenta un notevole movimento di energia e radiazione. Vedo attraverso il corpo quello che sembra un oceano di stelle blu, difficile da descrivere perché gli astri sono immobili e al tempo stesso in movimento. La luce e l'energia del mio organismo sembrano cambiare e fluire come le onde dell'oceano.

Mentre lo fisso, mi viene in mente che ora devo trovarmi per forza all'interno di un altro corpo, anche se non riesco a percepire alcuna forma o sostanza: sono come un punto di vista nello spazio, privo di forma e senza alcun aspetto. Mentre rifletto sulle mie nuove condizioni, percepisco una sensazione di rapido movimento e torno di scatto nell'organismo fisico. Steso sul letto, rivedo l'esperienza e giungo a un'inevitabile conclusione: posseggo vari corpi energetici. La forma che ho appena sperimentato era notevolmente più leggera (meno densa) del mio secondo corpo non fisico. Mi rendo conto che il concetto tradizionale secondo cui possediamo due corpi, uno fisico e uno spirituale, è troppo semplicistico: in realtà noi siamo molto più complessi. Così come esistono varie dimensioni energetiche non fisiche all'interno dell'universo, allo stesso modo ognuno di noi è composto da vari corpi energetici o veicoli di espressione. Mi chiedo quanti possano essere i corpi non fisici e le forme; immagino che ce ne sia uno all'interno di ciascuna dimensione dell'universo, e che tutti siano legati e connessi tra loro allo stesso modo in cui il corpo fisico è collegato al primo non fisico (spirituale).

## DIARIO. 17 OTTOBRE 1983

Sento una strana vibrazione e un formicolio generalizzato. Capisco di trovarmi nello stato vibratorio, e mi concentro sulla sensazione di fluttuare via dal corpo fisico. Nel giro di pochi secondi mi sollevo, allontanandomi, e scivolo verso la porta del bagno. Sbalordito, entro nella struttura della porta stessa e ne percepisco l'energia vibratoria, attraversandola con gli occhi aperti; mi sembra una nebbia energetica che è stata formata e modellata in uno stampo etereo.

Dopo aver fluttuato attraverso la porta penso di stare in piedi e mi ritrovo subito nel soggiorno, accanto al divano; mi guardo intorno, scorgo una strana e minuscola forma che sembra seguirmi. La fisso, e riconosco McGregor, il mio cucciolo di beagle. Sono sbalordito perché finora fuori dal corpo non ho mai incontrato animali. Mi sembra incredibilmente solido e normale: agita la coda e alza gli occhi verso di me. Il suo sguardo è luminoso; vedo anche un sottile filamento simile alla ragnatela di un ragno, che parte dal suo corpo e si dirige verso la stanza da letto. Incuriosito, mi chino a toccare il filo argenteo. Il cucciolo sparisce. Colto di sorpresa dal rapido cambiamento, torno di scatto nel mio corpo fisico.

Appena l'intorpidimento svanisce, io sento il cane (fisico) che salta sul letto. Rimango immobile e rivedo l'esperienza, cercando di metterla nella giusta prospettiva. Ora più che mai mi rendo conto di quanto sia scarsa la conoscenza che abbiamo di noi stessi e del nostro mondo. Mi sento come uno scolaretto ingenuo che ha appena visto il mondo per la prima volta, e capisco che la nostra certezza di sapere tutto è a dir poco arrogante: non sappiamo cosa siamo, ignoriamo per quale motivo ci troviamo qui e persino dove stiamo andando, eppure ci consideriamo gli intelligenti dominatori del mondo. È ironico quanto ci lasciamo ingannare.

Ed è ancora più ridicolo il fatto che ci aggrappiamo a numerose convinzioni e conclusioni a proposito delle cose che non vediamo o non comprendiamo. Sono più che mai convinto che l'esplorazione fuori dal corpo possa fornire le risposte ai molti misteri della nostra esistenza.

Capitolo 2

# Incontri fuori dal corpo

Qualunque tecnologia sufficientemente avanzata è indistinguibile dalla magia.

Arthur C. Clarke

## DIARIO. 21 FEBBRAIO 1985

Entro nello stato vibratorio e percepisco ondate di energia che mi fluiscono attraverso il corpo. Dal profondo del mio essere si irradia una piacevole sensazione di energia. Mi concentro sui cambiamenti vibratori, sento l'energia che pulsa in me, il tocco gentile di alcune mani sul corpo. All'inizio sono perplesso, ben presto però mi rendo conto che si tratta di una sensazione tranquillizzante, addirittura piacevole. Le ondate di energia sembrano aumentare e diminuire in sequenza ritmica, e io mi sento sempre più leggero fino a quando non sono completamente staccato dal corpo. Mi accorgo che sto fluttuando e che potrei facilmente separarmi in qualunque momento, ma al tempo stesso sento di dover rimanere immobile per permettere al processo vibratorio di continuare. Avverto il tocco gentile di mani che, dai piedi, salgono verso il resto del corpo, creando ondate di energia che echeggiano in me. Ho l'impressione che la mia velocità vibratoria interiore si stia adattando a questo nuovo livello di energia, e che la persona o le persone che ho accanto stiano eseguendo su di me una sorta di lavoro energetico. Per più di venti minuti le correnti di energia si muovono e fluiscono attraverso il mio corpo non fisico, che al pari della mia mente ne viene solcato.

Vengo sopraffatto da un senso di pace e unità. Le onde si dissolvono lentamente, ricupero le percezioni fisiche.

Nella mia mente si affollano una miriade di domande: di che cosa si tratta? Qual è lo scopo? Quale (o quali) entità mi stanno toccando? L'unica cosa sicura è che nelle ore successive mi sento notevolmente più leggero e sereno. L'intero corpo sembra vibrare a un livello più elevato; immagino di aver appena vissuto un adattamento vibratorio del mio essere non fisico. Probabilmente avevo bisogno di tale mutazione per ampliare o estendere l'esplorazione non fisica.

Anche se nessuno ha comunicato con me, so che quel processo è un importante adattamento energetico necessario al mio sviluppo personale, e che quelle sensazioni energetiche sono diverse dalle vibrazioni che sperimento di solito prima della separazione. Credo che una o due entità abbiano lavorato su di me, trasmettendomi un forte senso di direzione e scopo. Simili a invisibili chiropratici, sembravano sapere con estrema precisione quello che stavano facendo; ogni tocco alterava in maniera specifica la velocità di vibrazione interiore del mio corpo non fisico, creando ondate di energia che si riverberavano in me. All'inizio il fenomeno mi ha sbalordito, ora però sono certo che in futuro si ripeterà.

## DIARIO. 5 DICEMBRE 1986

Steso a letto, visualizzo il soggiorno di casa e per circa un quarto d'ora ripeto a me stesso: «Adesso sono fuori dal corpo». Dopo essermi addormentato percepisco le vibrazioni, mi giro d'istinto per uscire, cado sul pavimento e apro gli occhi. La vista non è a fuoco, io mi sento pesante e fuori sincronia. Mi trascino per un po' poi dichiaro ad alta voce: «Sono leggero come una piuma» . Sento una spinta di energia interiore, e subito divento più leggero, capace di stare in piedi. Mi allontano dal letto; poiché vedo ancora a malapena ordino: «Chiarezza, ora!». Metto subito a fuoco, attraverso la parete, giungo in un ambiente di color verde brillante. Guardandomi intorno scopro di essere in un prato. Confuso dal rapido cambiamento di ambiente, grido: «Dove sono?». A un tratto avverto la presenza di qualcuno, e nella mia mente appare una serie di vivide immagini. «Hai elevato il tuo livello vibratorio quando hai chiesto di essere leggero, e anche quando hai domandato chiarezza. Sei così entrato in un ambiente di frequenza più elevata che è molto vicina a quella fisica».

Sono stupito per la chiarezza delle immagini che mi affollano la mente. È difficile descriverle, in quanto sono rappresentazioni visuali di idee, non parole. La comunicazione risulta quindi più diretta e precisa rispetto a quella di tipo verbale.

Io capisco il significato di quanto mi viene trasmesso, e cerco di scoprirne la fonte. L'energia viene diffusa da qualcuno che si trova proprio davanti a me, ma non riesco a vedere nulla. Incuriosito, grido: «Chi sei?».

Le immagini riprendono a fluirmi nella mente. «Sono un vecchio amico che sta osservando i tuoi progressi».

Le scene che vedo suscitano in me un forte senso di calore e amicizia. Del tutto a mio agio, formulo una richiesta: «Voglio vederti!». Sbalordito, vedo apparire il profilo indistinto di una figura, e l'ologramma trasparente di un uomo diventa sempre più denso davanti ai miei occhi. Alto circa un metro e ottanta, ha i capelli scuri, la barba corta, indossa una tunica viola. Un ampio sorriso gli illumina il volto. In un primo momento rimango sconcertato per la rapidità della sua materializzazione, ma lui sembra avvertire il mio disagio, e subito nella mente mi appaiono alcune scene confortanti: «Non devi aver paura. Tu e io siamo vecchi amici». Percepisco il suo affetto, mi tranquillizzo. Fisso quest'uomo che sembra lieto di vedermi; pare conoscere i miei pensieri, e risponde alle domande che mi affollano la mente. «Sono proprio come te: l'unica differenza è che io non possiedo un veicolo fisico».

«Siamo legati da molto tempo, abbiamo lavorato insieme in numerosi progetti dentro di noi... Tu e io abbiamo esplorato ben al di là della seconda membrana. Ora stai esplorando di nuovo la regione densa... Nei confronti del fisico provi uno strano fascino che io non condivido affatto». C'è una breve pausa, mentre le mie domande vengono formulate.

«Io sono una delle tue guide. Diversi individui ti stanno assistendo in vari settori della vita, ognuno di loro è una sorta di esperto in un determinato campo. Poiché tu e io amiamo esplorare l'interiorità, sono qui per assisterti in questo ambito... La tua conclusione era corretta: una guida non interferisce mai nello sviluppo personale di un essere umano. Sappiamo che non dobbiamo farci notare, a meno che non venga richiesto il nostro intervento. E anche in tale frangente, prima di agire occorre valutare la situazione e le possibili conseguenze».

Nella mia mente si affollano un'infinità di domande. L'entità che mi sta davanti sembra capire e anticipare i miei pensieri; le immagini che mi invia identificano questioni specifiche.

«Ogni persona che vive un'esperienza fuori dal corpo o di premorte ha vicino a sé una guida. L'assistenza è sempre disponibile, deve solo essere richiesta... Non c'è nulla da temere, molti però sono ancora inconsapevoli del fatto che i loro pensieri manifestano la loro realtà. Tu sai che ciò avviene istantaneamente. L'esploratore novizio può rimanere sbalordito da un simile risultato. La maggior parte degli abitanti del mondo fisico possiede un controllo limitato sui propri pensieri».

Dopo una breve pausa, riprende: «Come tu stesso stai imparando, il controllo e la focalizzazione del pensiero rivestono un'importanza fondamentale. E ciò vale soprattutto quando si esplora in profondità l'interno dell'universo. Il tuo controllo sta migliorando, ma hai ancora paure da superare... Hai percepito le tue paure quando io ti sono diventato visibile: mi sono accorto che stavi tremando nel tuo campo di energia, ed eri sul punto di rientrare nel corpo... Ricordati sempre che quando superiamo i timori, otteniamo la libertà... Tra poco sperimenterai nuovi modi di affrontare le paure, sia nel corpo fisico che in quelli dalle frequenze più elevate. Ogni esperienza serve a uno scopo; ogni ostacolo è una benedizione nascosta».

In questo preciso istante torno di scatto nel mio corpo e riapro gli occhi. Ho l'impressione di essere pronto per qualcosa che deve arrivare, ma non ho la più pallida idea di cosa potrebbe trattarsi. Provo uno strano senso di amicizia nei confronti di quest'uomo. Ne percepisco le intenzioni positive; mi sento in qualche modo pronto ad affrontare l'ignoto. Le sue ultime immagini mi affollano la mente: «Ogni ostacolo è una benedizione nascosta». Non posso fare a meno di chiedermi se mi sta spiegando il mio passato o se mi sta preparando per il futuro.

Rivedendo questa esperienza noto alcune somiglianze tra il mio amico non fisico e la guida descritta nel libro di Pal Twitchell: si assomigliano, ma non credo si tratti della stessa persona. Nel corso degli anni ho incontrato vari esploratori fuori dal corpo che hanno descritto una guida non fisica apparsa con modalità simili. La ragione di tutto ciò è sconosciuta, ma io mi chiedo se il nostro concetto di guida non fisica possa influenzare ciò che sperimentiamo quando ci troviamo fuori dal corpo.

## DIARIO. 3 GENNAIO 1987

Sento la vibrazione ed esco. In piedi nella mia stanza, mi guardo intorno e vedo che l'ambiente è simile ma non identico. Le pareti e gli stipiti sono diversi da quelli della mia casa fisica. Mi avvicino alla porta, la attraverso. In un attimo mi ritrovo in un altro ambiente. Si avvicina una donna che mi sembra di conoscere: è alta, dai lunghi capelli castani e gli occhi luminosi.

Mi viene accanto e sorride. «Mi sei mancato».

«Anche tu», le rispondo d'istinto.

Mi bacia con calore, afferrandomi le mani. All'improvviso ci troviamo da un'altra parte... in uno splendido parco. Siamo sulla sponda di un lago cristallino blu e verde. Tutto ciò che mi circonda – gli alberi, l'erba, lo specchio d'acqua – sono vivi e vibranti. Guardo la mia interlocutrice, e mi sento avvolgere da un forte senso d'amore. Lei mi fissa, tenendomi sempre le mani. «Viaggi così tanto... Ho bisogno di te, qui».

«Adesso ci sono», le rispondo, stringendola a me. Il suo viso e il suo corpo sembrano brillare come diecimila punti luminosi. Ci baciamo; la mia mente viene attraversata da un potente flusso di energia. I nostri corpi e le nostre menti si uniscono in una potente esplosione di gioia e amore. I nostri pensieri si fondono e si toccano a vicenda in un numero incredibile di modi delicati. Mi immergo nella sua mente così come lei si immerge nella mia. L'estasi è indescrivibile. Per la prima volta mi sento completo e intero. Penso: Mio Dio, non voglio che finisca!

E mi ritrovo di soprassalto nel corpo fisico. Il mio intero essere sembra vibrare a un livello più elevato e raffinato di quelli conosciuti in precedenza. Persino il mio corpo fisico sembra diverso, più luminoso, leggero e carico di energia oltre ogni immaginazione. Sono steso a letto e assaporo le ondate di energia che fluiscono nel mio corpo e nella mia mente; le sensazioni durano per alcuni minuti. Rimango immobile, e mi gusto ogni istante.

In seguito a questa esperienza, per molte settimane mi interrogo circa il suo significato: si è trattato di sesso nei mondi interiori, o era forse una sorta di unificazione della mia mente consapevole con l'aspetto più elevato del mio essere? Ho l'impressione che dovrei conoscere la risposta, invece la ignoro.

# DIARIO. 15 OTTOBRE 1988

Ripeto la solita affermazione, e scivolo intanto nel sonno: «Adesso sono fuori dal corpo». Nel giro di pochi secondi sto fluttuando sopra il mio corpo e mi dirigo ai piedi del letto. Spinto dall'abitudine esclamo: «Chiarezza, ora!». Subito la coscienza diventa più chiara e io penso a esplorare. C'è un senso di rapido movimento, e mi ritrovo in un cortile simile a uno splendido parco. Metto a fuoco, vedo intorno a me decine di persone che vanno in bicicletta o sullo skate board. È uno spazio ampio quanto un campo di calcio; ci sono molti alberi e un muretto alto circa due metri e mezzo. Scorgo una donna che sta spingendo una carrozzina e due ragazzi che giocano tirandosi una palla. L'intero ambiente emana felicità e relax. Mi interessa in modo particolare la carrozzina, perché nei precedenti viaggi non ho mai incontrato bambini. Con grande sorpresa una ragazzina dai capelli rossi che deve avere circa dodici anni mi viene vicino e mi chiede: «Sei nuovo da queste parti, vero?». «Credo di si», le rispondo.

All'improvviso si mette a piovere, tutti corrono in cerca di un riparo. Sono sbalordito: in quindici anni non ho mai visto cambiare le condizioni atmosferiche durante un'esperienza fuori dal corpo!

La ragazzina mi fissa e indica poi un riparo sotto un albero. «Vieni, andiamo laggiù». Non riesco a credere a quanto sembra reale la pioggia; assaporo le gocce che mi cadono sul viso, e mi chiedo se questo è un ambiente favorevole. Spinto dalla curiosità concentro l'attenzione per bloccare la pioggia. La piccola mi fissa come se fossi impazzito.

«Che cosa stai facendo?»

«Fermo la pioggia».

Di colpo smette di piovere. Lei continua a guardarmi e mi chiede: «Sei un viaggiatore?»

Mi sento tirare al centro della schiena. So che è ora di tornare.

«Devo andarmene».

«Tornerai?» mi domanda con aria delusa.

Mentre la guardo rientro di scatto nel mio corpo fisico; il formicolio scompare in pochi istanti, e ricupero le mie percezioni fisiche.

Quando apro gli occhi, nella mia mente appare il viso della ragazzina. Non so perché, ma sento la sua mancanza. Sono certo di conoscerla, ma non ricordo dove e come ci siamo già incontrati.

È frustrante, perché so che esiste una connessione. Mi sono reso conto ormai da un pezzo che le coincidenze non esistono. Continuo a pensare anche alla domanda che mi ha rivolto: «Sei un viaggiatore?».

## DIARIO. 16 SETTEMBRE 1989

Mi addormento ripetendo per trenta o quaranta volte la solita affermazione: «Adesso sono fuori dal corpo». La intensifico e la mantengo il più possibile, in modo che sia il mio ultimo pensiero consapevole prima di dormire. Mi sveglio sentendo una leggera vibrazione e un senso di rapido movimento. Dopo alcuni secondi mi ritrovo in piedi all'interno di un parcheggio a vari piani; scorgo in lontananza le rampe che salgono e scendono. Mentre mi guardo intorno la mia attenzione si posa su un'immagine insolita. Un'auto nuova e scintillante è mezza sepolta sotto una montagna di immondizia. È una scena talmente strana che ne sono attratto; penso: Chi può fare una cosa del genere a una macchina così splendida? Spinto da un irrefrenabile bisogno, vado a guardare al suo interno e comincio a togliere lo sporco dai finestrini e dalle portiere. Mi rendo conto di dover affrontare un lavoro immane, eppure continuo a spazzare via la sporcizia. Finalmente un finestrino è pulito, quindi posso sbirciare all'interno: l'abitacolo è permeato da una luce bianca e radiosa, vibrante di vita ed energia, con la quale mi sento connesso. Non posso fare a meno di cercare di aprire la portiera; le mie mani si muovono con ansia sempre maggiore. Pian piano pulisco un altro finestrino.

Dal nulla sbuca un'altra vettura che si ferma accanto a me; a bordo c'è un ragazzo, e io ho l'impressione che ci conosciamo bene, ma non ricordo dove e quando ci siamo incontrati. Sorride e mi dice: «Hai un sacco di lavoro da fare».

Stupito dalla sua presenza, gli rivolgo un cenno d'assenso e gli vado vicino.

«Mi aiuti?». Divertito dalla mia richiesta, mi risponde: «Ognuno di noi deve liberare se stesso».

Quelle parole mi risuonano nella mente. Torno di scatto nel mio corpo fisico. Recupero anche la percezione fisica, e medito sull'esperienza appena vissuta.

Mi rendo conto che la mia mente sta interpretando le esperienze fuori dal corpo basandosi sui miei attuali concetti fisici, i simboli e le immagini. È chiaro che la parte più elevata del mio essere sta orchestrando le esperienze in un modo appropriato alla mia attuale comprensione. Riconosco e capisco le immagini simili a sogni di questa uscita, ma mi chiedo se erano davvero necessarie.

Nella mente il messaggio dell'esperienza è chiaro: io desidero profondamente liberare la mia energia interiore, l'anima. Lo sporco rappresenta il ciarpame negativo che ho raccolto e accettato nel corso degli anni: dipendenze, paure, limiti, tutti gli attributi e le emozioni negative che mi sto impegnando a rimuovere. La mia immondizia personale sta limitando, bloccando e restringendo la luce della mia anima. Non posso fare a meno di chiedermi che cosa succederebbe se chiedessi di vedere la vera fonte di energia rappresentata dalla forma.

Per la prima volta capisco che molte delle forme che incontro quando esco dal corpo sono state create a mio beneficio, vengono cioè manifestate per la mia comprensione. La mente è condizionata per reagire alle forme, e non alla pura energia. È chiaro che la mente superiore sta creando le forme esteriori che percepisco al fine di insegnarmi ciò che ho bisogno di sapere.

Adesso mi sento pronto a vedere la realtà al di là di tali apparenze. La prossima volta chiederò di vedere l'energia grezza che sta oltre ciò che io percepisco.

## DIARIO. 24 GENNAIO 1990

Sento la vibrazione e mi allontano dal corpo fisico. In pochi secondi sono in piedi vicino alla porta della camera. Spinto dall'abitudine, chiedo ad alta voce guida e chiarezza. All'improvviso sento una forte spinta interiore, e mi ritrovo all'entrata di un imponente edificio di pietra. Non ho mai visto nulla di simile: è una struttura che si estende fino all'orizzonte e ha l'aria molto antica. Davanti a me è allineata una serie di porte in legno e ottone alte circa cinquanta centimetri. Entro e vedo una stanza che conduce a una serie infinita di corridoi. Attorno a me ci sono stanze enormi piene di forme e oggetti che sembrano uguali. Guardando più da vicino mi accorgo che gli oggetti sono leggermente diversi: sembrano infatti essere la progressione o l'evoluzione della stessa cosa. In un altro locale ci sono centinaia di giocattoli, ognuno un po' diverso per ciò che riguarda l'aspetto e la struttura.

Tutta quella roba non mi interessa, avanzo quindi in un lungo corridoio, andando a finire in una zona vuota, forse inutilizzata. Davanti a me ci sono alcuni tronchi che ostruiscono una porta; li spingo via, facendo ricorso a tutte le forze, e apro, rivelando l'esistenza di una specie di sala macchine. Proprio di fronte a me c'è un motore immenso, alto tre piani e largo quanto un campo da calcio. Confuso, esclamo ad alta voce: «Che cosa rappresenta tutto ciò?». Nella mente mi appare un fiume di vivide immagini. «Questa è la fonte di potere che sta dietro alle forme che vedi. La tua mente sta cercando di mettersi in relazione con i concetti che è in grado di comprendere. Il vero potere non ha forma o aspetto». Il motore svanisce lentamente; davanti a me si irradia una potente sensazione di pura energia. Mi concentro, e vedo ondate di luce emanate da un'unica fonte.

Il chiarore diventa accecante; una parte di me vorrebbe girarsi, ma non lo faccio. Ho l'impressione che gli strati esterni della mia persona vengano bruciati: i vecchi concetti, le credenze, le assunzioni e le conclusioni vengono incenerite dall'intensità della luce. A un certo punto non ne posso più e grido: «Cos'è questa roba?». Di scatto vengo attirato dalla luce. Mi sento sopraffare all'idea di essermi fuso con una parte più grande ed elevata di me. Io stesso sono il motore della mia esistenza, la forza creativa all'interno del mio essere. Mi sono separato da me stesso. Per alcuni lunghi istanti la luce e io siamo la stessa cosa; provo una pace e una connessione che non ho mai sentito. Per la prima volta mi rendo conto di poter creare qualunque realtà desidero: il potere creativo di cui dispongo è al di là della mia comprensione. Adesso so di aver limitato me stesso per via delle idee e delle credenze che ho accettato, riconosco il bisogno di lasciar andare tutti i limiti, le paure e le aspettative. Un profondo senso di potere si fa strada in me mentre un urlo silenzioso sorge nel mio essere: «Me lo ricorderò!».

Di colpo mi ritrovo dentro il corpo materiale, ritrovo la percezione fisica, rivedo l'esperienza e mi rendo conto che posso ricordare ogni cosa nei minimi dettagli, ma provo un forte senso di separazione. Mi manca l'unità, la completezza. Steso sul letto, so di aver sperimentato una parte più grande di me: non ha alcuna importanza chiamarla sé superiore, mente creativa o anima. Sono certo comunque che è una parte di me che possiede l'accesso completo a qualunque risposta. Senza capire il motivo della mia convinzione, so che questo immenso edificio era una sorta di museo dove viene raccolta ogni forma vivente, e anche tutte le cose che sono state create. La mia mente stava interpretando le forme che vedevo in rapporto con il mio attuale ambiente fisico. Mi ci è voluto molto tempo, ma sto finalmente imparando che le forme che vediamo non sono importanti: ciò che conta è quello che rappresentano. Questo riconoscimento significa un importante passo in avanti. Per quanto possa sembrare strano, io credo che lo stesso valga per il mondo fisico che ci circonda.

## DIARIO. 6 FEBBRAIO 1990

Mi addormento senza aver messo in pratica alcuna tecnica, ma mi sveglio comunque all'una di notte nello stato vibratorio. Ancora dentro al mio corpo fisico, mi alzo a sedere e mi guardo intorno. Con grande sorpresa vedo un uomo in piedi di fianco al letto, intento a leggere il diario, si accorge di me e fa un balzo all'indietro. Infuriato dalla sua presenza, gli urlo: «Chi sei?».

Si allontana dal letto, sconvolto e spaventato dalla mia presenza. È un uomo di mezz'età, piuttosto grasso, con la barba incolta, i capelli corti, alto circa un metro e ottanta. Continua ad arretrare mentre io urlo sempre più forte: «Chi diavolo sei?». In preda a un misto di rabbia e paura strillo: «Vattene! Sparisci!».

Lui si gira, corre fuori dalla stanza, e io rientro di scatto nel mio corpo fisico, continuando a borbottare, tanto che i mugugni svegliano mia moglie. Sobbalzo, mi alzo a sedere, mi guardo intorno, e dopo essermi calmato rivedo l'intera esperienza. Con ogni probabilità la mia reazione è stata eccessiva, ma la vista di quello strano uomo ha suscitato una reazione di autodifesa. Non riesco a dormire per il resto della notte, e mi chiedo chi fosse quello sconosciuto. Per quanto mi sforzi, non riesco a ricordare il suo volto. Sembrava molto interessato a quello che avevo scritto; forse mi stava addirittura spiando. A pensarci bene, devo averlo spaventato più di quanto lui abbia spaventato me. Dopo averci pensato a lungo, giungo alla conclusione che doveva essere uno dei milioni di esseri viventi che dimorano nella prima dimensione di energia interiore; può darsi che le mie esperienze fuori dal corpo l'abbiano incuriosito in merito a quello che ho scritto, e che lui volesse semplicemente controllare.

Non posso fare a meno di chiedermi con quale frequenza veniamo visitati dagli abitanti delle altre dimensioni. Inoltre, tutto ciò mette seriamente in discussione il nostro concetto di privacy. Credo che questa esperienza nasconda qualcos'altro che ancora non riesco a capire.

## DIARIO. 14 MARZO 1991

Sento le vibrazioni e mi costringo ad avvicinarmi alla porta. Come al solito esclamo: «Chiarezza, ora!». La mia consapevolezza è ottima, e d'istinto aggiungo ad alta voce: «Mi muovo all'interno». Per alcuni secondi percepisco un intenso movimento interiore, poi mi fermo di colpo.

Il mio intero essere è immerso in una splendida tranquillo, a mio agio. Una calda sensazione di amore totale mi circonda.

Appena mi concentro, tutte le domande sembrano trovare risposta. Una semplice richiesta colma la mia consapevolezza: «Ho bisogno di vedere la mia vita». E subito decine i migliaia di immagini cristalline mi, appaiono davanti agli occhi, si ampliano e svolgono. L'istinto mi dice che sono tutte in qualche modo legate a me. Mi concentro su una in particolare. È una scena animata in cui sono un ragazzino, indosso una tunica e un paio di sandali; il pavimento e le pareti sono di pietra e marmo. Sono io, duemila anni fa. Non rimango né sorpreso né sconvolto: semplicemente, so. Come il ricordo di un fatto da tempo dimenticato, questo attimo mi passa rapidamente davanti agli occhi. Distolgo poi l'attenzione, per concentrarla sulle altre figure che si animano davanti a me. Ognuna di esse è una mia esistenza: alcune si sono svolte sulla Terra, altre in aree non fisiche dell'universo.

Osservo questi avvenimenti e ne capisco il senso: ogni fatto, ogni vita, era un passo necessario, e ognuno di essi serviva a ottenere un risultato specifico. Al pari dei pezzi di un mosaico, ciascuna immagine va al proprio posto e contribuisce alla formazione dell'intero, e serviva per poter arrivare a ciò che sono adesso.

A un tratto mi sento sopraffare dalla magnificenza e dalla saggezza di quanto sto osservando; vedo il bene e il male, i trionfi e le sconfitte; le mie infinite debolezze e colpe, i miei pochi punti di forza. Mi rendo conto che sto assistendo alla mia evoluzione, avvenuta attraverso migliaia di anni di vita. Ogni singola esistenza era una fase, un'esperienza di crescita, e ogni incarnazione è stata costruita su quella precedente.

Quando capisco che difficoltà e problemi sono sempre stati necessari, mi sento avvolgere da un profondo senso di gioia. Ogni sfida è stata un'importante occasione di apprendimento, un ambiente istruttivo creato apposta per il mio sviluppo. Vedo la saggezza di tutto ciò. Io sono il discepolo e il maestro, l'autore, il regista e il protagonista della mia esistenza. Una presa di coscienza interiore fluisce attraverso il mio essere: l'unico modo per conoscere e capire qualcosa in maniera assoluta è sperimentare in prima persona. L'incredibile realtà si è fatta strada: la vita fisica è una scuola interattiva, un inarrestabile addestramento per le anime che devono svilupparsi.

Fisso affascinato la mia vita. Un numero infinito di anni ed esperienze hanno contribuito a farmi diventare ciò che sono adesso. So che il passare del tempo non ha alcuna importanza, e che io sono immortale. In qualità di anima, quindi pura consapevolezza, non ho bisogno di ricorrere a un trucco come il prendere nota del tempo che scorre per rendermi conto dei cambiamenti. In qualità di anima non invecchio e non mi deterioro, ma cresco e mi evolvo in termini di conoscenza ed esperienza. Ogni viaggio fisico ha ampliato la mia visione e la mia capacità di apprezzare la vita; ogni esperienza fisica mi ha fornito l'opportunità di svilupparmi e crescere, oltre che di esprimere le mie qualità interiori di amore, umiltà, forza, pazienza.

La semplicità di tutto ciò mi conforta, e ha perfettamente senso: l'esperienza crea saggezza, il tempo è irrilevante. Nel profondo di noi stessi conserviamo un ricordo permanente di ciascuna esperienza. Attimi e avvenimenti vengono registrati nell'inconscio.

Mentre fisso le immagini della mia vita, mi rendo conto che gli avvenimenti fisici sono stati solo una minuscola porzione dell'intero: ho vissuto assumendo una miriade di forme diverse, in un'infinità di mondi.

Quando riconosco il fine supremo, vengo assalito da una forte compassione: l'intero universo, fisico e non, è una scuola di addestramento per le anime in via di sviluppo. Vedo con estrema chiarezza le scuole all'interno delle scuole, le dimensioni all'interno delle dimensioni: tutte servono come ambiente di apprendimento interattivo. Ogni livello di energia dell'universo serve uno scopo specifico, fornisce le sfide e le opportunità specifiche per crescere ed evolversi.

Il senso di scopo e ordine diventa chiaro: sto assistendo all'evoluzione della coscienza, cioè di me stesso, attraverso i secoli. La mia coscienza è soffusa di amore e gratitudine. Per la prima volta in vita mia tutto ciò che mi circonda ha perfettamente senso. Torno dentro il corpo fisico con una calda sensazione di amore e conoscenza che si irradia da ogni cellula. Solo ora capisco il mio scopo e la mia ragione di essere.

Durante ogni esperienza fuori dal corpo continuai a esaminare le forme non fisiche che incontravo. All'inizio sembravano ologrammi dotati di sostanza, ma esaminandole più da vicino scoprii che erano solide e reali quanto la materia; questi oggetti non fisici sembravano consistere di una matrice di energia leggera, invece che di energia molecolare.

Per anni non ne compresi le implicazioni. Poi cominciai a rendermi conto che tutta la vita, fisica e non fisica, è strettamente interconnessa, che ogni cosa che ci circonda possiede una frequenza multipla, ed esiste anche in una dimensione parallela e non fisica dell'universo. Sebbene i nostri occhi vedano solo il risultato denso e molecolare dell'energia, la materia prosegue in un fluire continuo di energia non fisica non percepibile dalla vista. Ogni forma è indipendente da quella fisica ma è interconnessa alla sua frequenza interiore, così come le particelle e le onde di luce sono interconnesse come una singola unità di energia.

La materia esiste come una sequela di energia che va ben oltre i limiti della visione fisica. Questo è un concetto molto importante, in quanto spiega l'esistenza stessa di tutte le forme e della sostanza osservata nell'interno non fisico dell'universo. Spiega anche la natura multidimensionale di ciò che incontriamo quando ci troviamo fuori dal corpo. Per esempio, quando osserviamo la luce fisica, vediamo solo una minuscola porzione dell'intero spettro elettromagnetico. Al tempo stesso, ognuno di noi è immerso in un mare di radiazioni: raggi X e infrarossi, onde radio e microonde.

Come la luce visibile forma solo una frazione dello spettro dell'onda elettromagnetica, così la materia visibile compone solo una piccola parte dell'intero universo energetico multidimensionale (frequenza). La maggior parte dell'universo non si basa sulla particella, come presume la scienza moderna, bensì sulla frequenza. Le particelle fisiche di materia sono semplicemente il risultato denso delle frequenze di energia non fisica (onde). Così come una luce visibile non è solo una particella di energia, ma anche un'onda che manifesta temporaneamente un comportamento da particella, il nostro intero universo fisico non è quindi semplice energia molecolare, ma un continuum di frequenze di energia che si estende in profondità nel cuore dell'universo multidimensionale. In parole povere, tutti gli oggetti e le forme di vita in natura sono multidimensionali. Tutto quanto ci circonda è multidimensionale, ed esiste contemporaneamente in diverse frequenze di energia dell'universo. Queste dimensioni di energia coesistono nel medesimo tempo e spazio, così come le onde radio, le microonde, i raggi X e la luce visibile coesistono, ciascuno all'interno della propria banda di frequenza.

## DIARIO. 12 APRILE 1991

Entro nello stato vibratorio e mi reco sulla soglia della camera. Poiché vedo leggermente sfocato, ordino: «Chiarezza, ora!». La visione migliora subito; io oltrepasso la porta. Smetto di avanzare, e invece di camminare in giro per la casa decido di esplorare dentro di me. Appena grido: «Vado all'interno», percepisco un forte movimento interiore che dura per alcuni secondi, come se venissi attratto dal vuoto. Il senso di movimento si blocca di colpo e io mi trovo davanti a una casa sull'oceano, posta a tre metri d'altezza su alcuni piloni di legno larghi circa trenta centimetri.

Poiché la vista è un po' offuscata, chiedo di nuovo chiarezza. Adesso vedo bene; penso di entrare in casa, ritrovandomi subito al suo interno. Mi guardo in giro: ogni cosa ha un'aria familiare. Del tutto a mio agio, ho l'assoluta anche se inspiegabile certezza che questa sia la mia abitazione non fisica.

La parete che guarda sull'oceano è di vetro; mi avvicino e scopro che gli angoli sono curvi come se fossero di plastica. Sembra una casa del futuro piena di cose del passato: tutti i mobili, gli oggetti di artigianato e i tappeti sono vere antichità. Mi guardo in giro e vedo chiaramente la mia sedia a dondolo con la testa di leone intarsiata. Mentre osservo, capisco che questa potrebbe essere la mia dimora nel futuro, non so se fisico o seguente alla mia morte, ma è comunque una realtà che esiste, ora.

Tranquillo mi avvicino alla parete e guardo il mare, che produce un suono splendido: invece del cupo frangersi delle onde, si sente una forte armonia ritmica, quasi una canzone. Ascolto con grande attenzione, cercando di riconoscere la melodia. Apro la porta, esco su un grande pontile che si allunga sul mare. La musica delle onde è così bella da risultare ipnotica, mi attraversa e mi risuona nei meandri del corpo e dell'anima. Non so come descrivere tale fenomeno: posso solo dire che la distesa d'acqua sembra emanare amore. La musica fluisce in me, io mi sento accarezzare dalle sue vibrazioni.

Rimango stupito dal modo in cui le onde cambiano colore; non ho mai visto niente del genere: sfumature scintillanti emergono e si fondono per creare turbini infiniti di vivido colore. Le varie tonalità sono indescrivibili, milioni di tinte e gradazioni cambiano e si mescolano per dare vita a uno spettacolo di luci di inenarrabile bellezza.

La mente si perde nelle vibrazioni e nell'armonia. Sto bene, e il mio intero essere risuona con la musica. Sento il bisogno di fondermi con l'oceano, al tempo stesso però ho paura di essere ingoiato e di affogare. L'indecisione è evidente, riconosco la mia paura; ero certo di aver superato i timori, invece è chiaro che devo ancora svolgere un notevole lavoro. Ma appena cerco di analizzare questa presa di coscienza, rientro di scatto nel corpo fisico. L'intorpidimento e il formicolio svaniscono in fretta. Medito sull'esperienza appena vissuta. Mi rendo conto che questa è la seconda volta che mi trovo in quella casa: la prima è stata durante una riunione cui ho partecipato con altre persone. La sensazione di familiarità è così forte che comincio a pensare che sia il posto in cui vivevo prima di nascere a livello fisico. Mi interrogo a proposito dell'oceano di colori e della musica: immagino sia l'interpretazione della mia mente di qualcosa che è al di là della mia comprensione. Posso solo supporre che sia un mare di coscienza, o forse l'interpretazione di Dio elaborata dalla mia mente. Forse è entrambe le cose. Non lo so ancora con precisione, ma sono certo di essere sempre più vicino alla risposta.

## DIARIO. 24 OTTOBRE 1992

Ripeto ad alta voce per cinque o dieci minuti l'affermazione preferita: «Adesso sono fuori dal corpo». Mentre mi addormento esprimo con maggiore intensità le dichiarazioni nella mente. A un tratto mi sveglio, il corpo è attraversato da forti vibrazioni. Mi concentro sull'idea di fluttuare fino alla porta della stanza da letto. Nel giro di pochi secondi mi sento sollevare e volare fino alla porta. In preda a una gioia intensa, vi passo attraverso e arrivo in soggiorno. Mi guardo intorno, mi rendo conto di trovarmi nel mio primo corpo di energia, quello più denso; provo il desiderio inarrestabile di esplorare. Quasi gridando formulo una richiesta: «Voglio vedere di più», e subito una sensazione di rapido movimento mi porta in avanti. Mi sento come se venissi attirato nel vuoto. In pochi secondi mi ritrovo in un ambiente nuovo, confuso e accecato dall'intensità della luce che mi circonda. Quando cerco di proteggermi, mi accorgo che il mio corpo è privo di forma – né gambe né braccia – solo energia. Cerco di capire che non ho alcuna forma. Sono pura luce senza forma esteriore. La mia capacità di vedere è infinita.

Intorno a me si diffonde pura e semplice energia, non ci sono forme o figure, solo radiazione luminosa. Sono attratto da qualcosa che sembra una colonna di luce bianca; mi avvicino, e il potere di tale radiazione è inarrestabile. Mi fermo e cerco di abituarmi. L'energia è così intensa che mi sembra che le parti esteriori del mio essere vengano bruciate. Il mio intero sé esteriore, i pensieri, le paure e i concetti, vengono inceneriti. All'inizio tento di proteggermi, mi circondo di pensieri solo per rendermi conto che anche quelli vengono bruciati dall'intensità della luce. Incerto sul da farsi, seguo l'istinto e mi lascio andare alla luce stessa, che in quel preciso istante mi penetra come un liquido caldo che mi permea corpo e mente. Il mio intero essere è colmo di luminosità, e ogni singola parte sembra risuonare con una nuova frequenza. Mi rilasso, assaporando la sensazione di pura energia che fluisce attraverso di me.

Nel profondo della mia persona mi rendo conto di trovarmi davanti a qualcosa di molto importante, che si trova all'interno della colonna. Non ho più paura, e sono animato dall'irresistibile desiderio di conoscere e capire la luce. Mi avvicino, cerco di sbirciare dentro. La pura energia e il potere sono al di là delle parole; ho l'impressione di trovarmi accanto a un luminoso sole bianco che emana ondate di luce. So di essere al sicuro, avanzo lentamente e tocco la luce: una forte ondata di energia fluisce in me. All'improvviso sono immerso in un oceano di pura conoscenza, invaso dai ricordi di tutto ciò che sono stato, che ho fatto, che sono. Ogni cosa è adesso. Sono sopraffatto dall'estrema semplicità di ogni cosa. Per la prima volta tutto è chiaro: ciò che siamo e di cui abbiamo bisogno è già qui. Per la prima volta mi rendo conto che ci siamo separati dalla nostra fonte. Quanto, siamo sciocchi! Ci concentriamo su forme di decadimento molecolare mentre invece la verità è sempre qui, e attende con pazienza che apriamo gli occhi e vediamo. La mia persona è attraversata da un irresistibile desiderio di amore, una profonda compassione per tutto ciò che è. Mi rendo conto che ognuno di noi è connesso in un oceano di luce vivente. La separazione che percepiamo è solo la densa illusione della forma molecolare. La mia consapevolezza prende vita dalla realizzazione che la mia mente e le sue capacità sono soltanto un altro veicolo temporaneo di espressione. Noi esistiamo al di là del pensiero, del tempo e del processo lineare di causa ed effetto.

Sono sopraffatto dalle ondate infinite di pura conoscenza. La mia mente è colma oltre i suoi stessi limiti; mi rendo conto che tutto ciò che sto vivendo è più di quanto potrei mai ricordare. Grido: «Io ricorderò» e subito rientro nel mio corpo fisico. Cerco di aprire gli occhi.

Non posso muovermi; so di trovarmi in uno stato catalettico. Avverto il solito intorpidimento e formicolio nel corpo fisico; solo dopo un minuto riesco a muovere le dita delle mani e dei piedi. Steso sul letto, rivedo l'esperienza vissuta, ancora in preda a un forte sbalordimento. Sono certo che la colonna di luce ero proprio io, non un'altra parte di me ma l'essenza di tutto ciò che sono. E possibile che siamo davvero qualcosa di tanto incredibile? Adesso mi sento solo e separato, ma al tempo stesso sono legato a qualcosa di molto più grande di quanto avrei mai potuto immaginare. La mia mente funziona a velocità folle e capisce un'infinità di concetti, molti di più di quelli che avrei mai pensato di capire.

Noi esseri umani abbiamo la naturale tendenza ad affibbiare etichette a tutto ciò che viviamo, a filtrare in base ai nostri concetti fisici e alle credenze. Mi chiedo se tutte le forme sono davvero l'interpretazione che la nostra mente fa di qualcos'altro che esiste al di là di forme e sostanze, così puro ed etereo da andare oltre la capacità di classificare e interpretare. È probabile che il nostro riconoscimento di tale concetto rappresenti un fondamentale passo in avanti. Se tutti arrivassimo a riconoscere che le credenze religiose sono interpretazioni fisiche di noi mortali, il sempiterno conflitto tra le diverse religioni, le fedi e le sette finirebbe. Ora è chiaro che Dio non si preoccupa affatto della nostra teologia personale. Le nostre credenze fisiche si basano su forme e sostanze temporanee, e sono semplicemente un punto nel fluire del tempo. Quello che importa davvero è l'esperienza spirituale. Sembra che lo scopo dell'intero universo sia l'esperienza vissuta in prima persona, che non può essere sostituita da nient'altro: è infatti la via alla saggezza che tutti condividiamo.

Mentre ampliavo l'esplorazione oltre la prima dimensione interiore, cominciai a notare alcune visioni insolite. In certe zone l'ambiente era dominato da nuvole di energia, alcune delle quali assumevano forme specifiche. Mi capitò di vedere quelle che sembravano macchine, case, persino navi da crociera.

Dopo anni, ho concluso che sono il diretto risultato del pensiero umano. Gli ambienti all'interno delle dimensioni non fisiche sono composti da energia che reagisce al pensiero. I pensieri sembrano capaci di dare forma alle energie sottili che creano le dimensioni invisibili. Ho scoperto che la sostanza di energia naturale delle dimensioni interiori appare sotto forma di una sorta di nube, un'emissione luminosa che viene facilmente manipolata. Ciò che costituisce gli edifici delle dimensioni invisibili non sono le particelle (atomi e quark) ma le onde o frequenze di energia e luce. Quando ho esaminato le nuvole di energia, ho capito che esistono come aggregazioni di energia grezza e informe, simili a ologrammi che crescono lentamente e cambiano forma e densità.

## DIARIO. 12 APRILE 1991

Sento le vibrazioni e arrivo ai piedi del letto. Mi sento confuso, quindi chiedo subito chiarezza. La mia mente consapevole diventa più veloce e scattante, i miei pensieri si focalizzano; in preda all'eccitazione, mi dico: «Ehi, è meglio del mio cervello fisico!».

A un tratto provo l'intenso desiderio di scoprire la vita passata. Esclamo ad alta voce: «Ho bisogno di conoscere la mia vita passata!». Provo subito una sensazione di movimento interiore; mi trovo in un ambiente nuovo: è una scena di incredibile distruzione. Sono in una città, guardo una lunga strada, vedo solo edifici demoliti. Mi rendo conto che la parte superiore del corpo sta uscendo dal portello di un carro armato, e solo ora mi accorgo che sto vedendo attraverso gli occhi di quest'altro uomo, un soldato. Io sono lui. Sento i suoi pensieri e le sue emozioni.

Arrogante e sicuro di me, sono invaso da uno strano senso di potere mentre guardo i palazzi che bruciano e le rovine che mi circondano. Sono orgoglioso di ciò che ho fatto. Sono un comandante della divisione dei mezzi corazzati tedeschi. So che questa è Varsavia, in Polonia, e che i miei soldati e io l'abbiamo appena conquistata.

Il carro armato si ferma sferragliando al centro di quella che un tempo doveva essere una piazza importante. Numerosi automezzi fanno fuoco; interi quartieri cadono davanti ai miei occhi. Sono soddisfatto. Prendo in mano una sorta di microfono, e ordino qualcosa al carro armato alla mia destra. Mi guardo il braccio, e scopro che indosso un'uniforme nera coperta di polvere grigia.

All'improvviso un forte senso di movimento simile al vuoto mi fa tornare nel corpo fisico. Apro gli occhi, e nell'attimo stesso della riunione provo il solito intorpidimento e il formicolio.

Sono confuso e sbalordito dall'intensità dell'esperienza: invece di limitarmi ad assistere, questa volta ho partecipato in maniera attiva. Per alcuni istanti ho provato ciò che ha provato quest'uomo: io ero lui! Sono deluso di me stesso, perché mi ero sempre considerato qualcosa di ben diverso da un arrogante ufficiale tedesco. Forse questo spiega la mia attuale opposizione nei confronti della guerra, e anche il fascino che esercitano su di me i documentari riguardanti la seconda guerra mondiale. Se nella mia ultima incarnazione sono stato davvero quell'ufficiale, non posso fare a meno di chiedermi quanto del suo essere mi stia tuttora influenzando; mi rendo conto che tale impatto potrebbe essere più notevole di quanto mi vada di ammettere. Cerco di analizzarmi nella maniera più obiettiva possibile, e una marea di nuove intuizioni viene alla luce. Mi chiedo fino a che punto sono arrogante, esigente e distaccato. Abbaio ancora gli ordini? Pretendo sempre che gli altri si affrettino a ubbidirmi?

Chissà fino a che punto sono influenzato e modellato dal mio passato. Quanto è forte questo influsso? Pare che una quantità infinita di conoscenza sia a disposizione, purché siamo disposti a ricercarla. Non posso fare a meno di essere curioso: quante altre incarnazioni ho avuto? Con quanta intensità mi hanno influenzato? Che cosa posso imparare da queste risposte?

# DIARIO. 7 DICEMBRE 1992

Entro nello stato vibratorio e mi libro a circa cinque centimetri dal corpo. Deciso a sperimentare il corpo vibratorio più elevato, esclamo ad alta voce: «Sperimento il mio corpo più evoluto». Dopo una breve sensazione di movimento, fluttuo in una forma diversa. Mi sento calmo e carico di energia, provo un'energia interiore più fluida. So di essere passato al corpo di energia interiore, ma poiché mi sento fuori sincronia e la visione è offuscata, chiedo una completa chiarezza di coscienza. «Chiarezza, ora!».

I miei pensieri sono subito più chiari. Mi sento estremamente leggero e trabocco di energia. In quel momento l'obiettivo mi lampeggia nella mente: «Vorrei visitare un altro sistema». Subito avanzo attraverso un vuoto oscuro a velocità incredibile. In un primo momento l'eccessiva velocità mi confonde, poi però mi rilasso adattandomi alle nuove sensazioni. Nel giro di pochi secondi fluttuo nello spazio. Abbasso lo sguardo per vedere il mio corpo e scopro che non c'è molto: privo di braccia e gambe, sono una forma sferica di energia consapevole. Non sono sorpreso perché in qualunque stato mi trovo ora, gli arti non mi sono necessari. Ruoto lentamente, concentrandomi sui panorami spettacolari che mi circondano. Colmo di reverenza, fisso cose di cui non immaginavo nemmeno l'esistenza. Ci sono ovunque gruppi di luci, a migliaia, simili a luminarie natalizie sparse in cielo. Mi sento come se mi stessi librando in un oceano di luci.

La mia attenzione viene distolta da qualcosa che non avevo mai visto prima, una forma confusa simile alla nebbia che si estende fin dove arriva lo sguardo; è una sorta di immenso sipario di nebbia che appare però fisso, un oggetto appeso perennemente nello spazio. Chiedo chiarezza, e mi ritrovo a volare in un punto diverso a vari chilometri di distanza. Adesso vedo meglio: è qualcosa di più grande di ciò che la mia mente è in grado di comprendere, allungandosi attraverso i cieli come un confine infinito.

All'improvviso percepisco l'energia vibratoria di qualcuno vicino a me, un'intensa radiazione priva di forma o sostanza. Sono subito consapevole della comunicazione, che si manifesta con una serie di vivide immagini che mi appaiono nella mente. Qui di seguito ho cercato di tradurre in parole il significato di quelle figure.

«Splendido, vero?». Mi volto da una parte per vedere chi è. La mia consapevolezza è accecata dall'intensità della luce. Comincio ad arretrare e mi proteggo dalla potente energia. L'entità continua a comunicare con la mia mente.

«Mi adatterò». La radiazione diminuisce subito. Non riesco a percepire una forma, solo la luce.

«Io non possiedo una forma, così come la intendi tu: non è affatto necessaria. Tra coloro che appartengono al tuo genere, sono in pochi ad avventurarsi fin qui». Non riesco a rispondere, la mia mente è sopraffatta e non so nemmeno da dove iniziare. L'essere di energia deve percepire il mio dilemma, perché mi risponde:

«Ciò che vedi davanti a te è una delle molte meraviglie dell'universo. L'infinità della nebbia è una delle numerose membrane interiori che dividono le varie frequenze dell'universo, è la struttura interiore dell'universo stesso. Le stelle e le galassie che vedi in lontananza sono soltanto la crosta esteriore dell'universo. La chiave alla vera esplorazione è il movimento attraverso le membrane di energia. Appena ti muovi in avanti, verso la fonte, la tua frequenza energetica interiore deve mutare di conseguenza. Tu puoi attraversare solo le barriere di energia che sono in conformità con la tua luce interiore. Ciò che hai visto è la chiave alla stabilità e alla struttura in tutto l'universo».

Sono sbalordito dalla chiarezza delle immagini che mi entrano in mente. Questo essere sembra conoscere automaticamente i miei pensieri.

«Tutte le energie consapevoli (le anime) vivono all'interno della frequenza energetica che è in sintonia con la loro velocità vibratoria personale. La membrana che hai davanti separa una lunghezza d'onda dall'altra».

Continuo a fissarlo, incapace di trovare una risposta adeguata. Mi sembra di non essere all'altezza, come un bambino che vuole seguire un corso di matematica avanzata. L'essere di energia reagisce di nuovo ai miei pensieri.

«Tu sei pronto, altrimenti non saresti qui. Ognuno di noi si trova dove dovrebbe essere. Una volta ero come te, e tu diventerai come me: stiamo facendo insieme lo stesso viaggio. La tua percezione di me non è precisa. In confronto ad altri che vivono nell'universo, io non sono che un bambino. La possibile evoluzione della coscienza è illimitata».

«La mia identità non è importante, le etichette non sono necessarie. Ricorda bene quello che vedi, perché il riconoscimento e l'esplorazione delle membrane di energia ricoprirà un notevole significato per l'evoluzione della tua specie».

Sono confuso dalla velocità delle informazioni che mi entrano nella mente; chiedo delucidazioni.

«Non capisco... qual è lo scopo delle membrane di energia?».

«Si limitano a separare le varie frequenze di energia l'una dall'altra. Tu ora stai osservando il punto di convergenza di due diverse dimensioni. Le membrane di energia forniscono la necessaria substruttura che permette l'esistenza di ogni dimensione sono le pareti interne delle cellule che compongono l'universo vivente».

«Mio Dio, è incredibile!».

«C'è molto da vedere. La tua avventura è solo all'inizio».

«Cosa vorresti dire?».

«Lo scoprirai ben presto».

«Continuo a non capire».

«Capirai, amico mio, capirai».

Con un sobbalzo torno nel corpo fisico. In un primo momento sono fuori sincronia, incapace di muovermi. Nel giro di una ventina di secondi recupero le percezioni fisiche.

Dopo vent'anni di esplorazioni, ho scoperto che aumentando il numero delle esperienze i nostri corpi non fisici hanno la tendenza naturale a diventare sempre meno densi. È chiaro che la velocità di frequenza personale ritorna lentamente allo stato vibratorio "normale" o naturale. Il corpo non fisico si adatta pian piano alla frequenza vibratoria (densità interiore) che è il normale modo di essere. Questo processo di adattamento interiore viene riportato da numerosi esploratori fuori dal corpo di comprovata serietà. Quando dichiara che la sua forma non fisica diventa sempre "meno umanoide" con il protrarsi della durata delle sue esperienze extracorporee, Robert Monroe si riferisce proprio a questo fenomeno.

La tendenza a tornare alla nostra naturale frequenza interiore ha un'altra importante implicazione: in moltissime occasioni ho notato che quando mi trovo fuori dal corpo per più di alcuni minuti, l'ambiente che osservo si dissolve lentamente e diventa visibile un ambiente nuovo. Per anni ho pensato che la mia visione si stesse adattando alle proprie capacità ampliate di percepire, ma mi rendo conto adesso che è solo una parte di esso. Quando siamo fuori dal corpo, la nostra forma non fisica non è statica come potrebbe apparire, in realtà è un sistema di energia ampliata che fluttua nella sua frequenza energetica interiore. Ciò si nota soprattutto quando controlliamo e allarghiamo le esperienze non fisiche. In altre parole, il corpo non fisico non è affatto un corpo ma un sistema energetico altamente sofisticato che reagisce ai pensieri. Quando prolunghiamo le avventure non fisiche, la coscienza ha la tendenza naturale a tornare al suo vero stato non fisico. Per quanto possa sembrare strano, sono certo che i concetti legati a forma, aspetto e sostanza siano condizioni temporanee. Sembra che in qualità di anime noi siamo privi di qualunque forma. Il nostro vero sé non è umanoide come concepiamo ora noi stessi: l'anima o pura coscienza è priva di forma, ma è comunque in grado di assumere vari aspetti e forme di energia diverse per i suoi scopi.

Colpito da una grave forma di polmonite, nel novembre del 1993 fui costretto a rimanere a letto per una decina di giorni. Non mangiavo e dormivo dieci ore al giorno. Al terzo giorno notai un notevole aumento delle esperienze. Ogni volta che mi appisolavo, mi ritrovavo a fluttuare sopra o vicino al mio corpo fisico. Con il progredire della malattia osservai un aumento dei viaggi spontanei: era come se la connessione tra il mio organismo materiale e quello non fisico si indebolisse in maniera coincidente. Al culmine del malessere e per alcuni giorni successivi, provai un senso di libertà che non avevo mai conosciuto in precedenza. Steso a letto, scivolavo spontaneamente fuori mentre il corpo fisico si addormentava. A volte mi sembrava addirittura di non essere legato a tale involucro, che cominciai a usare come punto di riferimento o area di riposo tra un'esplorazione e l'altra. Per più di una settimana rimasi così staccato che vedevo il mio corpo fisico come una inevitabile seccatura da sopportare.

In quel periodo sperimentai un notevole aumento dei viaggi, che in genere avvenivano da due a cinque alla volta. Ognuno di essi era piuttosto breve: durava da trenta secondi a qualche minuto. In alcuni casi mi accorsi che la sequela di avvenimenti sembrava vertere su uno specifico argomento. Per esempio, un pomeriggio mi appisolai mentre stavo leggendo un libro sulle regressioni delle vite passate. Sentii quasi subito le vibrazioni e fluttuai sopra il corpo, perfettamente a mio agio; i miei pensieri si concentrarono sulla possibilità delle precedenti incarnazioni, e percepii una sensazione di movimento.

## DIARIO. 29 NOVEMBRE 1993

Sono in piedi sui bastioni di un castello, e da sotto si vede salire il fumo. Da vari giorni è in corso una terribile battaglia; io sono esausto, stanco di combattere. Mi rendo conto che sono una specie di soldato medievale. Siamo assediati da più di due mesi, e per la prima volta in vita mia mi chiedo per quale motivo stiamo facendo la guerra: mi sembra tutto assurdo, privo di significato. Negli ultimi cinque anni non ho fatto altro che combattere e uccidere... ora ne ho abbastanza. L'orgoglio e il senso del dovere sono le uniche cose che mi aiutano ad andare avanti. Dopo aver servito fedelmente il mio re per vent'anni, non possiedo altro che una spada e l'armatura che indosso. Mi guardo intorno, e rimango sbalordito per quanto tutto mi sembra reale. Non sono un semplice osservatore: in qualche modo sento i pensieri e le emozioni di quest'uomo, il suo dolore e le sue delusioni. Sento di essere lui, eppure so di non esserlo. Sperimento un grande senso di dolore e disgusto, una vita colma solo di vittorie prive di significato. Mi rendo conto all'improvviso che il dovere e l'onore da soli non sono sufficienti. So che nella vita dev'esserci qualcosa di più ma conosco esclusivamente le armi e l'arte della guerra. Sobbalzo, sento un dolore lancinante, unito a una forte pressione sulla schiena, comincio a perdere conoscenza. In quel preciso istante provo le ormai familiari sensazioni di formicolio e intorpidimento, e capisco di essere tornato nel corpo fisico. Penso di fluttuare; subito mi alzo sopra il mio corpo. Sono sbalordito dalla chiarezza dei pensieri, e medito sul significato dell'esperienza del soldato. Percepisco un mutamento della consapevolezza, e un senso di rapido movimento interiore. Nel giro di pochi secondi mi ritrovo in un ambiente completamente nuovo.

Sono seduto su un pavimento di pietra; intorno a me ci sono decine di monaci dal cranio rasato, assorti in una meditazione cerimoniale. Non so perché, ma sono certo di essere un monaco buddhista; annuso il profumo muschiato dell'incenso che brucia, sento le campanelle e i canti ritmati. Siamo in trentasei, seduti in circolo intorno a un altare, dal centro del quale sale un filo sottile di fumo bianco; un ragazzino di circa dodici anni, calvo e in apparente stato di trance, ci cammina intorno salmodiando e facendo oscillare un grosso incensiere intarsiato. Mi accorgo che sto oscillando avanti e indietro mentre canto dolcemente una frase che sembra far parte di me. Sia io sia i miei compagni indossiamo tuniche di colore arancione; abbasso lo sguardo sulle mie mani, e mi rendo conto di essere molto anziano: le mani e i polsi sono sottili, fragili. Sono soddisfatto della mia vita, libero da qualunque bisogno ed esigenza. La mia mente è in pace; so che presto morirò. Con un leggero senso di movimento torno nel mio letto. Anche se sono rientrato nel corpo fisico, mi sento fuori fase, come se stessi fluttuando all'interno. La mia mente è ancora concentrata sul significato di quest'ultima esperienza quando sento di nuovo una spinta interiore.

Ho un freddo incredibile, il corpo e la mente intorpiditi; questo freddo va oltre la mia capacità di sopportazione. Intorno a me ci sono i cadaveri congelati dei miei amici compagni d'arme. Il terreno è troppo ghiacciato per poterli seppellire, così rimangono nei punti in cui sono caduti. Il mio carro armato è divenuto una tomba.

La mia mente e il mio corpo sono la conchiglia ormai vuota che conteneva il mio sé precedente. La mia voglia di vivere se n'è andata. A una trentina di metri di distanza vedo due soldati coperti di stracci che tolgono gli stivali dai piedi di un cadavere. Accanto a me un uomo ormai quasi privo di vita, un mio amico, mi mormora qualcosa. Poiché non riesco a sentirlo, mi abbasso.

«Per amor di Dio, uccidimi».

Non ce la faccio. Mi mancano il coraggio e la forza per muovermi. Ha ripreso a nevicare, so che sto per morire. Si sente in lontananza un rumore sordo: ben presto arriveranno i russi. Non provo né odio né paura, non sento niente. Chiudo gli occhi. Sprofondo nell'incoscienza.

Non sono in grado di dimostrare che queste tre esperienze riguardavano le mie vite passate; sono comunque certo che erano vive e reali come qualunque normale esperienza fisica. È meglio evitare di formulare giudizi quando si esplorano nuove dimensioni di energia. La nostra mente possiede la tendenza naturale a essere influenzata dalle percezioni fisiche della realtà. Mantenere la mente il più possibile aperta è la chiave alla comprensione.

Durante quel periodo di malattia, mi sono reso conto che le esperienze fuori dal corpo possono venire ricordate con grande facilità, purché si richieda con regolarità chiarezza di pensiero e visione: una semplice e decisa richiesta ha un effetto incredibile sullo stato di coscienza fuori dal corpo. Ripetendo questa procedura sono riuscito a prolungare di varie ore i miei viaggi.

A volte mi divertivo ad andare avanti e indietro tra il mio corpo fisico e quello non fisico fluttuante. In tali occasioni ho scoperto una condizione insolita che ho denominato doppia coscienza, in quanto a volte riuscivo a spostare solo una parte della mia consapevolezza. È possibile percepire con entrambe le forme allo stesso tempo, e modificare o spostare la percentuale di coscienza tra i nostri corpi. In altre parole, per brevi periodi possiamo sperimentare simultaneamente il mondo fisico e un ambiente non fisico con vari gradi di efficacia. Ho scoperto anche che tali spostamenti si possono controllare: basta rimanere concentrati e centrati, e chiedere mentalmente di sperimentare la seconda forma. Quando non si è più attaccati a una forma specifica, che si tratti di materia o di energia, dobbiamo ricordarci che siamo sempre liberi di muoverci e superarla.

Il mio interesse nei confronti della fisica è aumentato in maniera proporzionale al numero delle esperienze fuori dal corpo. Durante i viaggi osservavo con attenzione le strutture di energia che mi circondavano. Affascinato dalle forme e sostanze non fisiche che incontravo, mi resi conto che ogni ambiente e dimensione all'interno dell'universo possiedono similarità e differenze specifiche.

Le diversità più significative sembrano riguardare il modo in cui gli ambienti non fisici reagiscono al pensiero, lasciandosi modellare più o meno facilmente. Io credo che tutta l'energia non fisica reagisca al pensiero; quando un gruppo di individui mantiene la stessa immagine o credenza, tale gruppo crea, modella e mantiene una realtà consensuale. L'energia del pensiero forma, stabilisce e solidifica l'energia non fisica. Maggiori sono le dimensioni del gruppo (secondo alcuni dovrebbe essere composto da milioni di individui), maggiore è la stabilità dell'ambiente energetico circostante. Questa è una scoperta molto importante perché spiega le grosse diversità che ho riscontrato esplorando le dimensioni non fisiche, la prima delle quali è un mondo di energia parallela quasi identico all'universo fisico, plasmata dal consenso mentale dei sei miliardi di abitanti che vi abitano.

La causa di tutto ciò è evidente: la coscienza crea la realtà che, insieme alla materia, viene modellata e formata dal pensiero. La creazione stessa deriva dal modo in cui l'energia-pensiero consapevole influenza, regola e manifesta la forma e la sostanza così come noi le conosciamo: innumerevoli esplorazioni non fisiche all'interno dell'universo lo hanno confermato. È solo la densità della materia che oscura questa verità ai nostri sensi. Nel mondo fisico la coscienza si esprime ricorrendo ai veicoli biologici. Il corpo fisico è lo strumento della consapevolezza, e viene diretto dai pensieri per creare la realtà che sperimentiamo nella vita quotidiana. Questo processo è molto più importante di quanto si possa spiegare a parole. Il nostro riconoscimento di una simile realtà è il primo passo verso il dominio di noi stessi e dell'ambiente che ci circonda. Ognuno di noi possiede la capacità creativa e il potere di modellare e dare forma al proprio ambiente ideale dal punto di vista fisico, emozionale, intellettuale. E abbiamo inoltre il compito di riconoscere e sviluppare tale capacità.

Se riconosciamo il potere creativo della coscienza influenziamo in modo notevole il nostro immediato futuro e l'evoluzione della nostra specie. Fino a quando non comprendiamo e controlliamo consapevolmente le energie invisibili che fluiscono in noi, restiamo legati alle forme molecolari più dense che ci circondano. L'evoluzione da creatura fisica a essere non fisico multidimensionale è direttamente legata al riconoscimento e al controllo consapevole dell'energia-pensiero. Dopo aver compreso la capacità individuale di modellare e dar forma all'energia che ci circonda, possiamo iniziare ad assumerci la responsabilità dei pensieri. Con ogni gesto e pensiero diventiamo consapevoli del fatto che siamo gli artisti creatori della nostra stessa esistenza.

L'esattezza dei concetti sopra espressi viene dimostrata durante un'esperienza fuori dal corpo: in tale condizione sperimentiamo ed esploriamo un ambiente di frequenza superiore, molto meno denso della materia. Questo ambiente di energia sottile è sensibile al pensiero, che esercita il controllo completo della nostra esistenza. Ogni pensiero focalizzato può creare un risultato immediato: se pensiamo di volare, voliamo; se pensiamo di camminare attraverso un muro, lo facciamo. Questa presa di coscienza è un passo fondamentale dell'evoluzione personale, perché adesso sappiamo che dobbiamo assumerci la completa responsabilità dei nostri pensieri e della nostra vita.

Il fatto che la coscienza crei o modelli la realtà non è poi così assurdo come si potrebbe pensare. Numerosi individui ritenuti tra le menti più evolute della fisica moderna considerano questa teoria come la base logica di tutta la realtà. L'eminente fisico David Bohm, Eugene Wigner (fisico di Princeton), Henry Pierce Stapp (Berkeley), il leggendario Walter Heitler, Fritz London e John von Neumann sono sostenitori della teoria dei quanti secondo cui "la coscienza crea la realtà". Nel mondo sono sempre più numerosi i fisici e i matematici che giungono alla medesima conclusione: gli oggetti fisici non avrebbero alcun attributo se non ci fosse un osservatore cosciente a guardarli. Il premio Nobel Eugene Wigner ha riassunto tutto ciò dichiarando: «Non è possibile formulare le leggi della meccanica quantica in maniera consistente senza fare riferimento alla coscienza... In qualunque modo possano svilupparsi i nostri concetti futuri, è innegabile che lo studio stesso del mondo esteriore porti alla conclusione che il contenuto della coscienza è la realtà di base».

Continuando le esplorazioni non fisiche, mi resi conto che stavo osservando e interagendo con una dimensione energetica parallela. I concetti di spazio, tempo e distanza non sembravano più validi. La dimensione che stavo esplorando nei miei viaggi era molto vicina a quella fisica: non era separata dallo spazio o dalla distanza, ma piuttosto dalla frequenza energetica o dalla densità. Per quanto possa apparire strano, le altre dimensioni (che con ogni probabilità sono infinite) esistono con noi adesso. Inoltre, ho osservato che ogni oggetto fisico possiede un corrispettivo non fisico o duplicato energetico che appare simile a uno stampo di energia. Per esempio, la dimensione non fisica più vicina e le sue strutture energetiche coesistono con la dimensione fisica e funzionano come una forma di substruttura dell'energia per la materia stessa. Le strutture non fisiche esistono anche in maniera indipendente dall'universo fisico.

Gli ambienti non fisici più immediati che ho incontrato sembravano essere rappresentazioni quasi fisiche di materia. Questi oggetti non fisici, sebbene aventi struttura stabile e simile alla materia, spesso non erano un esatto duplicato dell'ambiente fisico che mi circondava. All'inizio tutto ciò sembrava confondermi, ma pian piano ho imparato che dovevo rivedere la mia aspettativa nei confronti della realtà.

Ho potuto fare alcune osservazioni sorprendenti. Per prima cosa, noi partiamo dal presupposto che l'ambiente fisico è la base fissa e solida della realtà. Consideriamo la densità e la forma come l'ultima prova del "reale". E se invece ci sbagliassimo, e la realtà dipendesse dalla velocità di vibrazione di chi osserva? E se ci fossero numerose, addirittura infinite dimensioni di energia?

Secondo punto: dopo aver ripetutamente esplorato il più vicino ambiente non fisico, ho iniziato a chiedermi se il mondo fisico è un duplicato di quello non fisico, o viceversa. Questa osservazione è importante perché porta alla struttura fondamentale di tutta l'energia, la materia, e alla realtà così come la conosciamo. In un primo tempo avevo pensato che la dimensione non fisica parallela fosse il risultato della materia, ma grazie all'esperienza ho potuto constatare che ciò non è affatto vero. L'universo parallelo è davvero un universo energetico separato che funziona come la substruttura invisibile di tutte le sostanze e forme energetiche fisiche. Fisico e non fisico sono parti di uno stesso elemento. Terzo: ho iniziato gradualmente a capire che stavo osservando un fluire continuo di energia. Ogni oggetto fisico che vediamo intorno a noi esiste in dimensioni multiple dell'universo. Il risultato finale è quindi chiaro, anche se magari sbalorditivo: in natura tutti gli oggetti fisici, comprese le forme di vita, sono multidimensionali. Tutto ciò che vediamo esiste come un continuum di energia.

La materia non è il fulcro della realtà, così come noi la vediamo, ma è invece il risultato di una serie di interazioni energetiche che si verificano nelle dimensioni invisibili. Grazie a ciascuna esperienza fuori dal corpo mi sono reso conto che la materia è solo una minuscola porzione degli ambienti energetici che esistono. Sotto molti aspetti, è il risultato denso più visibile di una splendida catena di eventi che si verificano appena al di là della nostra visione fisica.

Sembra che la nostra percezione della materia, cioè dell'universo visibile, e del posto che occupiamo nell'universo sia del tutto impreciso. Quello che vediamo intorno a noi non è il centro della realtà ma solo l'involucro esteriore, il sottile strato di epidermide dell'universo invisibile. Con il passare del tempo mi sono convinto che quel che riteniamo solido e reale è invece un temporaneo veicolo di coscienza. La realtà solida ci appare tale solo perché siamo soliti focalizzarci sui sensi fisici. Dopo che ci siamo separati dal nostro corpo biologico, il mondo della materia sembra popolato da fantasmi, forme eteree e indistinte.

Nei miei viaggi extracorporei gli oggetti fisici solidi mi apparivano in forme vaporose, e in svariate occasioni pareti e mobili mi apparivano simili a immagini olografiche dotate di una sostanza definita ma impalpabile. Quando ho toccato questi oggetti, la mano li ha attraversati (in tali occasioni ho provato spesso un forte formicolio), e a causa della mia nuova velocità vibratoria non mi sono più sembrati reali. Mi sono inoltre accorto che più a lungo restavo separato dal corpo, più l'ambiente circostante sembrava svanire: per me l'unica realtà erano gli oggetti o gli esseri che vibravano vicino alla mia nuova velocità di frequenza personale. In altre parole, la realtà dipende dalla densità vibratoria di colui che osserva. A prima vista l'osservazione può sembrare strana, ma la fisica moderna ha fornito alcune prove che aiutano a spiegarla. Per esempio, gli scienziati hanno dimostrato che la luce visibile esiste simultaneamente sia come particella sia come onda.

La duplice natura della luce viene ora riconosciuta dalla scienza moderna; io credo che fornisca una prova evidente del fatto che tutta l'energia sia un continuum di multifrequenza (dimensionale) che si estende ben al di là delle particelle dense della materia che vediamo intorno a noi. Allo stesso modo, tutte le forme di vita e gli oggetti fisici sono composti sia dalle particelle fisiche sia da componenti di energia non fisica. È questo fluire interconnesso di energia che crea e sostiene l'intero universo multidimensionale, e da cui deriva ogni oggetto fisico. Così come la luce esiste nello stesso momento sia come particella sia come onda, allo stesso modo tutti gli oggetti materiali sono forme dense molecolari e forme spirituali non fisiche. Questa realizzazione apre la porta a una nuova frontiera di esplorazione e ricerca.

PARTE SECONDA

# Risolvere i nostri più grandi misteri

CAPITOLO 3

# La nuova frontiera

La comunità scientifica mondiale è ora d'accordo sull'esistenza di una struttura energetica invisibile.

David Seckel,
*cosmologo presso l'Università della California*

Nell'arco degli ultimi decenni la scienza ha cominciato a rendersi conto dei seri limiti della percezione visuale umana. L'occhio umano è sensibile solo a una striscia sottile di radiazioni. Noi vediamo la lunghezza d'onda tra 0,00007 e 0,00004 centimetri, la parte restante dello spettro

Spettro dell'onda elettromagnetica

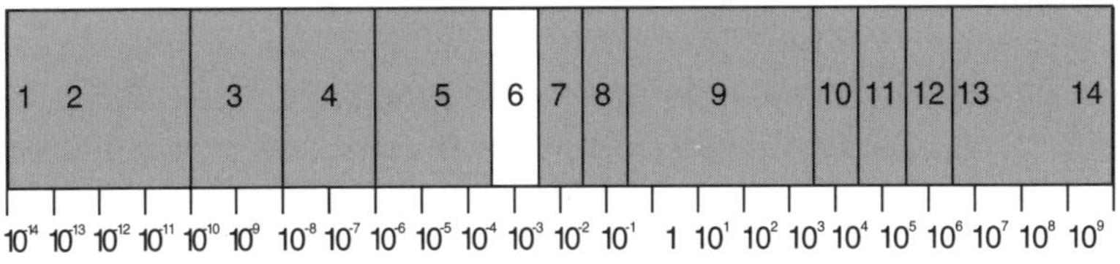


Lunghezza d'onda (in cm)

1. Sconosciute
2. Raggi cosmici
3. Raggi Gamma
4. Raggi X
5. Ultravioletti
6. Luce visibile
7. Infrarossi
8. Onde di calore
9. Radar
10. Televisione
11. Onde corte radio
12. Onde televisive
13. Onde lunghe radio
14. Sconosciute

delle onde elettromagnetiche è per noi invisibile: è quindi un centimillesimo di centimetro a fare la differenza tra visibilità e invisibilità. Tutti noi stiamo letteralmente nuotando in un mare di energia, immersi in un oceano di onde elettromagnetiche: raggi gamma, X, ultravioletti e infrarossi, microonde, onde radio e corte, solo per nominarne alcune. Quando sentiamo il calore del sole, per esempio, percepiamo il risultato dei raggi infrarossi invisibili; la loro lunghezza d'onda (da 0,00008 a 0,032 centimetri) è troppo lunga per permettere alla retina di percepirli, anche se la pelle registra i raggi per il loro calore.

La nostra percezione dell'universo si basa solo su una minima frazione dell'energia che ci circonda. Ancora più sconvolgente è l'idea che l'attuale tecnologia scientifica riconosca solo una porzione dell'intero spettro energetico, che secondo numerosi studiosi continua al di là della visione tecnologica, forse addirittura all'infinito.

Quando mettiamo tutti questi dati nella giusta prospettiva, riconosciamo che ognuno di noi è consapevole a livello visuale solo di un trecentomillesimo (0,00003) di centimetro della radiazione energetica che ci circonda. Noi vediamo ben poco dell'universo, eppure siamo pronti a trarre conclusioni e formulare giudizi basandoci sugli stretti limiti della nostra visione. La prospettiva dell'universo e della stessa realtà è notevolmente limitata dalla gamma ristretta dei nostri sensi fisici.

Se ci guardiamo attorno vediamo un mondo di oggetti solidi. In superficie la realtà sembra consistere di una forma e sostanza tridimensionale. La scienza esplora nella profondità del cuore invisibile della materia. La famosa formula di Einstein $E = MC^2$, ci dice che la materia non è altro che una forma di energia, in un certo senso energia immagazzinata e temporaneamente modellata per costruire gli oggetti fisici che ci circondano.

Dopo che abbiamo riconosciuto che la materia in effetti è energia, possiamo iniziare a formare una nuova visione di noi stessi e del mondo che ci circonda: ci rendiamo conto che il nostro ambiente fisico non è quello che sembra.

Questa nuova visione si espande ancora di più quando prendiamo in esame le ultime scoperte della fisica dei quanti: per gli esponenti di questa teoria l'energia non è formata da cellule. Le particelle subatomiche non vengono più considerate come oggetti statici ma come entità quadrimensionali inserite nello spazio-tempo: si ritiene quindi che le particelle elementali della nostra realtà (quark e simili) non siano sostanza. Quando i fisici osservano le particelle elementali le descrivono come modelli dinamici, sempre in movimento e capaci di trasformarsi a vicenda. La meccanica dei quanti ci ha mostrato che la base della nostra realtà non è materiale, e consiste invece di modelli di energia interconnessi per formare una rete cosmica inseparabile.

La teoria dei quanti ha dimostrato che gli attuali concetti fisici di forma e sostanza sono ormai obsoleti; non solo la materia è energia, ma tutta l'energia è essenzialmente non fisica. Lo scienziato Werner Heisenberg ha chiarito questo nuovo punto di vista scientifico quando ha dichiarato: «Gli atomi non sono cose».

Dopo decenni di grandi scoperte, la fisica moderna si è arenata. Il movimento delle particelle subatomiche sembra non seguire alcun ordine logico: le particelle elementali cambiano locazione e traiettoria, appaiono e scompaiono, muovendosi nelle direzioni più impensabili. Il comprendere che esse possono venire influenzate dai pensieri degli scienziati che le stanno osservando è ancora più sbalorditivo.

Al sorgere del nuovo secolo, i principali misteri della scienza rimangono irrisolti. Che cosa sono la materia e l'energia? Quali sono le fondamenta invisibili della realtà fisica? In tutto il mondo è in costante aumento il numero di fisici e astronomi secondo i quali appena al di là della nostra visione tecnologica esiste un immenso sistema di energia invisibile. Anni fa alcuni astronomi osservarono che aree specifiche dello spazio possedevano una massa insufficiente a spiegare il loro movimento; negli anni Ottanta questa misteriosa condizione è stata definita "materia oscura", grazie soprattutto alle ricerche approfondite dell'astronoma Vera Rubin. L'importanza e il significato del suo lavoro sono stati sottolineati da Donald Goldsmith nel libro *The Astronomers:*

> «Analizzando il movimento delle stelle più remote, le osservazioni di Vera Rubin rivelarono enormi quantità di materia invisibile in galassie a spirale come la nostra Via Lattea. Studi riguardanti i movimenti delle galassie in gruppi, eseguiti da altri astronomi (e anche dalla stessa Vera Rubin), hanno dimostrato che tali gruppi contengono a loro volta enormi quantità di materia invisibile. Già in precedenza i ricercatori avevano scoperto che la maggior parte di essi racchiudono una massa più ampia di quella che potrebbe essere giustificata dalle stelle che vi brillano. Sono stati però gli studi di Vera Rubin sul movimento degli astri a convincere gli scienziati che quasi tutte le galassie, e non solo quelle che compongono i grossi gruppi, contengono una massa invisibile più grande delle stelle.
>
> Gli studi di Vera Rubin hanno stabilito l'esistenza di una componente sconosciuta del cosmo, che rappresenta una notevole aggiunta a ciò che conosciamo come l'universo. Tutto ciò che vediamo (le stelle, singole e raggruppate; le regioni in cui si stanno formando e le nubi di gas accese dagli astri appena nati), all'apparenza ammonta a poco più del 10% della massa totale di un'ampia galassia come la nostra Via Lattea. Di conseguenza, tutta la materia visibile dell'universo forma solo una sorta di leggera glassatura sulla torta cosmica, composta soprattutto da materia invisibile».

La scoperta della materia oscura (massa invisibile) fornisce la prova dell'esistenza di una substruttura invisibile dell'universo. Negli ultimi vent'anni fisici e astronomi sono giunti alla stessa conclusione: qualcosa di invisibile interagisce con la materia. Nel 1981 il celebre fisico teorico David Bohm suggerii che la substruttura della particella subatomica abbia senso solo se si parte dal presupposto dell'esistenza di altre e più complesse dimensioni che vanno oltre la nostra percezione fisica. Questo concetto sta diventando sempre più popolare. Molte tra le supreme menti scientifiche del ventesimo secolo hanno osservato che al di là della nostra visione tecnologica sta avvenendo qualcosa di misterioso. Einstein, Heisenberg, Planck, Pauli, Schrodinger, Jeans, Eddington, Bohr e de Broglie hanno espresso la convinzione che fisica e misticismo siano in qualche modo connessi. Sir James Jeans ha riassunto tutto ciò dichiarando: «L'universo assomiglia sempre più a un grande pensiero, e non a una grande macchina».

## La struttura multidimensionale dell'universo

Se esaminiamo l'evoluzione della scienza negli ultimi decenni, vediamo una quantità crescente di prove che sostengono la teoria della struttura multidimensionale della materia e dell'universo. Le ultimissime scoperte della fisica dei quanti forniscono numerosi esempi. Significativo è anche il numero in costante aumento di fisici, astrofisici e astronomi che credono nell'esistenza degli universi paralleli. Il noto fisico Fred Alan Wolf ha così riassunto questo concetto: «Includendo la fisica dei quanti, noi troviamo una notevole e sorprendente testimonianza dell'esistenza degli universi paralleli fin dai tempi più remoti».

## Il concetto di universi paralleli

L'idea di universi o dimensioni parallele non è affatto nuova. La teoria della relatività di Einstein è stata la prima a parlare dello spazio-tempo quadrimensionale e dei buchi neri. È stato solo nel 1935 che Einstein e il suo collaboratore Nathan Rosen della Princeton University hanno presentato la loro teoria riguardante il funzionamento dei buchi neri: ritenevano che un buco nero fosse in realtà un ponte che collega l'universo a un altro possibile universo, e non una semplice apertura o squarcio nello spazio-tempo, come si era creduto fino ad allora. Per Einstein e Rosen i buchi neri sono "ponti" che conducono in qualunque luogo e in qualunque tempo. Nella fisica di oggi questo concetto è noto come "il ponte di Einstein-Rosen".

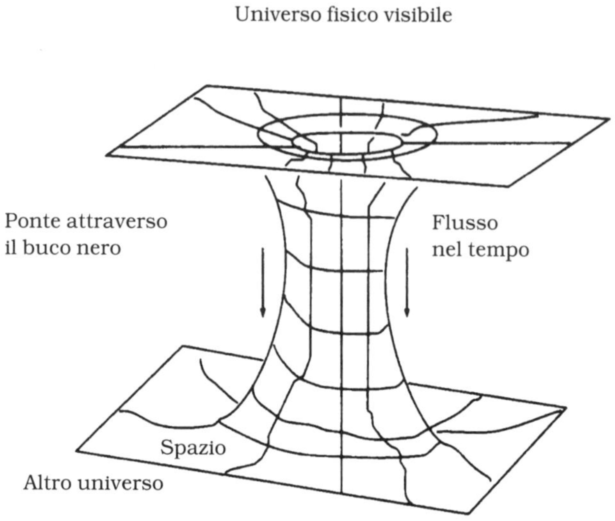


Moderna interpretazione del ponte di Einstein-Rosen

Il ponte di Einstein-Rosen è stato la prima teoria scientifica largamente accettata riguardante la possibile esistenza di universi o dimensioni parallele. Il lavoro dei due studiosi ha permesso alle generazioni seguenti di fisici di studiare il concetto degli universi paralleli. Per esempio, la cosiddetta "interpretazione dei molti mondi" presentata nel 1951 dal fisico Hugh Everett III è stata influenzata dai precedenti lavori di Einstein e Rosen. Secondo Everett, numerosi mondi o universi coesistono con il nostro, e si dividono continuamente in dimensioni separate e distinte che sono reciprocamente inaccessibili. Ogni mondo o dimensione contiene una diversa versione delle stesse persone che conducono la loro esistenza e agiscono nello stesso istante. Sebbene molto controversa, questa teoria si è diffusa nell'ambito della fisica moderna, e secondo alcuni fornisce una possibile spiegazione della realtà dei quanti. Negli ultimi sessant'anni il concetto di universi di energia parallela e dei loro ponti di interconnessione è stato portato avanti da numerosi celebri fisici, tra i quali Arthur Eddington, Christian Fronsdal, David Finkelstein, John Wheeler, G. Szertes e Charles Misner. Ma è stato Martin Kruskal, di Princeton, a fornirne per primo un'elaborazione scritta: nel 1961 ha redatto una mappa del buco nero, mostrando l'interconnessione tra il nostro universo e un altro del tutto sconosciuto.

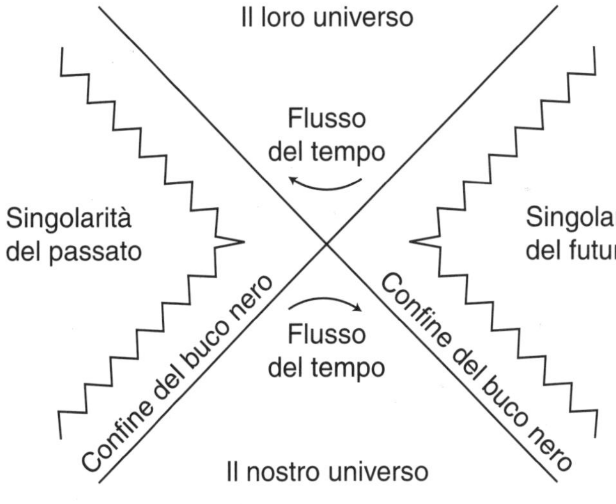


Mappa del buco nero di Kruscal che mostra
un universo parallelo

Nel 1963 il fisico e matematico Roy P. Kerr ha elaborato equazioni molto precise relative alla rotazione dei buchi neri, che indicano l'esistenza di un numero infinito di universi paralleli, tutti direttamente connessi agli stessi buchi neri.

Una serie infinita o mosaico di universi si estende contemporaneamente verso il passato e il futuro. Per quanto strano possa apparire, il lavoro di Kerr è tenuto in grande considerazione dai fisici di tutto il mondo; molti ritengono che le sue equazioni siano state uno dei più importanti sviluppi nell'astrofisica teoretica del ventesimo secolo.

Il tedesco H. Reissner e il danese G. Nordstrom hanno formulato uno scenario nell'ambito del quale i buchi neri mettono in connessione vari universi. Proprio a causa dei loro lavori, un buco nero elettricamente carico viene a volte denominato "buco nero Reissner-Nordstrom".

Io ritengo che l'esistenza dei buchi neri, del ponte di Einstein-Rosen, le equazioni, le mappe e le teorie di Everett, Kruskal, Keer e Reissner e Nordstrom siano prove della natura e struttura multidimensionale dell'universo. Il numero sempre più grande di prove raccolte da fisici e astronomi in tutto il mondo porta alla più importante scoperta del ventesimo secolo: il nostro universo è una sequela multidimensionale di energia interconnessa.

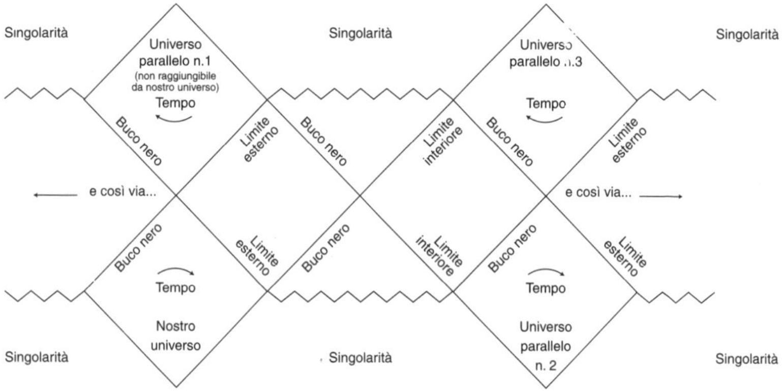


Il mosaico infinito di universi paralleli
in un buco nero rotante scoperto da Roy Kerr

## Prove storiche che dimostrano l'esistenza dell'universo multidimensionale

Il concetto di paradiso o universo non fisico è uno dei più antichi e più a lungo conservati nella storia dell'umanità, e appare in ogni cultura e religione. La religione ebraica e quella cristiana prevedono l'esistenza di tre universi o dimensioni: il mondo fisico, il paradiso e l'inferno.

Il cattolicesimo ha poi aggiunto il purgatorio. Nel Corano Maometto parla di sette paradisi o universi.

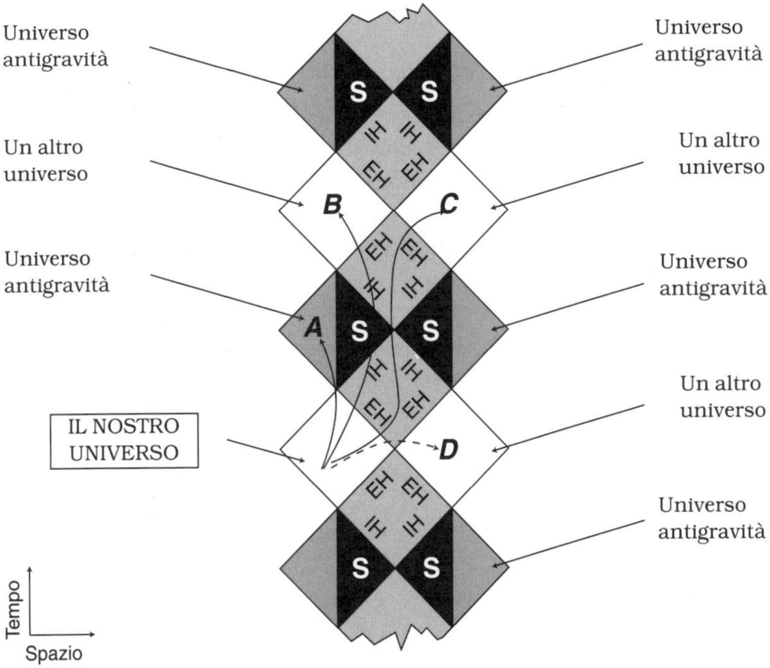


Mappa di Penrose di un buco nero rotante. Il diagramma ripete in maniera indefinita il passato e il futuro. I quadrati bianchi sono gli universi al di fuori del buco nero, quelli invece all'interno sono i quadrati neri e grigi.

In tempi più recenti la visione teosofica sviluppata da madame Blavatsky ha descritto sette dimensioni, concetto assimilato da varie filosofie New Age. Se prendiamo in esame le religioni e le filosofie sparse in tutto il mondo, scopriamo che l'idea di cieli invisibili e universi di energia è senz'ombra di dubbio la credenza più diffusa nell'intero genere umano. Nonostante ciò, l'uomo non dispone ancora di prove concrete in merito all'esistenza di tali mondi. Come voi stessi scoprirete, le esplorazioni fuori dal corpo forniscono una potente verifica personale del fatto che i "paradisi" religiosi descritti nei testi sacri della vostra religione esistono davvero. L'esplorazione diretta ha infatti dimostrato che il paradiso biblico corrisponde in realtà ai magnifici ambienti di energia invisibile che compongono l'universo multidimensionale.

## Tunnel di energia

Un'ulteriore prova della credenza negli universi non fisici e nei tunnel di energia connettiva è stata fornita dalla letteratura e dalle opere d'arte di varie culture nell'arco degli ultimi duemila anni. Da secoli i pittori dipingono tunnel di energia che portano a un ambiente nuovo e splendido (paradiso).

Nel suo quadro *Ascesa all'empireo*, l'artista olandese Hieronymus Bosch (1460-1516) ritrae con estrema chiarezza un uomo che viene scortato attraverso un tunnel, al termine del quale lo aspetta una luce luminosa che indica il paradiso, una dimensione di frequenza più elevata.

Trecento anni dopo, William Blake (1757-1827), poeta, mistico e pittore inglese, creò il suo capolavoro intitolato *La scala di Giacobbe* uno splendido dipinto che ritrae esseri umani e angeli che camminano verso una sfera luminosa.

Nel diciannovesimo secolo Gustave Doré (1832-1883) creò la famosa incisione di Dante e Beatrice che sperimentano la visione beatifica; nei dettagli appare un tunnel non fisico che porta a una luce.

Mi sembra che sia ben visibile un'incredibile connessione: il tunnel di energia descritto da Bosch, Blake, Doré, Einstein e Rosen, e i condotti energetici di cui parlo in questo libro sono la stessa cosa... un tunnel di energia che collega la dimensione fisica con una controparte non fisica.

Un ulteriore contributo è fornito dai milioni di esperienze di premorte registrate negli ultimi vent'anni in ogni angolo del mondo; uno degli aspetti più affascinanti di tali racconti è la vivida descrizione di un tunnel che porta verso una luce brillante o un nuovo ambiente. Secondo studi accurati condotti da Raymond Moody, Melvin Morse, Kenneth Ring e altri fisici, questa descrizione del tunnel di energia che porta a una grande luce viene riportata da ogni cultura e nazione. Vi prego di notare le somiglianze tra il ponte di Einstein-Rosen (vedi figura a pag. 78) e le osservazioni fatte da moltissime persone che hanno vissuto un'esperienza di premorte.

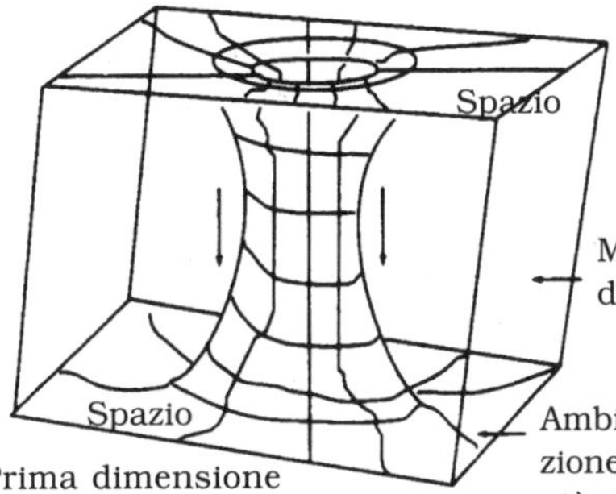


Tunnel di energia visto nel corso delle esperienze di premorte.

In base alle osservazioni riscontrate nelle esplorazioni fuori dal corpo prese in considerazione si può dedurre che il tunnel di luce è l'apertura della membrana di energia non fisica che separa una dimensione fisica dalla sua vicina non fisica. Il tunnel di energia normalmente riscontrato durante un'esperienza di premorte è in realtà un'apertura temporanea o squarcio nella membrana di energia non fisica, e sembra aprirsi in maniera automatica per permettere il passaggio alle forme di vita. Dopo che la forma di vita (coscienza) avanza nella dimensione dalla frequenza più elevata, l'apertura riprende subito la forma e le dimensioni originarie.

L'esperienza è molto più significativa di quanto si possa pensare: oltre a fornire una prova evidente del metodo logico di transizione della coscienza dopo la morte fisica, si riferisce direttamente alle moderne teorie fisiche che riguardano gli universi paralleli e i tunnel di energia, e alle mie osservazioni sull'universo multidimensionale. Per la scienza moderna è arrivato il momento di indagare su questa realtà:

milioni di esperienze fuori dal corpo e di premorte che si verificano in tutte le culture e società del mondo non possono essere semplici coincidenze. Inoltre, i numerosi rapporti sui tunnel che risalgono ad almeno cinquecento anni fa non possono essere trascurati. Le indagini scientifiche riguardanti le dimensioni di energia non fisica parallela e le loro aperture di tunnel rappresenteranno un fondamentale passo in avanti per la scienza moderna, perché illumineranno il cammino verso la vera comprensione del nostro universo multidimensionale.

## Una nuova visione dell'universo

Mentre gli scienziati continuano a concentrarsi sulla materia esteriore, ci sono persone che hanno coraggiosamente esplorato il cuore stesso dell'universo. Superando i metodi scientifici tradizionali, si sono avventurate oltre i limiti dell'attuale evoluzione tecnologica, e hanno ampliato le esplorazioni umane in aree non ancora scoperte dell'universo. Tutto ciò è stato ottenuto incorporando una forma di indagine nuova e rivoluzionaria: le esplorazioni non fisiche controllate dal soggetto e indirizzate alle substrutture invisibili dell'universo. Dalle scoperte fatte nel corso di queste avventure non fisiche fioriscono intuizioni nuove e rivoluzionarie sulla struttura invisibile dell'universo, sulla nostra esistenza e sul fatto che continuiamo dopo la morte. In base alle osservazioni effettuate fuori dal corpo, tutte le dimensioni di energia esistono qui e adesso. L'universo visibile e invisibile è una sequela di frequenze di energia. Ogni dimensione esiste indipendentemente dalla sua frequenza individuale, e al tempo stesso sono tutte legate fra loro dal flusso di energia non fisica. Ciascuna dimensione energetica è interconnessa con le sue vicine per formare un sistema completo, cioè l'universo multidimensionale. L'osservazione fatta dall'eminente fisico David Bohm secondo cui «la realtà è un intero indivisibile» è esatta: l'intero universo multidimensionale è indivisibile, e non esiste alcuna separazione spaziale o temporale. Bohm anticipò di decenni le attuali scoperte dichiarando: «Si viene guidati verso un nuovo concetto di completezza non spezzata che nega la classica divisione del mondo in parti esistenti in maniera separata e indipen-

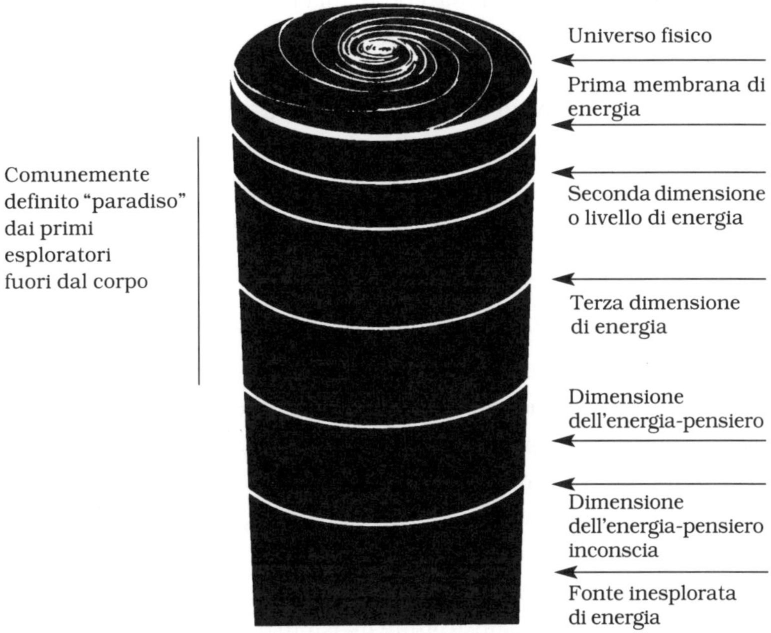


Il nostro universo non è ciò che sembra. Le stelle visibili, la polvere, le nuvole di gas e i frammenti cosmici compongono meno dei 10% della massa la cui presenza è nota agli scienziati. Astronomi, astrofisici e fisici sono attualmente impegnati nella ricerca dell'energia invisibile che sostiene la nostra galassia e l'universo fisico.

dente... La interdipendenza inseparabile quantica dell'universo è una realtà fondamentale». Dimenticate tutti i concetti spaziali di alto e basso, vicino e lontano: l'intero universo multidimensionale è qui e adesso. Il concetto fisico più vicino che descrive la struttura dell'universo è il grado di densità. Ogni dimensione che incontriamo dopo aver abbandonato il corpo fisico è sempre meno densa per ciò che riguarda la substruttura vibrazionale. L'universo può essere confrontato con uno spettro di onde energetiche di incomparabile profondità e bellezza; le frequenze dello spettro di energia vengono sperimentate e osservate come una dimensione separata e distinta, e al tempo stesso sono tutte interconnesse per formare un magnifico universo che si estende oltre lo spazio, la forma e la sostanza così come noi li percepiamo. Le esplorazioni fuori dal corpo forniscono nuove e incredibili prove del fatto che l'universo è un flusso continuo multidimensionale di energia emanata da una fonte non fisica; le galassie fisiche che vediamo sono semplicemente lo strato molecolare denso superiore dell'universo intero. È difficile comprendere l'esistenza di questo universo multidimensionale perché le nostre percezioni attuali di spazio-tempo e realtà offrono punti di riferimento inadeguati. Tutte le dimensioni energetiche esistono simultaneamente all'interno dello stesso spazio-tempo. Per esempio, quando mi trovo fuori dal corpo posso occupare il medesimo spazio di un muro o un soffitto fisico. Non è la distanza a tenermi separato dal muro fisico, ma la mia frequenza energetica individuale. Questo riconoscimento ci conduce a una nuova eccitante avventura.

L'universo multidimensionale

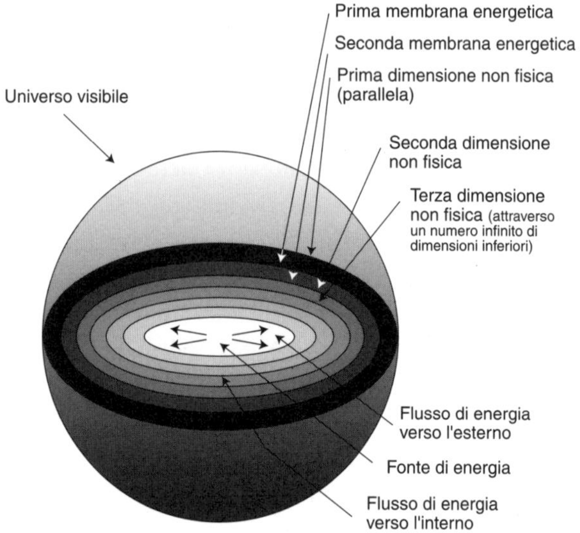


L'universo è un flusso continuo di frequenze di energia emanate da una forma non fisica. L'universo fisico che vediamo è lo stato molecolare dell'intero universo mutidimensionale. Tutte le dimensioni di energia esistono all'interno dello stesso tempo-spazio dell'universo visibile.

## Tracciare una mappa dell'universo invisibile

Mentre la scienza tradizionale continua a concentrarsi sugli strati densi dell'universo, senza troppi clamori sono iniziate l'esplorazione e la stesura di una mappa relativa all'universo invisibile. Grazie a tentativi ed errori, alcuni individui hanno compiuto il balzo oltre la materia e i limiti dell'attuale tecnologia fisica. Le osservazioni registrate nel corso di queste esplorazioni non fisiche hanno illuminato un universo multidimensionale di incredibile bellezza e profondità.

Se vogliamo comprendere la struttura delle dimensioni invisibili, dobbiamo sempre tenere presente la naturale reattività al pensiero da parte degli ambienti non fisici di energia sottile. Al di là della prima dimensione parallela non fisica, noi esploriamo un universo di energia interattivo e capace di reagire al pensiero. Dopo aver riconosciuto l'interscambio tra il pensiero e l'energia non fisica, possiamo cominciare a focalizzarci sulle specifiche similarità dell'energia in una data area o livello vibratorio. Ciò si ottiene classificando il modo in cui un dato ambiente non fisico reagisce all'energia-pensiero concentrata. Questo tipo di classificazione energetica è molto più pratica della concentrazione sugli aspetti visivi e sulle differenze tra le dimensioni. Due dimensioni vibratorie diverse e distinte possono apparire incredibilmente simili anche se le loro frequenze vibratorie sono del tutto diverse: per questo motivo i concetti della fisica tradizionale non sono adatti a giudicare gli ambienti non fisici. Per tracciare una mappa dell'universo invisibile dobbiamo creare un nuovo metodo di paragone, e il sistema più pratico consiste nel classificare la reattività al pensiero di una determinata area non fisica.

La maggior parte degli ambienti non fisici incontrati sono estremamente reattivi al pensiero. In altre parole, quando ci separiamo dal corpo ed entriamo in una dimensione non fisica, i nostri pensieri consci e inconsci iniziano subito a interagire con l'energia sottile che ci circonda, alterandone la struttura. La reattività al pensiero delle dimensioni interiori spiega per quale motivo coloro che compiono le esplorazioni extracorporee descrivono spesso in maniera del tutto diversa gli ambienti che vedono. La situazione viene ulteriormente complicata dal fatto che infiniti ambienti e realtà esistono all'interno di ciascuna dimensione individuale dell'universo.

Anche se all'interno dell'universo esiste una varietà illimitata di possibili ambienti, le dimensioni e gli ambienti non fisici possiedono punti in comune ma anche differenze sostanziali. Ognuno di essi consiste di specifiche frequenze o lunghezze d'onda di energia non fisica, e sembra essere il risultato diretto del pensiero. La naturale reazione al pensiero da parte delle dimensioni interiori ha creato gran parte della confusione e del mistero che circondano gli ambienti interiori. Noi abbiamo infatti la tendenza a mettere in relazione le esperienze non fisiche con i punti di riferimento fisici: ciò significa che confrontiamo tutto con gli oggetti fisici a cui siamo abituati. Ma le forme molecolari che ci circondano non sono un riferimento valido per la realtà. Gli oggetti fisici e gli eventi non sono al centro dell'universo, così come pensano in molti, ma sono il risultato finale di una catena di reazioni di energia invisibile che avvengono nel profondo dell'interno invisibile dell'universo multidimensionale.

Al fine di comprendere la natura dell'universo dobbiamo riappropriarci degli attuali concetti di sostanza, energia e tempo, ed essere aperti a nuovi punti di vista della realtà. Per capire davvero la struttura alla base dell'universo occorre indagare le cause invisibili della forma e della sostanza; io credo che il grande potere dell'esplorazione fuori dal corpo consista proprio nel permetterci di compiere tale analisi.

Le informazioni riguardanti le dimensioni non fisiche sono più disponibili di quanto immaginiamo. Non solo possono servirci ad adattarci e regolarci all'interno degli ambienti non fisici, ma sono anche in grado di influenzare in maniera incisiva la nostra attuale esistenza fisica.

Finora la stragrande maggioranza degli esseri umani è morta senza conoscere la propria destinazione. La morte è rimasta un vuoto oscuro; noi speriamo e preghiamo che accadano fatti positivi, ma molti si avvicinano alla transizione della morte ignorando la destinazione finale. Il genere umano non ha ancora avuto informazioni di prima mano e verificabili riguardanti il mistero della vita dopo la morte e gli ambienti non fisici che vengono sperimentati.

Le esperienze fuori dal corpo controllate dal soggetto possono cambiare tutto questo: l'esplorazione non fisica permette di sperimentare i possibili ambienti che saranno la nostra casa futura. Possiamo quindi andare avanti a dare un'occhiata e acquisire una certa familiarità con la nostra dimora non fisica.

## Vari tipi di ambienti energetici

Una singola dimensione non fisica può contenere tre tipi primari di ambienti energetici: di consenso, di non consenso e naturale.

Un ambiente (o realtà) di consenso viene creato e mantenuto dai pensieri di un gruppo di individui. Per esempio, il paradiso di ogni nucleo religioso viene creato dai pensieri e dalle credenze dei propri membri. Al pari di tutte le realtà, l'ambiente di consenso viene modellato dalla coscienza collettiva; spesso è molto vecchio e si oppone ai cambiamenti. Anche se può apparire insolito, le città fisiche e le comunità sono esempi di questi ambienti: vengono infatti creati e sviluppati in base ai pensieri dei loro abitanti. L'energia-pensiero umana usa i veicoli biologici per manipolare e formare le molecole fisiche che ci circondano. Il risultato finale è dato dalla struttura fisica temporanea che vediamo.

Durante un'esperienza fuori dal corpo o di premorte, noi trasferiamo la coscienza fisica dal corpo fisico a quello non fisico di frequenza più elevata con un gesto che io definisco "muoversi verso l'interno"; il trasferimento di energia viene spesso sperimentato come una sensazione di movimento interiore. Qualunque riferimento a movimenti o esplorazioni interiori si lega al riconoscimento di una zona di energia dell'universo dalla frequenza più elevata.

Quando esploriamo all'interno, lontano dalla materia, scopriamo che la prima dimensione non fisica è parallela all'universo fisico, ed è anche una realtà di consenso. Questo ambiente energetico ha un aspetto talmente fisico che la maggior parte della gente è convinta di osservare il mondo materiale: in realtà stanno vedendo la prima dimensione energetica interiore dell'universo. Poiché questa dimensione è vicina alla frequenza della materia, viene spesso vista e sperimentata durante le esplorazioni fuori dal corpo; è il classico esempio di una realtà di consenso: la sua struttura è solida e stabile all'interno della sua stessa frequenza vibratoria. Per quanto possano essere concentrati, i pensieri hanno ben poco effetto sulle strutture di energia dell'ambiente, ma esercitano un notevole impatto sull'energia personale. Pensare di volare ci permette di farlo, e lo stesso vale per il camminare. La differenza tra energia interiore (personale) ed esterna è di fondamentale importanza per capire la struttura inerente di una dimensione o ambiente non fisico. In un ambiente di consenso, i pensieri influenzano l'energia personale. I vari cieli a cui si riferiscono San Giovanni nell'Apocalisse e Maometto nel Corano sono esempi classici di un ambiente di consenso. Si tratta di città e strutture non fisiche che esistono all'interno della seconda e della terza dimensione energetica, e continuano a essere formate e mantenute dai gruppi di coscienza di milioni di abitanti non fisici. Quando entriamo in questi ambienti i nostri pensieri non modificano le strutture che incontriamo.

Un ambiente di non consenso è invece non fisico, e non è saldamente modellato da un gruppo. Ho scoperto che è il tipo di ambiente prevalente. Esso può assumere qualunque aspetto: una foresta, un parco, una città, un oceano, addirittura un intero pianeta. Si riconosce facilmente perché, pur avendo spesso sembianze fisiche, è molto sensibile al pensiero focalizzato, cambia e si ristruttura in fretta secondo i pensieri consci e inconsci che predominano in quella zona.

Se vi ritrovate in un ambiente che cambia spesso o sembra essere instabile, è probabile che siate in una realtà di non consenso, influenzata dai vostri pensieri; spesso viene modellato dall'inconscio per qualche motivo specifico. Per esempio, se nell'ambito dell'esistenza vi ritrovate ad affrontare un problema ricorrente o un blocco che vi impedisce il giusto sviluppo, l'inconscio o sé superiore può creare un ambiente o una situazione che vi permette di affrontare tali ostacoli. Potreste quindi dover affrontare una rappresentazione delle vostre paure sotto forma di un incidente aereo o di macchina, di una limitazione personale o di un preciso concetto di sé.

Questo confronto personale può assumere qualunque forma o aspetto che ci aiuti in maniera efficace a sperimentare e superare i nostri limiti, barriere o paure. Molte persone riferiscono di essere state proiettate in una situazione che le ha messe alla prova o rafforzate in modo estremamente personale, spesso grazie al confronto con le loro più grandi paure e limiti. Per esempio, se siete terrorizzati dall'altezza, potreste trovarvi a scalare una montagna o ad attraversare un ponte molto stretto. Raymond Moody offre un ottimo esempio di tutto ciò nel suo libro *Viaggi fuori dal corpo*, quando racconta di aver tentato più volte di atterrare con un piccolo aeroplano in cima a un edificio durante un viaggio fuori dal corpo.

Gli ambienti di non consenso appaiono spesso come i nostri ambienti fisici normali o addirittura idilliaci: di solito gli interessati parlano di parchi, giardini e prati verdi. Io credo che molte di queste zone siano state create dai pensieri di altre forme di vita non fisiche che le hanno abitate o esplorate in passato. Al contrario di quello che accade nel mondo fisico, dopo essere stato creato un ambiente energetico può durare per secoli: non esistono il decadimento cellulare e molecolare, si tratta solo di una formazione di energia-pensiero che rimane stabile. Un singolo pensiero creativo, mantenuto con decisione, può modellare un ambiente di energia capace di durare all'infinito; un pensiero più forte (cioè più focalizzato) è però in grado di alterare l'ambiente stesso nel giro di pochi secondi. Ricordatevi che tutti gli ambienti sono una forma di energia, e tutta l'energia reagisce sempre in qualche modo al pensiero.

Gli ambienti di energia naturale (grezza) sono aree dell'universo prive di qualunque forma, e appaiono spesso come vuoti nebbiosi, zone deserte composte da nuvole di energia bianche, dorate o argentee.

Sono molto sensibili al pensiero, che quando è concentrato dà subito una forma all'ambiente; per questo motivo è importante acquisire una certa forma di controllo sui propri pensieri. La nostra evoluzione personale dipende in gran parte dal modo in cui concentriamo, controlliamo e dirigiamo l'energia-pensiero. Qualunque sia la dimensione in cui abitiamo, siamo responsabili dei nostri pensieri e delle nostre azioni che, positivi e negativi, creano una corrispondente ristrutturazione dell'ambiente fisico più immediato. È per questa ragione che i leader spirituali hanno sempre sottolineato i concetti di "fai agli altri ciò che vorresti gli altri facessero a te" e "amore universale". Chi ha saputo riconoscere il potere del pensiero non crea e non trattiene immagini negative o distruttive nella mente, che insieme a quelle autolimitative sono i veri nemici che dobbiamo affrontare. Nelle dimensioni interiori dell'universo i nostri pensieri, buoni o cattivi, esercitano una potente influenza creativa sull'ambiente a noi più vicino. Tutto ciò si può facilmente osservare nel corso delle esplorazioni fuori dal corpo.

Oltre ai tre più diffusi, quando si esce dal corpo ci si può imbattere in altri due ambienti: il primo, più raro, sembra consistere di dimensioni che esistono al di là dell'energia-pensiero. Fino a oggi ben pochi esploratori si sono consapevolmente avventurati abbastanza lontano nell'universo da poterne fornire una descrizione accurata o un modello. Poiché non possiedono una forma o una struttura percepibili, queste zone sono postulate per esistere oltre lo spazio, il tempo e l'energia, così come noi li concepiamo. È possibile che queste dimensioni e i loro abitanti siano indescrivibili, se ci ostiniamo a basarci sui soliti concetti lineari. Sono comunque certo che gli ambienti energetici di non pensiero e non forma esistano in profondità all'interno dell'universo.

L'altro ambiente osservato è un'area che sembra essere un duplicato dello spazio vuoto, dove la carica energetica è estremamente bassa. Alcuni credono che lo spazio non fisico sia un ambiente di consenso; io non credo a questa teoria perché lo stesso spazio vuoto non emette radiazioni o vibrazioni energetiche percepibili; gli unici settori da cui giungono emanazioni sono quelli abitati. Sono convinto che lo spazio vuoto non possieda abbastanza energia locale per poter essere influenzato dai pensieri, e di conseguenza rimane in uno stato relativamente stabile.

Inoltre, lo spazio non fisico vuoto sembra crescere sempre più a mano a mano che esploriamo all'interno, allontanandoci dalla dimensione fisica e dirigendoci verso la fonte di ogni energia. La ragione di tutto ciò è sconosciuta: per poter giungere a una conclusione accettabile occorre attendere e raccogliere le osservazioni di molti altri esploratori.

L'universo multidimensionale non è una semplice teoria ma un fatto verificabile. Ricorrendo alle tecniche fuori dal corpo indicate nel libro potete verificare voi stessi questa scoperta. Le esperienze provocate e controllate dal soggetto stesso forniscono la notevole opportunità di esplorare nel profondo l'interno invisibile dell'universo. La scienza si concentra ora sull'attività molecolare densa, ma effettuerà lentamente uno spostamento verso una forma di ricerca basata sulla frequenza: nel ventunesimo secolo comincerà a riconoscere che le forme dense che ci circondano sono veicoli esteriori di energia, e che l'intero universo fisico è solo una minuscola porzione dello splendido universo multidimensionale.

## Risolvere i nostri più grandi misteri

L'esplorazione non fisica nella substruttura invisibile dell'universo fornisce nuove intuizioni sui molti misteri di scienza e religione. Qui di seguito potete trovare alcuni esempi.

### FENOMENI PSICHICI

La natura multidimensionale dell'universo spiega in maniera logica l'esistenza dei misteri attuali come la percezione extrasensoriale, la telepatia, la precognizione, il channeling, la psicocinesi, le apparizioni e le guarigioni dovute alla fede. In pratica, tutti i fenomeni psichici e spirituali sono il risultato diretto delle interazioni dell'energia sottile tra la dimensione fisica e la sua controparte energetica parallela.

Per esempio, le apparizioni e l'attività di poltergeist derivano dall'attività di un abitante non fisico che abbassa la sua frequenza vibratoria (densità) personale, in modo da poter temporaneamente essere visto o interagire con la dimensione fisica più densa. Tutto ciò, oltre ai cosiddetti avvenimenti "paranormali", è abbastanza normale e prevedibile in un universo multidimensionale.

## CURVATURA SPAZIO-TEMPO

Secondo la teoria della relatività di Einstein, la curvatura dello spazio è direttamente legata alla materia. Lo spazio curva infatti intorno a massicci oggetti celesti, come per esempio le stelle. Per visualizzare questa teoria, pensate a una palla di piombo appoggiata sopra un letto dalle lenzuola ben tirate: il lenzuolo (lo spazio) si curva per adattarsi alla palla. Dopo decenni di intensi studi, la teoria di Einstein è stata convalidata dal punto di vista matematico da alcune delle menti più brillanti della fisica moderna. Ciò nonostante, la curvatura dello spazio rimane uno dei più grandi misteri.

Io ritengo che potremmo risolverlo esplorando a fondo nel cuore invisibile dell'universo. Secondo numerosi esploratori fuori dal corpo, la substruttura di energia diretta dell'universo fisico è una dimensione parallela dell'energia non fisica sottile. La dimensione fisica esterna che vediamo intorno a noi è separata dalla vicina energia da un'invisibile membrana energetica, spesso notata durante le esperienze di premorte e che pare formi un'apertura temporanea simile a un tunnel per permettere al soggetto di entrare nella dimensione successiva.

Basandomi su numerose osservazioni non fisiche, ritengo che la curvatura dello spazio sia il risultato diretto della curvatura delle membrane e delle dimensioni energetiche non fisiche di supporto che sostengono l'universo visibile. La dimensione fisica esterna (l'universo visibile) si adatta alla forma della membrana energetica invisibile che agisce come una cellula interiore, fornendo il supporto e la substruttura necessari per l'esistenza di un universo fisico esterno (dimensione). Poiché la membrana di energia interiore è notevolmente stabile e flessibile, è probabile che fornisca il supporto necessario richiesto da tutti i corpi celesti fisici.

Curvatura dello spazio interdimensionale

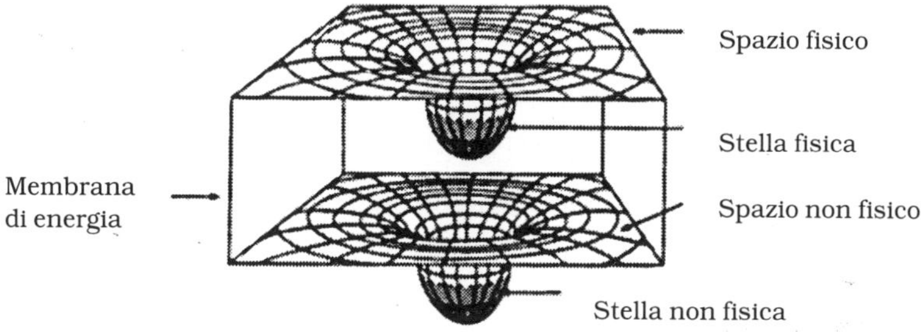


Incastro di una stella sferica intrappolata. La superficie rientrante mostra la curvatura dello spazio intorno all'astro. Tutti i punti al di fuori di tale superficie sono privi di significato fisico; ogni circolo che vi è tracciato sopra rappresenta la serie di punti situati alla stessa distanza dal centro della stella, mentre le curve ortogonali passano attraverso il fondo della rientranza che è il centro della stella. A grande distanza dall'astro, il campo gravitazionale è debole e la superficie perde la sua curvatura: non diventa un piano orizzontale come suggerisce l'illustrazione, ma piuttosto un paraboloide. Vicino alla stella la curvatura è più accentuata. La zona colorata di grigio indica la regione effettivamente occupata dall'astro. (Adattato dall'originale).

## MEMBRANE DI ENERGIA

La substruttura invisibile e il supporto per l'universo visibile sono forniti da una serie di membrane energetiche non fisiche e invisibili. Quella più esterna e densa è parallela all'universo fisico.

Le membrane di energia si trovano in punti di convergenza interdimensionale, e servono da "paraurti". La loro funzione è simile a quella delle cellule biologiche: tengono separate tra loro le varie frequenze di energia. Per esempio, la prima membrana energetica interiore separa la dimensione esterna fisica da quella a lei vicina, parallela e invisibile.

Tutte le membrane energetiche sono strutturate e al tempo stesso flessibili per quanto riguarda la forma e la sostanza. Quando qualcosa le perfora o penetra, di solito assumono la forma di un'apertura o di un tunnel abbastanza largo da permettere il passaggio.

L'universo multidimensionale in espansione

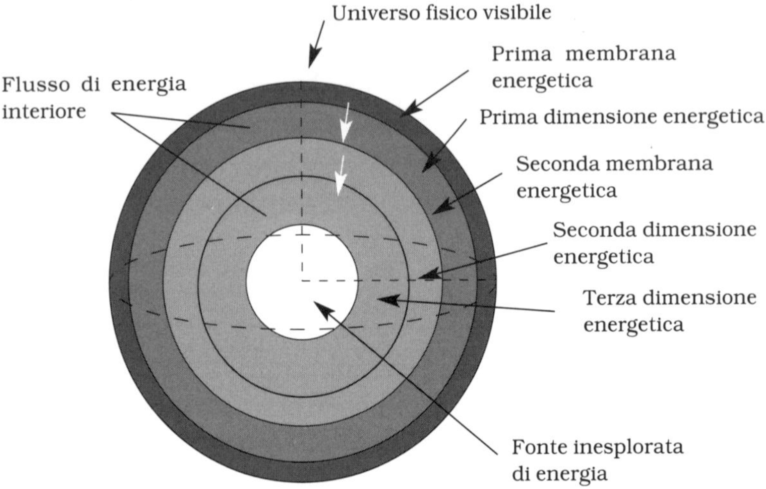


L'espansione dell'energia inizia nelle dimensioni interiori e avanza in maniera progressiva verso l'esterno, in direzione dell'universo fisico, creando il movimento esteriore delle galassie osservato nell'universo. Le membrane interiori forniscono la substruttura e il supporto necessari alle dimensioni energetiche sempre più dense, contorno di energia stabile ma flessibile all'intero universo multidimensionale.

L'effetto tunnel è un fenomeno temporaneo, e le membrane riprendono rapidamente il loro aspetto originario dopo che un oggetto le ha attraversate: tutto ciò è stato osservato e riportato da milioni di persone che hanno vissuto esperienze di premorte.

Ogni membrana di energia fornisce il supporto, la stabilità e la substruttura necessari per l'energia che hanno accanto. Per esempio, la prima membrana fornisce il sistema di supporto energetico per l'universo fisico; è la cellula interna e invisibile che sostiene l'universo fisico: unita al suo carico energetico, costituisce la "materia oscura" teorizzata da astronomi e fisici.

E sono sempre le membrane di energia a fornire un sistema altamente organizzato e strutturato per il trasferimento di energia tra la dimensione di energia a frequenza più elevata (meno densa) e le sue controparti più dense. In un certo senso si può dire che ciascuna membrana agisce come un filtro di energia.

L'energia non fisica può fluire dalle zone interne dell'universo in direzione di quelle più esterne; le forme molecolari e atomiche più dense non possono avanzare all'interno senza un sensazionale cambiamento della velocità della loro frequenza (morte).

Il supporto interiore invisibile per l'intero universo multidimensionale viene fornito dalle membrane di energia. L'universo fisico esterno e le sue galassie non potrebbero esistere senza tale sostegno essenziale.

## L'UNIVERSO IN ESPANSIONE

Nel 1929 Edwin Hubble sconvolse la comunità scientifica mondiale con la più importante scoperta nell'astronomia moderna: egli fornì la prova definitiva che l'universo, fino ad allora considerato un ambiente statico e stabile, si sta in realtà ampliando, e che le galassie più remote si allontanano da noi a una velocità ancora più grande rispetto a quelle che abbiamo vicine.

Ancora oggi le scoperte di Hubble stupiscono gli studiosi; negli ultimi decenni sono state presentate molte teorie volte a chiarire l'incredibile espansione dell'universo. Astronomi, astrofisici e fisici teorici hanno largamente accettato il big bang come la spiegazione logica di tale espansione: secondo questa teoria, l'universo ha avuto inizio con un'enorme esplosione circa quindici miliardi di anni fa. Per capire il concetto di universo in espansione può essere utile visualizzare le galassie come puntini su un pallone che quando viene gonfiato ne provoca l'allontanamento, allargandosi in tutte le direzioni. Non sono le galassie a volare attraverso lo spazio, ma è lo spazio stesso che si dilata.

La maggior parte degli scienziati presume ora che il big bang sia la causa dell'allargamento dell'universo visibile, e in base ai dati scientifici oggi disponibili ciò sembra essere una conclusione logica. Quando esploriamo in profondità il fulcro dell'universo, scopriamo un sistema energetico molto più complesso di quanto siano consapevoli i moderni fisici.

Secondo le osservazioni raccolte durante le esperienze fuori dal corpo, la substruttura interiore dell'universo (le dimensioni interne e le loro membrane energetiche di supporto) sta aumentando di volume. Questa espansione sembra essere ben controllata e sistematica, e soprattutto pare il risultato diretto di un processo di conversione energetica che avviene con le dimensioni invisibili, pensiero-reattive che esistono al di là della seconda dimensione non fisica.

La dilatazione verso l'esterno dell'energia e dello spazio non fisici pare controllata dai condotti energetici esterni (i buchi neri) situati in ogni angolo dell'universo.

Decenni di esplorazioni non fisiche e milioni di esperienze di premorte permettono di giungere a una sola conclusione: la substruttura diretta dell'universo fisico è una sottile forma di energia non percepibile dalla nostra attuale tecnologia fisica. Questa energia invisibile è altamente organizzata, strutturata e in grado di sostenere l'universo fisico esteriore. L'incredibile interdipendenza che esiste tra la dimensione invisibile non fisica e lo stato fisico esteriore dell'universo ci riporta a un sistema energetico molto più complesso di quanto la moderna tecnologia e la scienza siano ora in grado di osservare.

Anche se la causa principale alla base della dilatazione dell'universo rimane un mistero, è chiaro che le reazioni dell'energia non fisica invisibile influenzano l'espansione fisica a cui stiamo assistendo. La teoria del big bang è una conclusione superficiale basata su osservazioni fisiche incomplete.

Molte delle nostre teorie scientifiche incentrate sulla fisica e relative a cosmologia, evoluzione e struttura della materia non hanno la giusta capacità di visione. Ciò accade perché gli attuali teoremi scientifici fanno interamente affidamento sulle osservazioni fisiche e sulla speculazione. Un esempio classico di tale mancanza di oculatezza è dato dal presupposto (ormai di vecchia data) che la coscienza è il risultato diretto di reazioni chimiche ed elettriche che si verificano all'interno del cervello. Appena riconosciamo la struttura multidimensionale dell'universo, ci rendiamo conto che le semplici osservazioni fisiche sono inadeguate. Le galassie e la materia che vediamo non sono l'intero universo, come noi presupponiamo, ma soltanto la dimensione densa esteriore o superficie molecolare dell'intero universo. Il volume dell'universo visibile ammonta a meno di un decimo dell'1% di quello multidimensionale. È chiaro che qualunque conclusione o teoria scientifica basata completamente sull'osservazione della materia si fonda su dati incompleti. Ogni nuova esplorazione non fisica all'interno dell'universo convalida questa osservazione. Provate a chiedere ai milioni di persone che hanno avuto un'esperienza fuori dal corpo o di premorte, e la loro risposta sarà unanime: l'universo è molto più esteso e complesso di quanto possa comprendere o spiegare la scienza fisica di oggi, e non si può non ammettere la realtà di un universo multidimensionale avente reazioni energetiche.

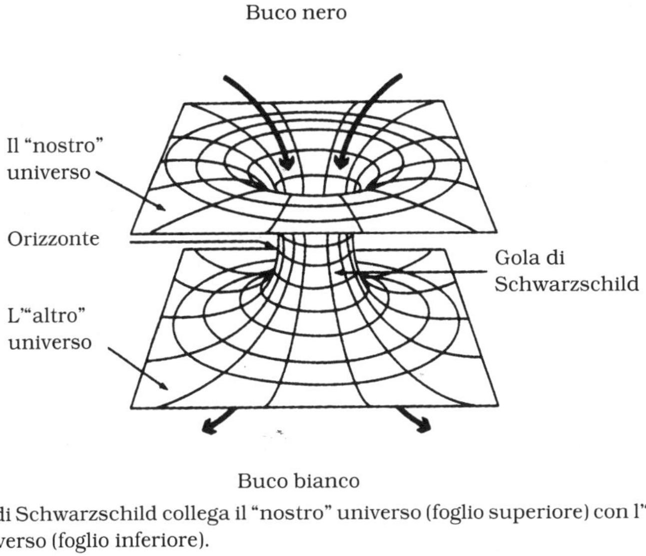


La gola di Schwarzschild collega il "nostro" universo (foglio superiore) con l'"altro" universo (foglio inferiore).

## BUCHI NERI

Un buco nero è una zona dello spazio che si ritiene sia così densa che la sua gravità attrae tutta la materia circostante, compresa la luce. Esistono numerose teorie in proposito: alcuni scienziati credono che i buchi neri siano "ponti" o "cunicoli" che portano ad altri universi, certi ipotizzano che siano sentieri verso il passato o il futuro, e c'è anche chi ritiene che finiscano semplicemente nel vuoto.

Negli ultimi anni un incredibile numero di fisici, matematici e astronomi ha dichiarato di credere che i buchi neri siano tunnel interdimensionali che portano a un altro universo energetico. Kruskal, Szekers, Kerr, Reissner e Nordstrom hanno creato mappe concettuali che uniscono i buchi neri a universi paralleli invisibili. Queste teorie non sono semplici speculazioni ma concetti tenuti in seria considerazione dai moderni fisici e astronomi.

In base alle osservazioni eseguite fuori dal corpo, io credo fermamente che i buchi neri funzionino come condotti energetici tra l'universo fisico e le dimensioni di energia interiore, e siano necessari per tenere in equilibrio l'energia generata tra le dimensioni di energia interiore e l'universo fisico esteriore.

In futuro la scienza sarà in grado di verificare che i buchi neri non sono un evento casuale della natura ma un sistema di conversione energetica altamente organizzato e strutturato. Questa teoria sarà convalidata dal punto di vista scientifico quando si scoprirà che i buchi neri sono strategicamente situati al centro di ogni galassia. L'universo fisico continua a espandersi, e le forze energetiche esterne hanno sempre più bisogno di trovare uno sfogo e rimanere in equilibrio.

I buchi neri forniscono il contrappeso energetico essenziale all'universo multidimensionale in espansione. Io credo che vengano creati da una massiccia apertura nella membrana energetica dimensionale interiore; l'apertura o squarcio crea un passaggio corrispondente che porta all'interno dell'universo visibile. Nel ventunesimo secolo scopriremo che i buchi neri sono parte integrale del sistema di trasferimento energetico universale; non solo attraggono nel loro campo gravitazionale tutte le particelle (compresa la luce), ma emettono anche enormi quantità di energia che l'attuale tecnologia non è ancora in grado di percepire. L'energia invisibile che fluisce dai condotti è essenziale per la manutenzione, la struttura e la stabilità delle galassie fisiche.

## L'EFFETTO TUNNEL

Anni fa i fisici hanno scoperto che le particelle primarie come gli elettroni hanno la capacità di passare attraverso barriere che venivano considerate impenetrabili, per poi materializzarsi di nuovo dal lato opposto. In base alla tradizionale conoscenza scientifica della realtà subatomica, tutto ciò dovrebbe essere impossibile. Il fisico Heize Pagels della Rockefeller University definisce questa strana rimaterializzazione come "passare attraverso il muro". Questo inesplicabile movimento di particelle subatomiche viene ora chiamato effetto tunnel.

Io credo che sia dovuto al comportamento delle particelle elementali che si agitano all'interno dell'universo multidimensionale e riemergono poi in una zona diversa dell'universo fisico. Poiché ogni particella di materia, subatomica o molecolare, esiste già come una unità multidimensionale di energia, questo processo di scomparsa è prevedibile, non solo nell'ambito della fisica ma anche nel regno della coscienza umana. Le esperienze fuori dal corpo e di premorte sono il risultato dell'effetto tunnel della consapevolezza che si muove nell'ambito dei livelli di energia invisibile dell'universo multidimensionale e torna poi alla sua forma fisica.

Tra l'effetto tunnel, gli universi paralleli, la materia oscura, i buchi neri e la curvatura spazio-tempo esiste un'innegabile connessione: tutti e cinque sono il risultato diretto dell'interazione dell'energia invisibile che avviene all'interno dell'universo multidimensionale. I fenomeni subatomici e celestiali derivano dalle ondate di energia non fisica emesse dal centro invisibile dell'universo. L'intero universo fisico è essenzialmente il sottile strato molecolare superficiale di un massiccio flusso di energia creato, sostenuto e supportato dalle onde di energia non fisica. La teoria dei quanti, l'esistenza dei buchi neri, il ponte di Einstein-Rosen e la natura a particelle e onde della luce supportano questa osservazione.

## La fisica dei quanti e il misticismo

Esiste un innegabile rapporto tra la fisica dei quanti e il misticismo. Mentre la fisica si evolve grazie al riconoscimento della natura frequenziale dell'universo, la connessione diventa ancora più evidente. È quindi logico che gli scienziati debbano raccogliere e analizzare le più recenti informazioni pubblicate sulla nuova fisica e sulle esperienze fuori dal corpo e di premorte. Appena assorbiamo questa vasta conoscenza, sentendoci a nostro agio con essa, cominciamo lentamente ad ampliare la coscienza al di là delle nostre attuali percezioni fisiche. Il passo dalla curiosità intellettuale all'esperienza di prima mano è la fase successiva che ognuno di noi deve affrontare. Se desideriamo conoscere le risposte, dobbiamo seguire il cammino dei mistici e mantenere al tempo stesso la curiosità intellettuale dei fisici.

Il legame tra nuova fisica e misticismo viene illustrato con grande maestria nei libri *Il Tao della fisica* di Fritjof Capra, *La danza dei maestri wu li* di Gary Zukav e *Mysticism and the New Physics* di Michael Talbot.

Il mio scopo è quello di portare questa esplorazione alla fase successiva. Confronti e osservazioni intellettuali sono soltanto il passo preliminare per arrivare a comprendere il vero significato della nuova fisica e del concetto di misticismo.

I testi sopra citati hanno predisposto la base per il successivo balzo evolutivo della coscienza umana: il movimento della consapevolezza umana dai densi veicoli della materia all'esplorazione consapevole delle dimensioni parallele non fisiche dell'universo. Senza dubbio questa è la fase dello sviluppo verso la quale tutti noi stiamo avanzando. La nascita, la morte e l'esistenza fisica sono elementi integrali del nostro percorso evolutivo.

Ogni giorno siamo sempre più vicini al momento in cui lasceremo il nostro veicolo biologico per entrare in un nuovo regno di energia dalla frequenza più elevata e luminosa. Seguendo le tecniche e le informazioni presentate nei seguenti capitoli ognuno di noi ha l'opportunità di andare oltre l'analisi intellettuale e sperimentare la validità delle ipotesi da me presentate.

Non solo l'esplorazione fuori dal corpo controllata dal soggetto amplia la visione dell'universo, ma fornisce anche intuizioni in nuovi settori.

1. La realtà è relativa: quella sperimentata dipende dalla frequenza dell'energia personale di chi osserva. Noi sperimentiamo le frequenze di energia più vicine alla nostra densità personale o velocità vibratoria.

2. La coscienza è una forma di energia non fisica che estende la sua influenza sulla materia grazie all'uso di veicoli biologici.

3. Tutte le forme di vita biologiche (compresi animali e piante) sono veicoli cellulari temporanei usati dall'energia consapevole (coscienza) per esprimersi in un ambiente denso.

4. La nostra attuale percezione secondo cui la coscienza si trova all'interno del corpo fisico non è corretta. La coscienza esiste a una frequenza o lunghezza d'onda molto più elevata della materia, e deve interagire con le forme biologiche grazie all'uso dei condotti energetici o veicoli di forma. Questi strumenti di energia invisibile trasferiscono e abbassano la frequenza più elevata di coscienza nel corpo fisico relativamente denso.

5. Il cervello biologico non è all'origine della coscienza, ma funziona come strumento biologico temporaneo di trasferimento e immagazzinaggio della consapevolezza.

6. La coscienza è un flusso continuo di energia non fisica che estende la sua consapevolezza attraverso le frequenze multiple (dimensioni) dell'universo.

## Evoluzione della scienza

L'evoluzione della scienza riflette quella della coscienza umana. Quando esaminiamo il progresso della fisica nel ventesimo secolo vediamo chiaramente lo sviluppo dai concetti e dalle teorie della particella (basati sulla fisica) alle osservazioni e scoperte non fisiche (basate sulla frequenza). La progressione è evidente soprattutto quando riconosciamo che le più recenti particelle subatomiche scoperte (i quark) hanno un comportamento frequenziale. Il riconoscimento sempre più diffuso di tale natura per ciò che riguarda le particelle elementali è un passo necessario lungo il sentiero evolutivo che porta alla scoperta definitiva da parte della scienza della struttura multidimensionale della materia e dell'universo stesso. Qui di seguito potete trovare una breve panoramica di tale evoluzione.

EVOLUZIONE DELLA FISICA DA SCIENZA DELLA PARTICELLA (FISICA) A SCIENZA DELL'ONDA FREQUENZIALE (NON FISICA)

| | |
|---|---|
| 1897 | Scoperta dell'elettrone |
| 1900 | Ipotesi dei quanti (Max Planck) |
| 1905 | Teoria dei fotoni (Einstein) |
| | Teoria speciale della relatività (Einstein) |
| 1908 | Spazio-tempo (Hermann Minkowski) |
| 1911 | Scoperta del nucleo |
| 1913 | Modello orbitale dell'atomo (Niels Bohr) |
| 1915 | Teoria generale della relatività (Einstein) |
| 1924 | Onde di energia (Louis de Broglie) |
| | Primo concetto delle onde di probabilità (Niels Bohr, H. A. Kramers, John Slater) |
| 1925 | Principio dell'esclusione (Wolfgang Pauli) |
| | Meccanica delle matrici (Werner Heisenberg) |

1926 Interpretazione della probabilità di funzione dell'onda (Max Born)
Equazione dell'onda di Schrödinger (Erwin Schrödinger)
Meccanica delle matrici equiparata alla meccanica delle onde (Schrödinger)

1927 Interpretazione di Copenaghen della meccanica dei quanti: non esiste una realtà profonda, l'osservazione influenza la realtà.
Principio dell'incertezza (Werner Heisenberg)
Esperimento di Davisson-Germer (Clinton Davisson, Lester Germer)

1928 Antimateria (Paul Dirac)

1932 Scoperta dei neutroni
Scoperta del positrone
Logica dei quanti (John von Neumann)

1935 Ponte di Einstein-Rosen (Albert Einstein, Boris Podolsky, Nathan Rosen)
Predizione del mesone (Hideki Yukawa)

1947 Scoperta del mesone

1949 Diagrammi di Feynman (Richard Feynman)

1947-1954 Scoperta di sedici nuove particelle simili a onde

1957 Numerose interpretazioni a livello mondiale della meccanica dei quanti (Hugh Everett)

1958 Ipotesi della membrana a senso unico (David Finkelstein)

1961 Mappa del buco nero che porta all'universo parallelo (Martin Kruskal)

1962 Scoperta dei quasar

1963 Buco nero girevole che mette in connessione una serie infinita di universi paralleli (Roy P. Kerr)

1964 Ipotesi sui quark
Teorema di Bell (J. S. Bell)

1970 Ordine implicato (David Bohm)

1971 Connessioni non locali – teorema di Bell (Henry Stapp)

1972 Esperimento di Freedman-Clauser (Stuart Freedman, John Clauser)

1974 -1977 Scoperta di dodici nuove particelle simili a onde
1982 Esperimento di Aspect (Alain Aspect)
1993 Onde gravitazionali (Huise e Taylor)

Nel ventunesimo secolo la scienza riconoscerà che la substruttura dell'universo è davvero un flusso continuo non fisico di energia. Questo riconoscimento darà vita alla rinascita delle scoperte scientifiche legate alla struttura invisibile della materia e all'universo stesso. L'esplorazione scientifica non fisica darà il via a un nuovo mondo di opportunità e conoscenza. Dall'astrofisica alla filosofia, le osservazioni scientifiche e le conclusioni verranno riesaminate e valutate. La nuova conoscenza ottenuta grazie all'esplorazione scientifica fuori dal corpo conferirà a ogni scienza il potere di vedere al di là delle forme molecolari dense e sbirciare il nucleo stesso della materia.

Gli attuali dati scientifici sono in gran parte il risultato di osservazioni molecolari. Le sottili strutture di base e i sistemi energetici rimangono misteriosi. Il metodo scientifico tradizionale e la sua dipendenza dalla tecnologia fisica si evolveranno in una fusione di tecniche di ricerca fisiche e non fisiche. Nel ventunesimo secolo l'interazione fra tecnologia fisica e coscienza umana diventerà una scienza a parte.

Immaginate che cosa potremmo guadagnare se una squadra di rispettati scienziati e ricercatori venisse istruita a compiere esplorazioni fuori dal corpo: i fisici osserverebbero di persona gli elementi fondamentali della materia. I ricercatori medici avrebbero la possibilità di esplorare le forze energetiche invisibili che provocano il cancro, l'AIDS, il decadimento e i disordini delle cellule. I chimici potrebbero documentare l'energia invisibile che influenza e controlla il cambiamento molecolare. I biologi indagherebbero l'essenza stessa della vita fisica, e gli psicologi si dedicherebbero all'esplorazione dei regni interiori invisibili della mente.

Al giorno d'oggi migliaia di ricercatori brillanti e curiosi desiderano scoprire ed esplorare la struttura invisibile della materia: molti di loro ardono dal desiderio di osservare al di là dei limiti attuali della tecnologia e cercano l'opportunità di ampliare la loro visione oltre il labirinto delle teorie dei quanti. Solo la coscienza può osservare e registrare le complessità multiple della realtà spazio-tempo e di quelle create dal pensiero. La porta è aperta a tutti coloro che hanno il coraggio di allontanarsi dai loro preconcetti fisici per esplorare i regni quantici dell'energia. Il famoso fisico e autore Fred Alan Wolf conclude il suo libro *Universi paralleli* dichiarando:

«La mente umana è il laboratorio della nuova fisica, in sintonia con il passato e il futuro, che ottiene certezze esistenziali da realtà probabili. E ci riesce con la semplice osservazione, guardando se stessa in sogno o nello stato di veglia, e studiandosi nell'atto stesso di osservare. Se siamo abbastanza coraggiosi da avventurarci in questo mondo con la coscienza come nostra alleata, grazie ai sogni e agli stati alterati di coscienza possiamo alterare l'ologramma portando altra "luce" consapevole ai mondi infernali che esistono paralleli al nostro. È giunto il momento di imprimere una maggiore velocità al processo di illuminazione dell'ologramma, facendo entrare in campo il potente laser della coscienza. È ora di conoscere per la prima volta questo nostro universo».

## Flusso continuo di coscienza

> Chi non è un matematico rabbrividisce sentendo parlare di oggetti "quadrimensionali", assalito da una sensazione non molto diversa da quella provocata dai pensieri dell'occulto. Eppure non esiste una dichiarazione più comune di quella che dice che il mondo in cui viviamo è un flusso continuo quadrimensionale.
>
> Albert Einstein

La coscienza è un flusso continuo che si estende dallo stato di veglia fisica attraverso stati progressivi di consapevolezza giungendo nelle zone non fisiche dell'universo che esistono oltre l'attuale visione scientifica. È ampio e diversificato quanto l'universo stesso; ogni volta che "cadiamo" nel sonno ci spostiamo all'interno del flusso. Il nostro riconoscimento di tutto ciò è un fondamentale passo in avanti nella nostra evoluzione. Prima di comprendere che questi stati di coscienza sono legati fra loro in un flusso comune di coscienza dobbiamo esplorare le varie condizioni sperimentate durante il sonno, la meditazione e i sogni lucidi.

Tutti gli stati sono connessi, persino la morte, che è lo spostamento della coscienza da una zona del flusso a un'altra. Non si tratta di una semplice teoria, ma di un fatto che ciascuno di noi può osservare e verificare. Le esperienze fuori dal corpo controllate dal soggetto stesso forniscono l'opportunità di esplorare il flusso d'energia. In un certo senso, la nostra coscienza possiede la capacità naturale di illuminare qualunque lembo dell'universo. Ovunque focalizziamo la nostra luce, quella zona dell'universo (che può essere o meno nel corpo fisico) diventa per noi conscia e reale.

Tutti i movimenti della consapevolezza sono interiori, nell'ambito dell'interno non fisico dell'universo. Gli stati di coscienza che percepiamo ora sono soltanto una minuscola frazione dell'intero. Il flusso si estende in profondità nelle aree non fisiche dell'universo, molto al di là della nostra attuale comprensione fisica.

Flusso di coscienza · modi di percezione

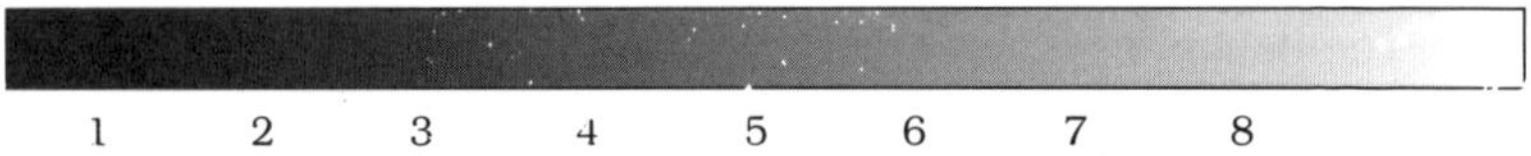


1. Stato di veglia fisica consapevole
2. Stato ipnagogico/stati meditativi/visualizzazione creativa/stati ipnotici/numerosi stati alterati di coscienza
3. Sogni
4. Sogni lucidi
5. Esperienze fuori dal corpo spontanee
6. Esperienze di premorte
7. Esplorazione fuori dal corpo controllata dai soggetto nell'ambito di varie dimensioni non fisiche dell'universo
8. Continua entro le dimensioni non fisiche dell'universo nell'infinito

Gli stati di coscienza sopra indicati non sono il flusso in sé ma i vari modi o metodi in cui lo percepiamo. È evidente che i diversi stati, per esempio quello meditativo, ipnagogico e ipnotico, si sovrappongono ed esistono in maniera diversa per ogni persona. Gli stati meditativi possono estendersi lungo lo spettro completo del flusso, ma la maggior parte della gente sperimenta solo un piacevole rilassamento che avviene nello stato alpha; quasi tutti coloro che si dedicano alla meditazione non sono infatti maestri yoga in grado di controllare e ampliare a comando la loro coscienza.

È importante riconoscere che i nostri stati individuali di coscienza esistono come percezioni o segmenti dell'intero: questo gesto è il primo passo nella comprensione dell'essenza e della funzione non fisica della coscienza. Tale comprensione riveste un'importanza fondamentale perché tutti i misteri della nostra esistenza e dell'universo stesso sono legati alla coscienza. In un prossimo futuro tutto ciò verrà confermato. non appena si scoprirà che la nostra consapevolezza individuale è un microcosmo dell'universo. I sogni, le esperienze fuori dal corpo e di premorte sono la dimostrazione della nostra consapevolezza mentre avanziamo oltre il punto di vista fisico ed esploriamo il flusso non fisico di coscienza. Il concetto della consapevolezza umana che si muove attraverso un universo invisibile si sta diffondendo sempre di più. Secondo il fisico Fred Alan Wolf, in realtà i sogni lucidi sono visite in universi paralleli, e bisognerebbe chiamarli: "consapevolezza degli universi paralleli".

Io ritengo che gli stati di coscienza di cui siamo attualmente consapevoli sono solo una minima parte del flusso che sperimenteremo dopo aver abbandonato il nostro involucro fisico, e la correttezza di tale ipotesi è dimostrata ogni anno da milioni di esperienze di premorte e fuori dal corpo. Le osservazioni raccolte nel corso dei viaggi astrali indicano che gli attuali concetti di coscienza e consapevolezza sono notevolmente limitati. Se paragonati con quelli non fisici, gli stati di coscienza fisici sono grossolani e irti di ostacoli. Dopo aver trasceso il nostro veicolo biologico, siamo liberi di sperimentare l'essenza illimitata della coscienza, che esiste e si amplia ben oltre l'immaginazione.

Il flusso di coscienza si estende verso l'interno, fino al fulcro centrale dell'universo; infiniti livelli e frequenze di vite e realtà non fisiche esistono appena al di là dei limiti densi della nostra vista. Ognuno di noi può aspirare a incredibili mondi di luce e bellezza che aspettano di essere esplorati.

Per sperimentare tutto ciò dobbiamo semplicemente ampliare la consapevolezza oltre il mondo fisico ed esplorare il nostro flusso individuale di coscienza.

## Evoluzione di coscienza

Il nostro attuale concetto di evoluzione deriva dalla teoria darwiniana secondo la quale gli organismi biologici si adattano e modificano in risposta alle condizioni fisiche che li circondano. Questa ipotesi, basata interamente sui cambiamenti riscontrati sugli organismi biologici, è rimasta per più di un secolo la base scientifica dell'evoluzione.

Milioni di esperienze fuori dal corpo forniscono prove convincenti del fatto che la nostra evoluzione è molto più complessa dei cambiamenti biologici che osserviamo, e ci indirizzano verso una visione dell'evoluzione del tutto nuova e molto più completa di qualunque altra ipotesi formulata nella storia del genere umano. Sulla base delle esplorazioni non fisiche possiamo affermare che l'evoluzione è il progressivo sviluppo dell'energia consapevole (anima) grazie all'uso di veicoli biologici temporanei di espressione. La nascita e la morte biologiche sono semplicemente l'entrata e l'uscita da questa densa dimensione esteriore di energia. I cambiamenti degli organismi biologici sono in realtà un effetto secondario creato dallo sviluppo invisibile della coscienza.

Gli evoluzionisti osservano e registrano solo i cambiamenti fisici esteriori che avvengono intorno a noi, mentre le modifiche davvero importanti passano inosservate. Ogni giorno incontriamo nuove situazioni che ci formano dal punto di vista psicologico. Ciascun problema fisico è una nuova opportunità di crescita; le difficoltà ci aiutano a sviluppare le qualità interiori di coraggio, amore e compassione, le sfide ci permettono di imparare. In un certo senso, usiamo la materia come strumento di trasformazione. Il nostro corpo biologico è un veicolo temporaneo che serve per esprimersi e sperimentare in questo regno denso della materia. L'atto stesso di assumere una forma fisica e di essere umani è un elemento fondamentale del nostro sviluppo. Ognuno di noi sta sperimentando il più efficace sistema di crescita che sia mai stato ideato: l'evoluzione per esperienza diretta e personale, con il semplice atto di essere.

Ciò in cui crediamo o meno non ha alcuna importanza, dato che tutti abbandoneremo il nostro veicolo biologico temporaneo per continuare a evolverci; partecipiamo in maniera attiva a un magnifico sistema evolutivo che si estende ben oltre i limiti ristretti della nostra visione fisica. Nascita e morte sono elementi essenziali del progresso, e rappresentano l'entrata e l'uscita della coscienza dal campo di gioco molecolare dell'evoluzione.

Nel corso degli ultimi vent'anni sono emerse nuove intuizioni riguardanti l'esistenza spirituale. Argomenti come le esperienze di premorte o fuori dal corpo, gli universi, paralleli le dimensioni multiple e i tunnel di energia tra gli universi erano ignoti alla maggior parte degli uomini. Oggi invece questi argomenti vengono discussi in ogni angolo del mondo: nell'arco di una singola generazione il concetto di realtà è incredibilmente mutato. Questo cambiamento continuerà mentre la gente aprirà la mente a una nuova visione di sé e della propria esistenza.

L'evoluzione della coscienza umana è stata modellata da un numero infinito di persone. Qui di seguito ho citato alcuni individui che hanno influenzato la coscienza di gruppo e l'evoluzione della nostra specie negli ultimi decenni. Tale processo verrà accelerato nel prossimo millennio, quando amplieremo la nostra ricerca avventurandoci oltre i limiti densi della materia.

Nel 1975 il libro *La vita oltre la vita*, scritto dal dottor Raymond Moody, ha fatto nascere un forte interesse sull'argomento della vita dopo la morte e delle possibili realtà non fisiche. Il lavoro innovativo di Moody sulla premorte e sugli stati di percezione alterati continua a influenzare milioni di persone. A partire dal 1975 la diffusione dei suoi scritti ha aperto un campo di studi e ricerche completamente nuovo. I suoi studi hanno influenzato in maniera particolare la comunità medica, preparando il terreno a centinaia di ricercatori tra i quali il dottor Melvin Morse e il dottor Brian Weiss, che hanno analizzato i numerosi misteri delle esperienze non fisiche. I testi pubblicati da Moody hanno inoltre legittimizzato l'intero soggetto della ricerca non fisica e l'esplorazione dell'universo invisibile, collaborando alla creazione di un eccezionale cambiamento del pensiero sia consapevole sia inconscio.

Kenneth Ring, Stuart Twemlow, Bruce Greyson e altri fisici visionari hanno partecipato all'evoluzione della coscienza umana indagando i rapporti di esperienze fuori dal corpo e di premorte raccolti in tutto il mondo; le loro ricerche e intuizioni hanno aiutato a legittimizzare l'argomento delle esperienze non fisiche, preparando al tempo stesso la base per nuove e innovative esplorazioni.

Brian Weiss ha svolto un ruolo di primo piano per ciò che riguarda il ricorso alla terapia regressiva come valido strumento terapeutico. Sono sempre più numerosi gli psicologi e gli scienziati che utilizzano l'analisi delle vite precedenti nella loro pratica quotidiana. Il lavoro di Weiss è un fondamentale passo in avanti nel riconoscimento del legame tra gli stati non fisici di coscienza e la nostra attuale esistenza fisica. I suoi libri sottolineano inoltre l'importanza e il potenziale racchiuso nell'ottenimento della conoscenza del sé.

John Stewart Bell, il fisico irlandese che ha sviluppato il teorema dell'interconnessione, ha dimostrato che tutte le particelle di materia sono connesse da una forza invisibile (non locale). Il suo lavoro ha impresso una notevole impronta alla direzione della fisica moderna, e la sua scoperta è stata giudicata dagli studiosi una delle più importanti scoperte del ventesimo secolo.

Hugh Everett, Roy Kerr, Martin Kruskal e altri fisici e matematici hanno sviluppato teorie e mappe concettuali che presuppongono l'esistenza di innumerevoli universi paralleli reali quanto il nostro. Questa idea di mondi di energia parallela ha influenzato le teorie dei quanti, gli astrofisici e gli astronomi di tutto il mondo.

Grazie a film come *E. T.* e *Incontri ravvicinati del terzo tipo*, registi come Steven Spielberg riducono la nostra paura dell'ignoto e ci aprono a nuove possibilità che esistono al di là delle percezioni fisiche.

Le chiare intuizioni di Gary Zukav sui rapporti tra fisica e coscienza, unite alla sua ricerca sul significato e lo scopo dell'esistenza, hanno influenzato milioni di persone.

Il messaggio di Shakti Gawain circa l'importanza della visualizzazione creativa è stato recepito ovunque.

Il fisico Fred Alan Wolf ha presentato e chiarito i concetti di universi paralleli e realtà creata dall'inconscio sia alla comunità scientifica sia all'uomo comune.

Wayne Dyer, Bernie Siegel, Deepak Chopra e molti altri medici ci hanno mostrato con azioni e pensieri quanto sia importante la connessione tra corpo, mente e spirito.

I vividi ritratti che Bruce Joel Rubin ha saputo fare della vita, della morte e delle dimensioni energetiche invisibili (*Jacob's ladder*, *Ghost* e *My life*), sono stati visti da più di mezzo miliardo di persone, e sono stati per loro motivo di grande riflessione.

Norman Vincent Peale ha rivelato a tutti quanto sia importante pensare positivo, e in che modo tale atteggiamento mentale possa influenzare la materia e la vita stessa.

Albert Einstein ha fatto avanzare il pensiero e la teoria scientifici oltre la fisica newtoniana, portandoli nei nuovi regni della curva spazio-temporale e dei ponti di energia verso altri universi. Così facendo egli ha preparato il terreno all'emergere della fisica dei quanti, al concetto degli universi paralleli e alle numerose interpretazioni del mondo.

David Bohm, un altro fisico visionario, ha avuto molte idee riguardanti la realtà creata dalla coscienza e le substrutture energetiche invisibili. I suoi concetti hanno influenzato la fisica moderna, e rappresentano un importante progresso intellettuale verso il riconoscimento della natura multidimensionale dell'universo. La sua penetrante intelligenza ha ispirato un'intera nuova generazione di scienziati, spingendoli a guardare oltre le particelle della materia per trovare le risposte alla realtà.

Nick Herbert, Michael Talbot, Heinze Pagels e Fritjof Capra sono quattro ottimi scrittori che hanno notevolmente influenzato l'evoluzione della coscienza umana descrivendo la connessione tra nuova fisica, metafisica, religione e consapevolezza.

Robert Monroe, moderno pioniere, ha svolto un ruolo di rilievo nella presentazione dell'argomento dell'esplorazione fuori dal corpo. I suoi libri e l'istituto di ricerche da lui fondato, il Monroe Institute, forniscono il training, le informazioni, il supporto e i corsi relativi alla consapevolezza ampliata e alla esplorazione non fisica.

Paul Twitchell è il fondatore di ECKANKAR. I suoi libri (più di trenta) illustrano e spiegano nei dettagli l'influenza storica dell'esplorazione fuori dal corpo sull'evoluzione della razza umana. Considerato un maestro dei viaggi astrali, egli ha diffuso tale argomento in ogni angolo del pianeta.

Produttori cinematografici come George Lucas e Gene Rodenberry hanno aiutato a espandere l'immaginazione umana al di là della prospettiva terrena della realtà; le loro rappresentazioni del futuro ci incoraggiano a superare i limiti fisici che sperimentiamo oggi.

Gli scrittori di fantascienza sono visionari dotati di immenso talento: basti pensare a Jules Verne e ai suoi sottomarini, le navi spaziali, gli aerei e le esplorazioni lunari che nel diciannovesimo secolo venivano considerati vere follie.

Betty Eadie, autrice di *Abbracciata dalla luce*, e altri che si sono fatti avanti per condividere le loro esperienze di premorte continueranno ad avere un notevole impatto sull'inconscio collettivo del genere umano. I loro resoconti dei viaggi che hanno compiuto nelle splendide dimensioni invisibili dell'universo hanno suscitato ovunque dibattiti, creando un grande interesse intorno alla realtà non fisica e al posto che il genere umano occupa all'interno dell'universo, fornendo qualcos'altro oltre alla confortante prova della nostra immortalità. Milioni di persone si stanno risvegliando alla constatazione che abbiamo a disposizione le risposte ai misteri della nostra esistenza. Una questione molto importante sta emergendo: se alcuni sono in grado di sperimentare ed esplorare i regni non fisici dell'universo, per quale motivo non possiamo farlo tutti? Questa realizzazione è un fondamentale passo in avanti nell'evoluzione della razza umana. Il processo di cambiamento è inevitabile, dato che ognuno si avvicina al momento in cui deve abbandonare il proprio veicolo biologico ed entrare nelle dimensioni non fisiche dell'universo. Il significato di queste esplorazioni non fisiche non sta nelle storie in sé ma nella realizzazione che tali viaggi sono possibili e alla portata di chiunque.

Mentre l'evoluzione della coscienza continua, un numero sempre più grande di individui si fa avanti per offrire nuove e coraggiose intuizioni sulla natura della realtà e lo scopo della nostra esistenza. Tale progresso continua a essere influenzato da gente che agisce in vari ambiti, e cioè scrittori, musicisti, inventori, guaritori, produttori e registi cinematografici, che sono spesso inconsapevoli del loro impatto sulla società. Le loro idee si diffondono come cerchi concentrici sulla superficie di uno stagno, creando un movimento di pensiero e coscienza per milioni di esseri umani. Per esempio, i film *E. T*, *Cocoon* e *Ghost* a livello superficiale appaiono come spensierate avventure di fantasia, ma i quasi due miliardi di spettatori che li hanno visti ne hanno tratto un concetto nuovo e moderno sui settori della vita sconosciuti e tuttora inesplorati dalla scienza moderna. Per molti di loro la paura dell'ignoto è stata sostituita da un forte senso di meraviglia e positiva anticipazione. L'inconscio collettivo dell'intero genere umano è stato influenzato dalle idee contenute in questi spettacoli; i nostri timori nei confronti di tutto ciò che non conosciamo sono stati ridimensionati dalle immagini positive e ispiratrici che essi contengono.

Nel ventunesimo secolo una nuova forma di spettacolo e immaginario ci accompagnerà fino ai livelli non fisici dell'universo. Tutto ciò rappresenta una graduale evoluzione, dai film tradizionali alle avventure sempre più interattive che coinvolgono la tecnologia della realtà virtuale, vero punto di partenza per i viaggi controllati fuori dal corpo nell'interno dell'universo. Grazie a tale progresso sarà sempre più evidente che l'evoluzione della tecnologia e quella del genere umano sono legate tra loro in una maniera che va al di là della nostra attuale comprensione. Alla fine ognuno di noi si evolverà oltre la crisalide della materia ed esplorerà le dimensioni non fisiche dell'universo

## Evoluzione futura

Grazie alle esplorazioni non fisiche che ho condotto negli ultimi anni mi sono reso conto che maggiori sono l'esperienza e la familiarità che acquisiamo con le dimensioni non fisiche dell'universo, più ampia è la possibilità di scelta dopo la morte fisica. Le opzioni non fisiche (spirituali) disponibili aumentano in maniera esponenziale alla capacità di esplorare la fonte dell'energia e della luce. Tutto ciò è molto più importante di quanto io riesca a spiegare. La maggior parte del genere umano muore ignorando completamente la sua esistenza spirituale. Anche se molte persone possiedono ferme convinzioni religiose, la conoscenza diretta che hanno della loro stessa identità spirituale e del proseguimento della vita dopo la morte fisica è quasi nulla. Al momento del decesso trasferiscono la coscienza dal corpo materiale alla forma non fisica dalla frequenza più elevata, e vengono accolti da amici e parenti già defunti. Com'è naturale, la scoperta che in pratica continuano a vivere li riempie di gioia, e sono felici di ritrovarsi con i propri cari. Nell'arco delle giornate e delle settimane successive vengono reintegrati in una nuova realtà vibratoria, e iniziano la fase di adattamento per conformarsi ai rispettivi gruppi sociali. Questo senso collettivo di appartenenza raccoglie e mantiene uniti milioni di individui all'interno di un magnifico ambiente non fisico di consenso.

I vari popoli hanno concetti diversi di paradiso. La prospettiva islamica, per esempio, differisce da quella cristiana. Ricordatevi sempre che gli ambienti non fisici reagiscono al pensiero: ogni religione e gruppo sociale ha creato il proprio concetto di paradiso basandosi sulle credenze e le convinzioni del gruppo stesso. La maggior parte di questi ambienti sono assai antichi e rafforzati dalla coscienza collettiva dei loro abitanti. Di conseguenza, il paradiso che ognuno di noi sperimenta dopo la morte è plasmato dalla coscienza collettiva dei suoi abitanti. Così come accade nel mondo fisico, molti si accontentano di adattarsi alla realtà di consenso creata e vissuta da amici e parenti. Dopotutto, se confrontato con la materia è pur sempre qualcosa di incredibilmente piacevole: ci sono splendidi paesaggi e ambienti da scoprire ed esplorare, panorami stupendi mai visti sulla terra. Ogni albero e filo d'erba emana un vibrante spettro di colori che va al di là della nostra immaginazione; gli oggetti, le piante, gli animali e la terra stessa sono composti di luce. Una matrice di energia pensiero-reattiva si manifesta in qualunque punto si concentri l'attenzione degli abitanti, i quali non possono fare a meno di convincersi che quella realtà sia il paradiso.

Quei magnifici ambienti non fisici sono ritenuti il paradiso, e in confronto con l'esistenza fisica lo sono davvero: non esistono infatti la morte, le malattie, il decadimento, il crimine... C'è un solo problema: la maggior parte degli abitanti non fisici (miliardi) sono inconsapevoli del fatto che al di là della loro percezione non fisica esistono altre dimensioni energetiche ancora più spettacolari. Quei luoghi consistono di frequenze infinite di pura luce ed energia, ognuno più brillante dell'altro, una progressione di luminosità vivente che esiste oltre i nostri fragili concetti di forma e sostanza, e arriva fino al cuore stesso dell'universo multidimensionale.

Queste informazioni sono importanti perché il primo passo verso l'espansione della coscienza consiste nel riconoscere i limiti che poniamo a noi stessi dal punto di vista sia fisico sia spirituale. Tale conoscenza evidenzia il bisogno di ampliare la percezione e l'esperienza al di là dei densi limiti che ci circondano. Dopo aver sviluppato la capacità di esplorare oltre i confini del corpo, possiamo integrare questa caratteristica anche nell'esistenza futura, nell'ambito della nostra casa non fisica.

L'abilità di sperimentare i vari livelli di frequenza non fisica dell'universo dipende dalla capacità di trascendere i nostri attuali limiti energetici. Se impariamo a trascendere le barriere fisiche, dopo la morte fisica potremo ricorrere a tale facoltà per sperimentare regioni ancora più grandi dell'universo.

Al giorno d'oggi ci sono persone capaci di elevare la velocità vibratoria personale ed esplorare dimensioni multiple dell'universo. Questi individui unici non si limitano a una singola dimensione o a un solo ambiente: la capacità di esplorare oltre gli attuali limiti fisici è un elemento essenziale della nostra evoluzione da creature immerse nella fisicità a esseri spirituali illimitati. Solo trascendendo i confini densi possiamo sperare di esprimerci in maniera consapevole attraverso l'universo multidimensionale. Il destino comune è quello di evolverci fino al punto in cui tutti avremo la capacità di ampliare la nostra coscienza in ogni punto dell'universo.

Noi siamo esseri interdimensionali che attualmente concentrano l'attenzione su una singola dimensione della materia-energia. Le esperienze fuori dal corpo e di premorte, i sogni, gli stati alterati di coscienza, la morte stessa sono dimostrazioni della nostra natura interdimensionale. Riconoscere in maniera consapevole e sperimentare a livello personale la propria essenza non fisica è un passo fondamentale nella nostra evoluzione individuale. Alla fine ognuno di noi si evolverà fino al punto in cui potrà sperimentare ed esplorare consapevolmente l'intero universo. Ciò avverrà quando il genere umano crescerà fino a rendersi conto di essere tutt'uno con l'universo multidimensionale.

Dopo aver viaggiato fuori dal corpo per vent'anni sono certo che ci stiamo evolvendo attraverso la materia: usiamo le forme di vita biologiche come strumenti di espressione. Il corpo fisico è lo strumento che utilizziamo per sperimentare e crescere. Ogni nascita (esplorazione) nella materia ci fa progredire aumentando la nostra esperienza. Ciascuna forma di vita fisica usa e controlla un veicolo biologico temporaneo per la sua evoluzione. Simile alla proverbiale farfalla, un organismo vivente abbandona il veicolo biologico temporaneo al fine di proseguire il suo viaggio nell'ambito dei livelli energetici più evoluti dell'universo multidimensionale.

L'evoluzione è più di quanto possano vedere i nostri occhi: è il movimento e la trasformazione della coscienza dalle forme di vita biologica più semplici a quelle non fisiche più complesse e organizzate. Ogni forma di vita continua il suo percorso evolutivo nell'ambito dell'universo multidimensionale, cresce e si modifica, imparando lentamente e adattandosi alle nuove sfide, avventure e forme di espressione. Per comprendere l'evoluzione dobbiamo esplorare e osservare la substruttura dell'universo: le strutture e i sistemi d'energia non molecolare che provocano i cambiamenti fisici, che percepiamo intorno a noi.

## Il sogno di Einstein

Einstein e tutti gli altri fisici hanno sognato di poter comprendere e spiegare la struttura dell'universo. Per molti decenni gli studiosi si sono impegnati per scoprire una singola teoria che spiegasse e unisse i vari concetti di energia, spazio e tempo, e che viene spesso definita la "grande unificazione".

La maggior parte dei fisici crede ora che l'energia reagisca in maniera a noi ancora sconosciuta al di là dell'attuale visione tecnologica. La scienza moderna ha esplorato il cuore della materia, compiendo una scoperta incredibile: le particelle fisiche elementali non possiedono attributi o proprietà materiali. Le componenti di base della materia diventano così progressivamente simili a frequenze; tale scoperta ha avuto implicazioni a lungo raggio.

Quando riconosciamo la natura frequenziale delle particelle fisiche, l'idea delle dimensioni multiple di energia non è poi così azzardata come potrebbe apparire. Per esempio, il classico esperimento di Newton con il prisma ha mostrato che la luce visibile contiene diverse frequenze che si presentano come colori. Le varie frequenze della luce coesistono nell'ambito dello stesso spazio-tempo che possiamo vedere, eppure ogni frequenza di luce esiste anche separata dalle altre.Lo spettro delle onde elettromagnetiche mostra un'incredibile sfilza di radiazioni, dai raggi gamma alle onde radio lunghe. Poiché nello spazio-tempo che occupiamo esistono diverse frequenze di energia, per quale motivo non dovrebbero coesistere interi ambienti e magari anche mondi energetici? Si tratta di una questione che i fisici moderni, convinti che qualcosa di proporzioni subsostanziali esista appena al di là della nostra visione tecnologica, prendono molto sul serio. Io credo che il sogno di Einstein della grande unificazione possa venire realizzato sviluppando nuovi metodi per esplorare e verificare la realtà dell'universo multidimensionale, il cui riconoscimento scientifico (unito a quello del flusso di coscienza) è l'elemento primario che manca alla nostra comprensione della natura invisibile e della struttura dell'energia dell'intero universo. La grande unificazione può essere realizzata solo se i fisici moderni sono disposti a modificare il tiro della loro attenzione, passando dalle particelle elementari alle funzioni delle onde non fisiche. Questo non è un sogno, ma la realtà che attende con pazienza che le nostre percezioni scientifiche si evolvano superando l'attuale ossessione per le particelle fisiche.

## La nuova frontiera della scienza

Nel ventunesimo secolo la scienza riconoscerà che le risposte ai misteri fisici dell'esistenza (la cosmologia dell'universo, la natura e la struttura invisibile della materia, l'evoluzione della nostra specie, e persino l'esistenza della vita dopo la morte) si possono trovare solo esplorando le substrutture invisibili dell'universo. Questo riconoscimento sarà un passo importante e rivoluzionario per la scienza, e un punto di svolta nell'ambito dell'evoluzione umana. Non saremo più una specie biologica concentrata sull'esteriorità, ma diventeremo sempre più multidimensionali. Il processo di cambiamento è già iniziato: astrofisici, fisici dei quanti e delle particelle stanno già conducendo a livello intensivo esperimenti che sostengono il concetto di un universo multidimensionale, e questa tendenza proseguirà per tutto il prossimo secolo. La nostra decisione di iniziare a esplorare l'interno dell'universo coincide con l'inizio di una nuova epoca di ricerca e scoperta. La scienza moderna estenderà le sue attuali osservazioni su materia e realtà al di là di tutti i concetti attuali, esplorando la fonte invisibile dell'energia e della materia fisiche. Quando ci evolviamo iniziamo a tracciare una mappa dell'universo invisibile così come finora gli astronomi ne hanno tracciata una dell'universo visibile. L'esplorazione dell'interno dell'universo è un impegno gravoso che si estende oltre i nostri attuali concetti intellettuali di tempo, spazio ed energia. L'esplorazione delle dimensioni invisibili è un compito che prima o poi tutti noi dobbiamo affrontare: abbiamo il pieno diritto di compiere il nostro destino, che ci porta ad avventurarci oltre i primitivi veicoli biologici e a sperimentare lo splendore della nostra vera casa all'interno dell'universo multidimensionale.

CAPITOLO 4

# Caratteristiche che ci trasformano

La conoscenza è l'antidoto per la paura.

Ralph Waldo Emerson

I benefici dell'esplorazione fuori dal corpo vanno ben oltre i limiti dei nostri sensi fisici e del nostro intelletto. Dopo un'esperienza del genere, molte persone dichiarano di aver vissuto un risveglio interiore della loro identità spirituale, una trasformazione del concetto che hanno di sé; si ritengono superiori alla materia, più consapevoli, vivi, ed esprimono una profonda saggezza interiore basata sull'esperienza spirituale interiore.

Molti dichiarano di essere stati contattati da qualcosa più grande di loro, connesso alla fonte primaria della vita stessa, e di provare un senso di grande forza quando superano la barriera composta da ignoranza, paura e limitazioni.

Nel corso dei miei seminari mi capita spesso di sentir parlare di un incremento della conoscenza personale e di una connessione interiore con lo spirito, oltre che di una notevole espansione della capacità di percepire oltre i soliti limiti fisici e di un'estesa forma di apprendimento basata sull'esperienza personale diretta. Forse il beneficio più grande derivato dai viaggi extracorporei è il fatto che riconosciamo la nostra capacità personale di trovare da soli le risposte.

Quando mi chiedono lo scopo delle esplorazioni fuori dal corpo, io mi limito a dire che ho bisogno di conoscere le risposte per me stesso. Trovo ben poco conforto nelle credenze, soprattutto perché sono la merce più disponibile al giorno d'oggi: ogni società, così come ogni cultura, è sommersa dalla propria versione della verità, composta da una raccolta di solide convinzioni messe insieme dall'uomo. Queste convinzioni cambiano con il passare del tempo, si evolvono e decadono, mentre la verità della nostra esistenza rimane la stessa, nascosta sotto la montagna sempre più alta costituita da dottrine, dogmi, supposizioni e conclusioni.

Io credo che lo scopo della vita sia l'esperienza. Noi dobbiamo sperimentare ed esplorare in prima persona, scoprire e conoscere, per non essere schiavi delle opinioni degli altri. Con l'avvicinarsi del ventunesimo secolo arriva per noi il momento di riconoscere il nostro vero potenziale e di avventurarci oltre le credenze e le convinzioni più diffuse. È arrivato il tempo di scoprire e vedere la verità con i propri occhi.

E finalmente oggi abbiamo questa possibilità: le esperienze fuori dal corpo controllate dal soggetto aprono la porta a un'incredibile nuova frontiera del potenziale umano e della scoperta, permettendoci di esplorare al di là degli stretti limiti fissati dai sensi fisici e di scoprire le risposte ai più antichi misteri dell'esistenza.

## Caratteristiche delle esperienze fuori dal corpo in grado di trasformarci

Secondo le ricerche e gli studi condotti da medici di grande reputazione, tra i quali spiccano Raymond Moody, Melvin Morse, Ken Ring, Bruce Greyson e Stuart Twemlow, le esperienze fuori dal corpo posseggono caratteristiche in grado di modificare profondamente il nostro essere. Ogni anno ulteriori analisi rivelano l'esistenza di nuovi benefici psicologici e fisici derivati dalle proiezioni astrali. Indagando su questo argomento, mi sono reso conto che le qualità riportate sono sempre più numerose.

I resoconti di viaggi extracorporei sono in continuo aumento, ed esistono prove schiaccianti che dimostrano come apportino regolarmente benefici in grado di modificare l'intera esistenza. Qui di seguito potete trovare un riassunto dei molti vantaggi segnalati in ogni angolo del mondo nel corso degli ultimi vent'anni.

1. *Maggiore consapevolezza della realtà.* Secondo un'indagine approfondita condotta dai dottori Stuart Twemlow, Glen Cabbard e Fowler Jones, presentata nel 1980 all'incontro annuale dell'American Psychiatric Association, l'86% dei partecipanti (tutta gente che aveva avuto esperienze extracorporee) ha dichiarato di aver acquisito una maggiore consapevolezza della realtà, e il 78% ha manifestato la convinzione di aver ricevuto un beneficio durevole.

2. *Verifica personale della nostra immortalità.* Senza ombra di dubbio, le esperienze fuori dal corpo forniscono una prova verificabile e in prima persona della nostra capacità di esistere in maniera indipendente dal corpo fisico. Questo è un fatto di grande importanza, in grado di cambiare per sempre la vita di milioni di persone ogni anno.

3. *Sviluppo personale accelerato.* Il saper riconoscere che siamo qualcosa di più di un semplice essere fisico ci apre a nuovi livelli di sviluppo personale. Io sono fermamente convinto che l'autoiniziazione e le esperienze fuori dal corpo controllate dal soggetto siano il fulcro dello sviluppo accelerato. Dopo che accediamo in maniera consapevole al nostro sé non fisico e riusciamo a controllarlo, possiamo svelare la conoscenza illimitata del nostro subconscio e sfruttare la nostra capacità di esplorare l'universo. Il concetto di potenziale umano si amplia in maniera estrema al di là degli attuali concetti e della nostra comprensione.

4. *Diminuzione della paura della morte.* Quando sperimentiamo noi stessi separati in maniera consapevole e indipendente dal corpo fisico, i timori nei confronti della morte diminuiscono. Aver paura della morte significa aver paura dell'ignoto. Dopo essersi separati dal proprio organismo biologico si ha la certezza che l'esistenza continua. Ho sco-

perto che maggiore è il numero di esperienze vissute fuori dal corpo, minori sono l'angoscia e l'ansia che ci opprimono a causa della morte.

5. *Aumento delle capacità psichiche.* Precognizione, telepatia, premonizioni, profezie, la capacità di vedere l'aura e altre capacità psichiche vengono spesso ampliate dai viaggi extracorporei. Non si conosce il motivo di tale fenomeni, ma molte persone credono che si tratti semplicemente di una conseguenza naturale di una maggiore sintonia con i nostri sistemi energetici interiori.

6. *Aumento del desiderio di avere risposte.* Dopo aver riconosciuto che le risposte sono disponibili, molti individui cominciano una ricerca spirituale personale per risolvere i misteri su cui si sono interrogati fin dai tempi dell'infanzia.

7. *Realizzazioni riguardanti la morte.* Le esperienze fuori dal corpo forniscono la prova che morire può rivelarsi una splendida avventura spirituale, e non un processo doloroso e spaventoso.

8. *Accelerazione dell'evoluzione umana.* La vera evoluzione della nostra specie non è il cambiamento fisico dell'ambiente che ci circonda, bensì lo sviluppo della consapevolezza. Mentre il mondo diventa sempre più complesso, c'è il bisogno interiore di scoprire le ragioni invisibili che stanno dietro ai rapidi mutamenti fisici a cui assistiamo. Questo bisogno di conoscere le risposte ai numerosi misteri che ci circondano porterà il genere umano al livello successivo dell'evoluzione.

Quando prendiamo in esame il passato di tale evoluzione, osserviamo la transizione dalle società fisiche basate sul lavoro (agricole) a quelle che fanno sempre più affidamento sulle capacità intellettuali (tecnologiche). Alla fine saremo pronti per il prossimo fondamentale passo evolutivo, che corrisponde al riconoscimento e all'esperienza del nostro sé non fisico e all'esplorazione delle dimensioni non fisiche.

9. *Guarigioni spontanee.* Sono state riportate numerose guarigioni verificatesi durante i viaggi fuori dal corpo, riguardanti sia i soggetti

interessati sia altre persone. Tali episodi hanno spesso inizio da un pensiero focalizzato verso una specifica area del corpo.

10. *Concetto di sé più ampio*. Invece di considerarsi esseri fisici che possiedono un'anima, molti individui si riconoscono come anime (coscienza) temporaneamente in possesso di un corpo biologico.

11. *Aumento della spiritualità*. Secondo l'analisi sopra citata condotta dal dottor Stuart Twemlow, il 55% dei partecipanti ha definito spirituali le proprie avventure fuori dal corpo. Molti affermano di aver instaurato una connessione più profonda con la loro essenza spirituale, di avere profonde intuizioni circa la natura spirituale o la forte sensazione di trovarsi in contatto con qualcosa di molto più grande di loro. Possiamo chiamarlo spirito, mente universale o Dio, ma ci sono comunque prove innegabili di un potente legame interiore.

12. *Riconoscimento delle influenze delle vite passate*. Il lavoro di Brian Weiss e di altri affermati medici e ipnoterapeuti ha fornito prove soddisfacenti sul fatto che le influenze delle vite passate sono un importante elemento del nostro attuale bagaglio psicologico. Si può facilmente accedere a questi ricordi inconsci ed esaminarli grazie alle esperienze fuori dal corpo.

13. *Cambiamento psicologico accelerato*. Le esperienze fuori dal corpo ci aiutano a liberarci dalle vecchie abitudini mentali. Mi hanno spesso riferito che l'emozione provata abbandonando in maniera consapevole il proprio corpo fisico fornisce una prospettiva più illuminata dell'attuale esistenza. Questa più ampia visione di sé ha svolto un ruolo primario nel risveglio di nuovi livelli di comprensione e crescita personale.

14. *Ottenimento delle risposte personali*. Ognuno di noi ha alcune domande che riguardano la propria vita: chi sono? Qual è lo scopo della mia esistenza? Continuerò in qualche modo? Qual è il significato della vita? A questi e a molti altri interrogativi si può rispondere solo grazie all'esperienza personale. Le esplorazioni fuori dal corpo sono un

potente strumento che ci permette di ottenere le risposte che desideriamo. Perché accontentarci di credenze quando abbiamo a disposizione i responsi diretti?

15. *Incontri con esseri di luce, angeli o altri abitanti della sfera non fisica.* Molte persone raccontano di aver incontrato forme di vita non fisica. Il 37% degli intervistati da Twemlow ha dichiarato di aver percepito la presenza di esseri non fisici, mentre il 30% ha parlato di guide e aiutanti.

16. *Maggiore rispetto nei confronti della vita.* C'è da riscontrare una notevole avversione per la violenza e il gesto di uccidere. Per esempio, l'idea di cacciare un animale e di spararglі diventa insopportabile. Ritengo che tale cambiamento sia dovuto alla nostra conoscenza personale della totale interconnessione spirituale.

17. *Maggiore rispetto di sé, responsabilità verso se stesso e dipendenza interiore.* Molti individui riconoscono per la prima volta di essere il centro creativo della loro esistenza fisica; spesso sperimentano il vasto potenziale e il potere del loro sé interiore non fisico, e attingono alla loro essenza creativa, cominciando a rendersi conto che sono veramente responsabili di ogni gesto e pensiero.

18. *Riduzione di ostilità, violenza e crimine.* Coloro che sperimentano se stessi come qualcosa di più del proprio corpo fisico in genere diventano consapevoli di quanto sia autodistruttivo rubare o fare del male al prossimo. Sapendo che l'esistenza continua dopo la morte, sanno che perdura anche la loro responsabilità personale.

19. *Maggiore conoscenza e saggezza.* Solo l'esperienza può creare la saggezza, e le esperienze fuori dal corpo possiedono la capacità di fornirne allargandosi oltre i limiti della nostra percezione fisica.

20. *Possedere un profondo senso di conoscenza anziché limitarsi a credere.* La conoscenza personale è potente e in grado di trasformare l'esistenza, soprattutto se confrontata con le credenze. Le esperienze fuori dal corpo forniscono una conoscenza immediata e verificabile

della nostra immortalità e della nostra identità spirituale. Tale conoscenza non può essere spiegata, va semplicemente vissuta.

21. *Calma interiore.* Sapere di essere immortali, invece di limitarsi a sperarlo, provoca l'insorgere di un senso di pace.

22. *Aumento della voglia di vivere.* È difficile descrivere il senso di euforia legato alle esplorazioni fuori dal corpo, una gioia che arriva al fulcro del nostro essere. Quando ci separiamo dal corpo fisico ed esploriamo attivamente l'ambiente che ci circonda, sappiamo di essere esploratori estremi, molto più grandi della nostra attuale personalità fisica o ego. La vita stessa diventa un'avventura, un eccitante viaggio di scoperta. L'emozione interiore che proviamo è inconfondibile, e nasce dalla certezza che stiamo percorrendo un certo sentiero con grande anticipo rispetto ai tempi.

23. *Aumento dell'intelligenza e delle capacità mnemoniche; sviluppo dell'immaginazione.* Molti riferiscono che i viaggi extracorporei hanno in qualche modo ampliato la loro consapevolezza e la loro intelligenza, forse perché tali esperienze stimolano zone del cervello mai sollecitate nel corso della vita di tutti i giorni. Da un punto di vista biologico ciò potrebbe derivare dalla stimolazione del lobo temporale destro o della ghiandola pineale. Non esiste una spiegazione medica in proposito, ma secondo una ricerca svolta da Wilder Penfield, neurochirurgo canadese, quando il lobo temporale destro viene stimolato da una leggera carica elettrica i pazienti riferiscono di vivere esperienze fuori dal corpo. Esistono inoltre prove sostanziali sul fatto che tale lobo viene misteriosamente attivato durante la morte e le esperienze di premorte. Vari studi suggeriscono l'esistenza di una connessione tra il cervello biologico e il nostro sistema energetico non fisico. In questo caso può darsi che si verifichi un'interazione chimica ed elettrica di cui non siamo ancora coscienti.

24. *Senso dell'avventura.* Ogni giorno e ogni notte ci offrono l'opportunità di sperimentare una nuova avventura. Tom Robbins ha fornito una spiegazione molto chiara: «La nostra grande avventura uma-

na è l'evoluzione della coscienza. Noi ci troviamo in questa vita per elevare l'anima e illuminare il cervello».

Le esperienze fuori dal corpo possiedono qualità in grado di trasformarci e che ognuno può sperimentare. Per accedere al nostro illimitato potenziale personale ci servono solo una mente aperta e la giusta guida. La capacità di esplorare aree invisibili dell'universo è ora a nostra disposizione, ma spetta a noi fare il primo passo per trasformarci da curiosi osservatori a esploratori attivi.

Ritengo che questo passo sia un importante punto di svolta nella nostra vita e nella nostra evoluzione personale. Avanzare oltre i limiti del corpo fisico può essere un modo efficace di ottenere le risposte e le intuizioni che molti di noi cercano. Questo viaggio di consapevolezza dal fisico al non fisico è una realtà che non possiamo sfuggire: possiamo solo decidere quando iniziare.

## Problemi fisici

La proiezione astrale offre immensi benefici a milioni di persone che hanno problemi di carattere fisico. A tutti coloro che conducono un'esistenza caratterizzata da limitazioni fisiche, i viaggi extracorporei offrono infatti un'incredibile rinascita di speranza, gioia e percezione, assicurando l'opportunità di sperimentare se stessi momentaneamente liberi da dolore, malattie e disagi.

Immaginate una ragazza paraplegica incapace di camminare che riesce invece a muoversi senza sforzo al di là dei confini del suo organismo malato, o un uomo cieco che non sarà mai in grado di vedere il suo stesso viso, e che improvvisamente percepisce oltre i limiti della vista fisica: il potenziale è a dir poco immenso.

I vantaggi di tali esperienze si estendono oltre la nostra attuale comprensione medica e scientifica. I dottori si sono sempre concentrati soprattutto sull'aspetto fisico delle malattie: a causa di questo atteggiamento, all'interno della società non si presta alcuna attenzione all'esplorazione del potenziale e della percezione umana ampliati a beneficio di chi ha problemi fisici.

La nostra capacità naturale di trascendere il corpo materiale ci permette invece di allontanarci almeno temporaneamente da qualunque restrizione fisica. Con la guida, la preparazione e le tecniche adeguate ognuno di noi può imparare a effettuare l'esplorazione fuori dal corpo e sperimentare la gioia infinita della libertà priva di vincoli.

Per poter capire e apprezzare il potenziale illimitato di questa forma speciale di esplorazione bisogna viverla direttamente, perché il semplice ragionamento intellettuale e l'analisi non riescono a fornirne l'esatta percezione. Mi auguro ardentemente che un giorno apriremo il cuore e la mente a questo nuovo potenziale di crescita e sviluppo umani. Non abbiamo nulla da perdere, a parte l'invalidità più diffusa: l'ignoranza.

Quando tentano di compiere viaggi extracorporei, le persone afflitte da problemi fisici possiedono spesso un significativo vantaggio nei confronti di tutti gli altri. Il loro forte desiderio di sfuggire alle barriere fisiche origina un potente incentivo che spinge al cambiamento e alla novità. Ed è proprio questa aspettativa l'aspetto più importante dell'intera esperienza.

Qui di seguito eccovi il resoconto dell'esplorazione compiuta da un uomo paralizzato alle gambe da vent'anni:

> «Seduto sulla sedia a rotelle, sto leggendo un libro sulle esperienze fuori dal corpo. Ho sessantatré anni, e ho ricevuto un'educazione di tipo tradizionale: questa roba mi sembra troppo strana, e dubito che possa essere vera.
> Il testo suggerisce un esercizio di visualizzazione che sembra piuttosto facile. Decido di provare: diamine, non potrà certo farmi male! Nella mente mi appare l'immagine della casa di mia figlia; faccio finta di trovarmi fuori dall'edificio, apro la porta principale, entro in soggiorno e guardo i mobili, i tappe-

ti, le finestre, i quadri appesi, perfino le piante. Sono stupito che sia tutto così facile e divertente. Vedo me stesso mentre cammino verso il tavolino da caffè e provo a sentirlo; mi accomodo su una sedia e cerco di percepire la struttura della stoffa.
Subito dopo ricordo un sogno nel quale sto volando sopra un prato meraviglioso. A quel punto il mio corpo è attraversato da una strana vibrazione. Il rumore diventa sempre più forte finché mi accorgo che sto fluttuando sopra la sedia a rotelle. Confuso, sono comunque sveglio e consapevole. Fluttuare è una sensazione splendida. Penso di andare verso la porta, e subito galleggio in quella direzione. Una forte gioia mi invade mentre passo attraverso l'uscio e giro intorno alla casa. A quanto pare posso recarmi dove voglio!
Mi faccio coraggio e decido di provare a volare. Appena formulo il pensiero, il mio corpo si libra a mezz'aria. Allargo le braccia, immagino me stesso mentre volo come un uccello, ed ecco che mi trovo a solcare il cielo come un'aquila! Volo sopra il mio quartiere e vedo i palazzi sotto di me. Per la prima volta in vita mia so cosa voglia dire essere veramente liberi. Penso al mio corpo fisico, e mi ritrovo di colpo sulla sedia a rotelle.
Mentre scrivo ciò che mi è successo, il cuore mi batte all'impazzata per l'eccitazione. L'emozione suscitata da questa esperienza è indescrivibile. Vorrei solo aver imparato a farlo vent'anni fa».

## Benefici dell'esplorazione fuori dal corpo

- Scoprire e conoscere i misteri più antichi che assillano il genere umano: continuiamo dopo la morte? Qual è il significato della vita?
- Rispondere alle domande fondamentali dell'esistenza: chi sono io? Perché sono qui? Qual è il mio scopo?
- Risolvere il mistero della nostra destinazione finale: dove andiamo dopo la morte? Esiste il paradiso? Che aspetto ha? Perché è un mistero?

- Osservare e risolvere gli attuali problemi fisici da una prospettiva più elevata.
- Acquisire una maggiore comprensione delle sfide e delle lezioni che si vivono ogni giorno.
- Osservare e capire l'incredibile potere invisibile dell'energia-pensiero al lavoro.
- Avanzare oltre il labirinto delle credenze e scoprire da soli la verità.
- Accelerare la propria evoluzione personale al di là dei densi limiti della materia.
- Confrontare e rimuovere le paure personali.
- Acquisire una più chiara comprensione della vita, delle relazioni interpersonali e del mondo.
- Vedere e sperimentare l'incredibile bellezza dell'universo multidimensionale.
- Rendersi conto del potenziale e del potere illimitato di cui disponiamo.
- Riconoscere e comprendere le ragioni invisibili degli avvenimenti passati e presenti della vita.
- Assaporare una totale libertà di movimenti, senza alcun limite.
- Comprendere meglio le religioni moderne.
- Scoprire e sperimentare una verifica completa e di prima mano della propria immortalità.
- Osservare e comprendere le correnti di energia sottile che modellano la vita e il mondo.
- Ricevere la conoscenza e la saggezza che derivano solo dall'esperienza.

- Riconoscere e liberare se stessi dalle opinioni imprecise, le conclusioni e i sistemi di credenze.
- Avere una visione più chiara del piano universale.
- Vedere e capire i processi naturali di nascita e morte.
- Vedere, sperimentare ed esplorare in prima persona il paradiso biblico.

## Le gioie dell'esplorazione fuori dal corpo

- L'emozione di una nuova ed eccitante avventura.
- La gioia assoluta di sperimentare la propria immortalità.
- L'eccitazione delle esperienze ed esplorazioni fuori dall'ordinario.
- La sensazione di appagamento totale.
- La pura gioia di esplorare un terreno vergine e non compreso in alcuna mappa.
- L'eccitamento provocato dall'essere pionieri in un nuovo campo di esplorazione.
- La delizia di scoprire la verità dell'esistenza al di là di qualunque credenza e presupposto.
- L'intensa soddisfazione personale di conoscere direttamente lo scopo e il significato dell'esistenza.
- L'incredibile sensazione suscitata dalla conoscenza che sostituisce la speranza.
- La felicità di scoprire nuovi livelli di crescita e sviluppo personali.
- La consapevolezza di come sia accelerata l'evoluzione personale.
- L'intensa gioia interiore provocata dalla risoluzione degli antichi misteri e dalla scoperta delle risposte.

Questi sono tra i molti benefici che vi attendono: sta a voi esplorare e sperimentare la realtà di tutto ciò. L'esplorazione fuori dal corpo offre la rara opportunità di conoscere e vedere, invece di sperare e credere. Da oggi questa opportunità è anche vostra.

CAPITOLO 5

# Sviluppare le capacità personali

Sedetevi davanti a un fatto come farebbe un bambino piccolo, e siate disposti a rinunciare ai preconcetti, arrivando umilmente a qualunque abisso vi conduca la natura, o non imparerete nulla.

T. H. Huxley

Tenete sempre la mente aperta a qualunque cambiamento. Accettatelo volentieri. Corteggiatelo. È solo esaminando e riesaminando le vostre opinioni e le idee che potete migliorare.

Dale Camegie

## Dare una nuova valutazione ai nostri concetti di realtà

Molte questioni psicologiche influenzano la nostra capacità di avere esperienze fuori dal corpo. Il concetto che abbiamo di noi stessi e il modo in cui consideriamo questo argomento influenzano notevolmente i risultati che otteniamo. È normale che i limiti personali, le paure e le credenze inibiscano la nostra capacità di sperimentare e apprezzare in pieno il nostro potenziale. Ciò avviene soprattutto quando ci imbarchiamo in una nuova forma di esplorazione.

I parametri per l'autovalutazione qui di seguito indicati riassumono argomenti e questioni che possono influenzare la vostra capacità di vivere un'esperienza fuori dal corpo. Le risposte possono offrire utili intuizioni sulle credenze personali, le supposizioni e le conclusioni su questa forma speciale di esplorazione.

Esaminate nella maniera più oggettiva possibile le vostre reazioni emozionali e intellettuali a ciascun quesito. Se scoprite un settore che nasconde un possibile limite o conflitto, concedetevi tutto il tempo necessario e analizzatelo a fondo, cercando le motivazioni di base per le vostre attuali credenze.

La revisione delle proprie credenze è uno degli aspetti più importanti della preparazione alle uscite dal corpo. Ho scoperto che le paure consce o inconsce, i limiti e i giudizi erronei sono gli ostacoli più comuni che dobbiamo affrontare nel corso delle esplorazioni. Il riconoscimento dei propri limiti e delle paure personali è un fondamentale passo in avanti per ridurre o eliminare qualunque blocco potremmo sperimentare. Concedetevi tutto il tempo necessario e sentitevi liberi di dedicarvi a qualunque argomento ritenete importante. Vorrei suggerirvi di scrivere il più dettagliatamente possibile le risposte.

AUTOVALUTAZIONE

| | |
|---|---|
| 1. Concetto di sé | Che cosa credete di essere? Come vedete voi stessi? Descrivete nei dettagli il concetto che avete di voi stessi. |
| 2. Punti di vista personali | Quali sono le vostre percezioni e le emozioni legate alle esplorazioni fuori dal corpo? Le considerate un'avventura? |
| 3. Motivazione | La vostra motivazione personale è ottenere risposte, risolvere un mistero o un problema, semplice curiosità, o magari ricevere una verifica personale? Specificate. |
| 4. Sicurezza | Ritenete che avere un'esperienza fuori dal corpo sia una faccenda si- |

| | |
|---|---|
| | cura? Vi preoccupa il pensiero di perdervi o morire? Specificare. |
| 5. Speciali capacità o talenti | Credete che siano necessarie particolari capacità o talenti? |
| 6. Importanza | Ritenete che questa esplorazione sia importante per il vostro sviluppo personale? In una scala di valori da 1 a 10 quale punteggio le assegnereste? |
| 7. Desiderio | Avete il desiderio e la spinta interiori di agire? In caso affermativo, quanto sono forti? Quali benefici o informazioni volete ricavare da questa esperienza? |
| 8. Impegno | Siete disposti a dedicare il tempo e lo sforzo necessari a ottenere l'obiettivo? Accettate di impegnarvi mezz'ora al giorno per un mese? |
| 9. Paura | Questo tipo di esplorazione suscita in voi ansia o paura? Temete l'ignoto, l'oscurità o le nuove sfide? I vostri timori sono logici o derivano invece dalla mancanza di informazioni? |
| 10. Credenze religiose | In che modo i viaggi extracorporei si inseriscono all'interno delle vostre credenze e convinzioni religiose? Li considerate un'esperienza religiosa? |
| 11. Grado di difficoltà | Giudicate questa esperienza facile o naturale, o piuttosto difficile da ottenere? Spiegate i motivi della vostra opinione. |

| | |
|---|---|
| 12. Fiducia | Avete fiducia nella vostra possibilità di raggiungere gli obiettivi prefissati? |
| 13. Aspettative | Vi aspettate un esito positivo? Quali sono le vostre aspettative personali? |
| 14. Questioni o limiti personali | Siete consapevoli di questioni personali che potrebbero limitare la vostra capacità di avere un'esperienza fuori dal corpo? In caso affermativo, elencatele. |
| 15. Obiettivi | Questa esplorazione è per voi un deciso obiettivo personale? L'avete messo per iscritto? È importante? Rappresenta una vera priorità? |

Molti argomenti indicati in questo elenco non richiedono una spiegazione precisa; altri invece meritano ulteriori chiarimenti.

## IMPEGNO E OBIETTIVI

Per vivere con successo le esplorazioni fuori dal corpo sono indispensabili l'impegno e un atteggiamento positivo nei loro confronti. Se il vostro interesse non è totale, i risultati ottenuti riflettono la mancanza di coinvolgimento. Se siete invece convinti, decisi e pronti a impegnarvi, il trionfo è assicurato.

È importante che i viaggi extracorporei diventino per un certo periodo una priorità personale. Durante i miei seminari raccomando sempre un impegno costante per almeno un mese, e chiedo a ogni studente di trovare il tempo necessario per eseguire quotidianamente almeno una tecnica fuori dal corpo. Per trenta giorni concentrate il più possibile l'energia mentale ed emozionale sull'obiettivo, cioè un'esperienza consapevole fuori dal corpo. Molte persone preferiscono scrivere il loro obiettivo perché ritengono che il gesto li aiuti a fissarlo nella mente e a enfatizzarne l'importanza. Per esempio, ogni sera prima di andare a letto scrivete venti volte: "Adesso ho un'esperienza fuori dal corpo", "Ora vivo un'esperienza fuori dal corpo del tutto consapevole", oppure: "Adesso sono fuori dal mio corpo".

Se questo tipo di esperienza diventa per voi una priorità personale e vi abituate a mettere per iscritto gli obiettivi, l'intensità del vostro impegno risulta ampliata. Potete addirittura dare inizio a una sorta di catena mistica di eventi: l'impegno e il desiderio interiore modellano il vostro inconscio. In molti casi i sogni diventano più vividi, si ricordano con maggiore facilità, e spesso ci raffigurano in movimento (per esempio mentre voliamo). L'attività onirica di questo genere indica che il subconscio reagisce all'impegno assunto nei confronti delle esperienze fuori dal corpo; associata ai segnali interiori che l'accompagnano sono spesso una molla efficace che porta a un'esperienza del tutto consapevole.

Scrivete oggi stesso i vostri obiettivi, e assumete l'impegno fermo e deciso di mantenerli.

OBIETTIVI SCRITTI

Durante un seminario che ho condotto di recente, una donna mi ha chiesto quale avvenimento abbia più influenzato la mia capacità di avere esperienze fuori dal corpo. Dopo averci pensato sopra, mi sono reso conto che l'impatto più notevole è stato creato dalla decisione di mettere per iscritto i miei obiettivi spirituali personali (per esempio: "Io posso separarmi facilmente dal mio corpo fisico" e "Adesso sperimento il mio sé superiore").

Per quanto possa apparire strano, l'effetto del gesto è notevole: nel corso di ogni esperienza fuori dal corpo tali obiettivi sembravano lampeggiarmi nella mente nell'attimo stesso in cui avevo bisogno di agire in merito. Continuavo a migliorare, e nel frattempo anche le mie mete si facevano sempre più spirituali. Spesso, dopo essere tornato da un viaggio extracorporeo scrivevo una relazione sull'esperienza appena vissuta e mi rendevo conto di aver lasciato in sospeso numerosi altri scopi e ulteriori domande. È come se ciascuna esplorazione rappresentasse una sorta di interesse capitalizzato. Il potere di definire e scrivere gli obiettivi è evidente: in questo modo i pensieri si focalizzano a livello sia conscio sia inconscio. Ogni cosa, fisica e non fisica, ha inizio con il pensiero, e più specifici sono i pensieri, maggiore è la loro possibilità di realizzazione.

Nei primi secondi di un'esperienza fuori dal corpo, ciò che pensiamo riveste un'importanza fondamentale per l'esito dell'intera impresa. È normale che il primo pensiero ci lanci in un ambiente o in una situazione non fisici a esso in qualche modo legati.

Scrivere gli obiettivi specifici significa creare una forte impronta sull'inconscio, che viene in seguito perfezionata dal nostro stato non fisico di coscienza. Se vengono usati in maniera adeguata, ci permettono di programmare le nostre avventure extracorporee verso uno specifico obiettivo o risultato. L'importanza di tutto ciò non va sottovalutata, in quanto si tratta del primo passo verso un efficace e consapevole controllo dello stato fuori dal corpo: è questo il motivo di base per cui affermazioni e visualizzazioni sono così efficaci.

## PAURE E LIMITI

Paure e limiti esercitano un incredibile controllo sulla nostra esistenza. Le convinzioni personali, le limitazioni e i timori creano barriere invisibili di ansia che ci circondano, manifestandosi come i limiti che sperimentiamo nella vita quotidiana.

Sono infatti gli ostacoli più grandi che cercano di impedirci di avere successo. Ogni giorno dobbiamo affrontare scelte e decisioni che determinano il corso della nostra esistenza e i risultati che sperimentiamo.

Se analizzate la vita delle persone di successo, potete notare che tutte hanno in comune una caratteristica: per raggiungere le mete che si erano prefissati hanno infatti superato qualunque limite e paura. Pensate per esempio agli attori, ai musicisti, ai conferenzieri che, introversi di carattere, hanno sconfitto il panico del palcoscenico, o ai piloti che hanno paura dell'altezza o ai bambini che temono il buio.

Ogni ansia e paura che ci attanagliano sono un ostacolo personale da superare, una barriera che ci separa dalle nostre mete. La vita stessa può essere considerata una serie di sfide e ostacoli che dobbiamo affrontare e vincere. Il modo in cui reagiamo in ogni occasione determina i risultati personali che raggiungiamo in questa precisa incarnazione.

Tali problemi finiscono per influenzare le esplorazioni fuori dal corpo, manifestandosi come barriere e muri non fisici che restringono la nostra libertà e mobilità.

Avevo esperienze extracorporee ormai da tre anni quando una volta, subito dopo la separazione, mi capitò di sentire un oggetto grosso e pesante che mi opprimeva il petto. Ebbi la percezione di uno specchio ornato da foglie dorate; era così massiccio che mi teneva schiacciato sotto il suo enorme peso. Cominciai a spingere con tutte le forze, cercando più volte di togliermelo di dosso, ma non riuscii nemmeno a spostarlo, e ben presto venni assalito dall'angoscia. Disperato, concentrai l'attenzione, l'energia e la forza in modo da rimuovere quella sorta di macigno, e gridai: «Io ho il potere!». Immediatamente sentii un nuovo impulso di forza, e con estrema facilità sollevai lo specchio e lo lanciai da parte.

In quel momento sperimentai una nuova e potente sensazione di libertà e mobilità: ero leggero come un piuma, in grado di andare ovunque avessi voluto. Per la prima volta in vita mia ero completamente libero e avevo il controllo assoluto; potevo muovermi, percepire e comprendere a velocità accelerata. In qualche modo sapevo che avevo spalancato la porta a nuovi livelli di possibilità e crescita personale.

Ogni paura e limite che sperimentiamo rappresenta un'opportunità di crescita e apprendimento; il fatto stesso di rendercene conto ci è di sostegno tutte le volte che dobbiamo affrontare una nuova sfida.

## CREDENZE

Per quanto possa sembrarvi impossibile, vi assicuro che non serve credere alle esplorazioni fuori dal corpo per poterne vivere una. Milioni di individui sparsi in ogni angolo del mondo hanno riferito di aver vissuto esperienze del tutto spontanee, senza averci creduto in precedenza e spesso senza averne nemmeno sentito parlare. Raymond Moody e altri autori hanno pubblicato numerosi libri in proposito.

Quando ne avevo sentito parlare per la prima volta, una ventina d'anni fa, io stesso non avevo molta fiducia in tali fenomeni: credevo si trattasse di una sorta di truffa, di una condizione mentale provocata dall'uso di stupefacenti o di un sogno estremamente lucido. Spinto dalla curiosità avevo deciso di indagare e confrontare quegli strani resoconti. Ripensandoci adesso, mi rendo conto che crederci non era affatto necessario: è stata infatti la curiosità a stimolare le mie ricerche.

## CONDIZIONAMENTO E INDOTTRINAMENTO FISICI

Sin dalla nascita ognuno di noi riceve il più esteso condizionamento che la società e la cultura possano impartire: ci influenzano per farci accettare l'ipotesi che siamo creature fisiche, mammiferi dotati di mente.

L'indottrinamento fisico è in gran parte dovuto a una singola indiscussa conclusione, tramandata da una generazione all'altra: poiché sperimentiamo e osserviamo noi stessi come esseri fisici, è naturale stabilire che noi siamo i nostri corpi. Basandoci sulle percezioni fisiche, questa è senz'altro una conclusione razionale.

Che altro potremmo essere?

Crescendo ci sentiamo ripetere in continuazione che siamo creature fisiche. Ogni giorno della nostra vita questa convinzione viene rafforzata dalla famiglia, dagli amici, dai mezzi d'informazione e dalla società in generale. Ci vengono tramandati alcuni concetti non fisici, di solito sotto forma di credenze religiose, e con modalità a dir poco ambigue. Secondo la maggior parte delle religioni, possediamo un'anima o uno spirito, qualcosa che corrisponde a una forma invisibile e indescrivibile di energia. Ci viene ordinato di credere a tale misterioso concetto senza fare storie, ma non ci viene offerta alcuna prova in cambio, né fatti né logica. Dobbiamo avere fede, perché le risposte sono nelle mani di Dio. Molte figure religiose di spicco vogliono farci credere che noi non possiamo in alcun modo trovare le risposte ai misteri della nostra esistenza e della vita in generale.

Il risultato ultimo è un massiccio e doppio indottrinamento. Per prima cosa ci viene insegnato che siamo mammiferi con la mente, e poi che siamo creature di Dio, indifese e incapaci di chiarire da soli i nostri stessi quesiti.

Il problema di queste conclusioni è che sono edificate interamente sulla gamma limitata dei nostri sensi fisici. Come qualunque medico può confermarvi, noi vediamo solo una minuscola parte dell'energia che ci circonda. Basare l'intero concetto di realtà sulle percezioni fisiche è una formula destinata a creare conclusioni incomplete, non solo in merito a noi stessi ma anche a proposito di tutto ciò che ci circonda. Un esempio classico è l'antica percezione che la terra fosse al centro dell'universo. Per migliaia di anni gli esseri umani hanno creduto che il sole girasse intorno alla terra. In tempi più recenti ci è stato insegnato che l'atomo è costituito da minuscole particelle che girano in armonia intorno a un nucleo solido e stabile. Oggi, in base alla meccanica dei quanti, questa semplice e ordinata rappresentazione della realtà subatomica è imprecisa e incompleta.

Una delle attuali conclusioni universali che vengono insegnate nelle scuole di tutto il mondo è la supposizione scientifica secondo cui il cervello biologico è all'origine della coscienza, così come ha stabilito da tempo immemore la scienza medica. E invece al giorno d'oggi decine di milioni di esperienze di premorte e fuori dal corpo forniscono la prova lampante che il nostro stato di coscienza continua anche quando siamo separati dal corpo fisico.

Il primo passo per liberarci dal condizionamento fisico consiste nel renderci conto della sua stessa esistenza. D'ora in poi prestate attenzione alle molte supposizioni e conclusioni che riempiono la vostra esistenza, e alle sottigliezze che impregnano la società e la vita quotidiana. Per esempio, provate ad ascoltare le dichiarazioni che si riferiscono a voi e a coloro che vi circondano, definendovi come creature fisiche: i miei capelli, la mia pelle, le sue braccia, le sue gambe... Può sembrarvi banale, ma ogni giorno sentiamo ripetere all'infinito frasi del genere, e tutte quelle che si riferiscono a noi come a un corpo fisico servono a condizionarci e farci mantenere questa visione del nostro sé (nel campo dell'ipnosi tutto ciò è noto come suggestione). È dimostrato che quando le suggestioni vengono ripetute quotidianamente per un certo arco di tempo finiscono per condizionare in maniera estremamente efficace la nostra mente.

Ogni anno milioni di persone vengono spinte dalle suggestioni ipnotiche a modificare le loro consuetudini o modelli di comportamento, spesso in una o due sessioni; da alcuni decenni chi si sottopone al trattamento smette di fumare o cambia le sue abitudini alimentari. Se nel giro di un'ora la mente umana può essere condizionata in modo da abbandonare il vizio del fumo o quello di mangiare in eccesso, provate a immaginare quanto sia potente l'effetto di un'intera vita di condizionamenti sociali.

In effetti, il continuo riferirsi a noi come creature fisiche modella l'immagine che abbiamo di noi stessi, portandoci ad accettare per realtà tale supposizione. Ciò avviene soprattutto quando i moderni rappresentanti della scienza e della medicina ripetono in continuazione quelle stesse affermazioni. Il risultato è chiaro: accettiamo l'immagine di noi stessi in base alla quale siamo davvero creature fisiche.

E questa è senza ombra di dubbio la più grande menzogna che grava sul genere umano. In realtà, il corpo fisico è soltanto un veicolo biologico temporaneo che usiamo per manifestarci in un ambiente denso. Questa è la ragione principale per cui milioni di persone che hanno vissuto esperienze fuori dal corpo o di premorte cambiano profondamente. Esse scoprono (spesso per la prima volta), e quindi non credono o sperano, di essere individui spirituali che solo per il momento dimorano in un mezzo concreto. Si tratta di una comprensione potente e capace di mutare l'intera esistenza, difficile da esprimersi a parole. Immaginate che il concetto che avete di voi stessi venga cambiato in maniera radicale, istantanea e definitiva. Molte persone evitano di discutere esperienze del genere perché vanno oltre gli attuali concetti fisici di realtà.

Io credo che lo scopo delle esperienze di premorte e fuori dal corpo sia quello di permettere a ognuno di noi di dare una sbirciatina alla nostra natura spirituale. Solo sperimentando il nostro sé spirituale e non fisico possiamo sconfiggere l'influenza restrittiva dell'indottrinamento sociale.

Liberandoci dai limiti densi e fisici possiamo conoscere la verità su noi stessi e sul nostro universo.

## Anatomia di un'esperienza fuori dal corpo

Così come alcuni elementi specifici sono spesso presenti nelle esperienze di premorte, allo stesso modo le esplorazioni fuori dal corpo presentano determinate fasi ricorrenti. Qui di seguito potete trovare quelle riferite con maggiore frequenza.

1. *Fase vibratoria.* Le vibrazioni dell'energia fluiscono in tutto il corpo, e di solito sono accompagnate da un forte ronzio o un rumore simile a un boato, oltre che da un intenso formicolio e catalessi (incapacità di muoversi). I suoni e le vibrazioni riportate variano in maniera notevole, passando dai toni più leggeri e piacevoli a quelli più spaventosi e assordanti. Sono segnali interiori, e non eventi fisici come alcuni ritengono: si tratta infatti del riconoscimento consapevole del nostro corpo di frequenza più elevata che si separa da quello fisico, con il quale non è più in sintonia. La coscienza passa così al corpo energetico non fisico.

2. *Fase di separazione.* Quando il corpo di energia sottile si separa dall'organismo fisico, la persona sente con chiarezza che si solleva, fluttua o scivola fuori. Appena la separazione è completa, suoni e vibrazioni diminuiscono.

3. *Fase di esplorazione.* Dopo esserci allontanati dal nostro involucro materiale, esistiamo in maniera indipendente e consapevole, e possiamo esplorare l'ambiente non fisico. Il corpo energetico viene spesso

sperimentato come un duplicato di quello fisico, composto però da una forma di energia dalla frequenza più elevata. A causa della sua struttura sottile, il corpo energetico è estremamente ricettivo nei confronti del pensiero. Possiamo muoverci come vogliamo e senza limiti: camminare, correre, volare, fluttuare. Per proseguire l'esplorazione dobbiamo continuare a focalizzare l'attenzione all'interno del nuovo ambiente e del corpo di energia che stiamo sperimentando.

4. *Fase di rientro*. Il rientro, cioè la reintegrazione del corpo di energia sottile e di quello fisico, si verifica in maniera spontanea semplicemente pensando al corpo fisico. A volte può capitare che il contatto sia accompagnato da vibrazioni, formicolio e catalessi, sensazioni che svaniscono in fretta non appena ci riuniamo e torniamo in sintonia con la nostra parte materiale.

## Quattro passi che portano al successo

Il primo passo verso un'esperienza fuori dal corpo riuscita e sempre sotto controllo consiste nel mantenere la calma dal punto di vista mentale ed emozionale quando si comincia a percepire il minimo spostamento o cambiamento della coscienza. La capacità di restare tranquilli è essenziale per acquisire e mantenere il controllo quando ci si trova fuori. Le sensazioni che si provano all'inizio dell'intero processo possono confondere o intimidire chi non è ancora molto pratico, o magari non è pronto a compiere il viaggio; spesso l'emozione è causata dai fenomeni acustici legati al momento della separazione, che spaventano l'individuo e gli fanno venire in mente il corpo fisico, costringendolo a un brusco rientro nella realtà materiale. Per evitare l'insorgere di tali problemi basta rimanere calmi.

Secondo passo: abituatevi a mantenere automaticamente il controllo. Ogni volta che percepite sensazioni o suoni legati all'esplorazione extracorporea, incoraggiateli subito a diffondersi in tutto il corpo. Per esempio, se avvertite un forte ronzio o un'intensa vibrazione, affrettatevi ad assecondarli; focalizzate l'attenzione su voi stessi che assaporate la vostra nuova e più elevata velocità di vibrazione, e permettete poi mentalmente a suoni e vibrazioni di avvolgervi completamente.

Terzo passo: ordinate a voi stessi di allontanarvi dal vostro corpo fisico. Potete riuscirci facilmente instaurando un dialogo mentale o interiore che vi dirige e mantiene lontani dal corpo materiale. Per esempio: "Sto fluttuando in alto...", "Sto diventando sempre più leggero...", "Adesso mi sto dirigendo in soggiorno, o nel cortile sul retro, o in qualunque altro punto staccato dal mio corpo". Sono efficaci tutte le frasi che vi separano dal vostro veicolo biologico, al quale non dovete mai pensare (anche il minimo accenno casuale può riportarvi indietro!).

Quarto passo: mantenete la concentrazione lontana dal corpo fisico. E il modo migliore per farlo è dimenticarsene, lasciandosi coinvolgere completamente dal nuovo ambiente che state sperimentando il successo e la durata della vostra esperienza fuori dal corpo dipendono soprattutto da come focalizzate l'attenzione.

Tenete sempre a mente che noi siamo potenti esseri non fisici che al momento occupano un veicolo temporaneo di carne e ossa. La capacità di controllare i viaggi extracorporei fa parte del nostro sviluppo personale. Ogni esplorazione è un'affascinante avventura: in realtà non facciamo altro che esplorare e riscoprire la nostra vera identità, e la nostra casa.

## Riconoscere lo stato vibratorio e reagire

I suoni e le vibrazioni interiori, che io definisco stato vibratorio, indicano spesso l'approssimarsi di un'esperienza non fisica. Le vibrazioni iniziano in genere all'attaccatura del collo e si diffondono poi rapidamente in tutto il corpo, accompagnate da un senso di intorpidimento e da un forte ronzio.

Secondo uno studio a livello nazionale condotto nel 1979 dal dottor Stuart Twemlow, il 55% dei 339 intervistati ha dichiarato di aver percepito un "senso di energia" durante l'esperienza fuori dal corpo; il 50% è stato scosso da forti vibrazioni; il 38% ha sentito forti rumori nelle fasi iniziali del viaggio (nel 29% dei casi era un ronzio, nel 19% una sorta di tuono, nel 16% un canto).

Agli inizi è utile prendere nota di qualunque segnale interiore vi capiti di sperimentare durante il sonno, mentre sognate o durante lo stato di veglia. Prestate particolare attenzione alle vibrazioni e ai suoni insoliti, anche se appena accennati: molte persone provano sensazioni del genere ma le considerano semplici sogni o strani e inspiegabili fenomeni.

Dalla vostra capacità di riconoscere e reagire a tali manifestazioni dipende la riuscita o meno del processo di distacco. Alcuni individui vengono colti di sorpresa e pensano al loro corpo fisico, nel quale finiscono così per rientrare subito.

La vostra reazione positiva vi permette di approfittare di ogni opportunità per separarvi dal veicolo biologico e sperimentare l'avventura suprema. Maggiore è la conoscenza in merito e la preparazione che avete raggiunto, più elevata è la percentuale di successo. Riconoscere lo stato vibratorio e reagire è una fase importante della preparazione. Qui di seguito potete trovare un elenco che vi permetterà di identificare i segnali interiori che caratterizzano la fase iniziale di un'esperienza fuori dal corpo.

- Ronzio, mormorio o rombo.
- Insolito formicolio o sensazioni legate all'energia.
- Voci, risate e il proprio nome chiamato a gran voce
- Pesantezza o senso di affondare.
- Torpore o paralisi in qualche parte del corpo.
- Mancanza di peso o leggerezza diffusa.
- Qualunque vibrazione interiore fuori dalla norma.
- Senso di energia simile all'elettricità.
- Rumore di passi o altri rumori che indicano la presenza di una persona.
- Ondeggiamento interiore, rotazione o movimento di qualunque tipo.

- Le braccia o le gambe si alzano mentre dormite. Flusso di energia che fluisce attraverso il corpo. Qualunque rumore fuori dalla norma, che può ricordare il vento, un motore, musica, campane...

Varie teorie cercano di spiegare la causa e la natura delle vibrazioni associate alle esperienze fuori dal corpo. Basandomi sulla mia esperienza io credo che le vibrazioni siano la conseguenza diretta del distacco che si verifica quando il corpo non fisico dalla frequenza più elevata si separa da quello fisico, uscendo di sintonia. Sono giunto a questa conclusione perché l'intensità delle vibrazioni diminuisce subito dopo la separazione stessa. Il modo in cui reagiamo alle vibrazioni iniziali determina spesso l'efficacia con cui ci separiamo dal corpo fisico. Eccovi alcune utili indicazioni per reagire allo stato vibratorio.

1. Rimanete calmi. Le vibrazioni, i suoni, il formicolio e la catalessi sono episodi normali.

2. Assecondate e incoraggiate le vibrazioni, permettendo loro di diffondersi all'interno del vostro corpo. Non muovetevi, e non pensate al corpo materiale: basta il minimo movimento per interrompere il processo vibratorio.

3. Mentre permettete alle vibrazioni di espandersi, visualizzate voi stessi mentre vi allontanate dal corpo fisico dirigendovi in un altro punto della casa. Potete aumentare l'efficacia della visualizzazione ripetendo mentalmente le istruzioni: "Adesso vado vicino alla porta... (o un punto qualsiasi lontano dal vostro veicolo biologico)".

4. Appena la separazione è completa, le vibrazioni diminuiscono. Giunti a questo punto è molto importante concentrarsi e distogliere in tutti i modi l'attenzione dal corpo fisico.

Ho scoperto che essere informato sullo stato vibratorio, riconoscerlo e reagire a esso in maniera positiva è una delle chiavi per controllare le esplorazioni fuori dal corpo. Durante il primo anno delle mie avventure ero spesso confuso e a volte addirittura spaventato dall'intensità di tale stato. Ripensandoci, mi rendo conto di aver imparato nel modo più difficile e oneroso: negli anni Settanta le informazioni su questo argomento erano scarse, e il poco materiale disponibile non citava affatto rumori e tremori.

Dopo aver più volte sperimentato vibrazioni e ronzii mentre dormivo, sognavo ed eseguivo gli esercizi per dare inizio ai viaggi extracorporei, mi sono reso conto che quegli strani tremori non erano che il preludio all'esperienza vera e propria, e mi facevano capire che ero pronto a separarmi dal corpo. Solo dopo numerose esperienze cominciai ad apprezzarli, aspettandoli addirittura con ansia. Il mio atteggiamento ha influenzato la mia capacità di iniziare a controllare le uscite dal corpo. Non appena l'ansia svanì per lasciare il posto all'aspettativa, le mie capacità personali aumentarono, finché lo stato vibratorio non divenne un caro amico che mi annunciava l'inizio di un'eccitante escursione.

Dopo più di un anno di lotte, mi sentivo finalmente a mio agio con l'intero procedimento: da quel momento in poi, ogni volta che percepivo un suono interiore, un tremore, una voce o una forma di energia, mi affrettavo a incoraggiarli affinché invadessero il mio organismo. A quel punto visualizzavo me stesso mentre mi allontanavo dal corpo fisico, dirigendomi verso la porta della stanza.

La combinazione si rivelò incredibilmente efficace. Cominciai a riconoscere le vibrazioni e i suoni durante il sonno, i sogni e la meditazione; la loro intensità variava: a volte erano appena percepibili, altre invece sembravano sopraffarmi. Scoprii che se erano delicati potevo concentrarmi in modo da intensificarli e diffonderli in tutto il corpo. Ricordo un particolare episodio, quando mi svegliai nel cuore della notte a causa di un leggero tremore sulla parte posteriore del collo. Chiusi gli occhi, del tutto rilassato, e mi concentrai sulla vibrazione stessa, incoraggiandola a diffondersi in ogni angolo del mio organismo. Il tremito sembrò scendere giù lungo la spina dorsale, ampliandosi poi verso l'esterno, avvolgendomi il torace e gli arti. Ebbi l'impressione che fossero trascorsi alcuni minuti, le vibrazioni raggiunsero il massimo sviluppo e io ordinai a me stesso di uscire dal corpo, visualizzandomi mentre mi dirigevo verso la porta della stanza. Nel giro di pochi secondi ero in piedi accanto all'uscio, pronto a esplorare.

Questo processo è naturale e piacevole, basta solo abituarsi. La comprensione e il controllo del fenomeno permettono di approfittare di ogni minima opportunità per uscire fuori dal corpo. Ricordatevi sempre che le sensazioni e i suoni dello stato vibratorio sono un importante punto di riferimento che può aiutarvi a estendere la vostra capacità di sperimentare e controllare le esplorazioni extracorporee.

## Lo stato ipnagogico

Ogni giorno noi sperimentiamo un livello di coscienza simile a una sorta di condizione intermedia tra il sonno e la veglia completa, una fase transitoria definita stato ipnagogico che sperimentiamo in genere appena prima di addormentarci ed è un sogno breve ma vivido.

Simile all'ipnosi, è una fase molto creativa durante la quale la capacità immaginativa mentale è chiara e presente, come un film in movimento nella nostra mente. Quando ci troviamo in questo stato siamo in grado di esercitare un certo controllo e possiamo usare la nostra capacità di formulare immagini per scopi specifici. Per molte persone si tratta di un valido punto d'avvio che permette loro di iniziare le esperienze fuori dal corpo.

Artisti e inventori sono ricorsi allo stato ipnagogico per approfondire il loro lavoro. Thomas Edison, per esempio, era noto per i numerosi sonnellini che si concedeva nell'arco della giornata. Aveva sviluppato una tecnica speciale per mantenere tale stato mentre lavorava alle sue numerose invenzioni: entrava nel giusto stato mentale con la meditazione e il rilassamento, standosene seduto sulla poltrona preferita. Per controllare questa condizione delicata tra il sonno e la veglia, Edison teneva alcune biglie nella mano chiusa, con il palmo rivolto verso il basso e appoggiato al bracciolo. Sistemava poi un recipiente di metallo proprio sotto la mano: ogni volta che si addormentava la mano si apriva, le biglie cadevano e il rumore provocato dall'impatto sul metallo lo svegliava. Pare che ripetesse più volte questa tecnica, fino a quando non riceveva l'ispirazione o le informazioni di cui aveva bisogno.

Essendo molto simile all'ipnosi profonda, lo stato ipnagogico può essere usato con grande efficacia per programmarci a vivere un'esperienza fuori dal corpo, immediata o più lontana nel tempo. A partire da oggi, quando vi addormentate e svegliate provate a notare il momento di transizione che superate ogni sera. Per molte persone ciò è evidente soprattutto negli ultimi istanti di veglia, mentre scivolano nel sonno. Le tecniche qui di seguito indicate possono essere usate sia prima di addormentarsi sia al risveglio.

Cominciate a riconoscere subito in maniera consapevole tale condizione, prima di addormentarvi; per aumentare la consapevolezza potete ricorrere a un'affermazione, espressa verbalmente o messa per iscritto: "Io rimango consapevole mentre scivolo nel sonno".

Addormentatevi focalizzando la vostra completa attenzione sulle immagini mentali che sembrano fluire nella vostra mente.

Organizzate in maniera consapevole e controllate le immagini mentali che cambiano nella vostra mente. Visualizzate voi stessi mentre fluttuate e uscite dal corpo: potreste vedere una mongolfiera piena d'aria calda, un aeroplano o un ascensore che sale, o magari voi stessi che avete assunto le sembianze di una nuvola galleggiante. Qualunque immagine vi rechi conforto e sia facile da creare potrà funzionare. Lasciatevi andare e fluite con le sensazioni e le immagini nella vostra mente; divertitevi con le visualizzazioni e lasciate libero sfogo all'immaginazione.

Rimanete focalizzati sulle immagini interiori e continuate a ripetere: "Adesso sono fuori dal corpo". Il risultato di questa tecnica è identico ad altri metodi per uscire fuori dal corpo: potete addormentarvi, risvegliandovi nello stato vibratorio oppure mentre fluttuate sopra al vostro corpo fisico. Basta solo restare calmi e tranquilli, distogliendo completamente l'attenzione dall'involucro fisico.

A prima vista questo sistema può apparire complesso, ma in pratica si tratta di rimanere svegli il più possibile mentre si scivola nel sonno. La capacità naturale di riconoscere e dirigere la nostra coscienza è limitata solo dai preconcetti. Molti di noi non hanno mai cercato di estendere la propria consapevolezza oltre lo stato di veglia cosciente, e si limitano ad arrendersi al sonno, perdendo pian piano la consapevolezza. Spero che da oggi in poi vediate l'intero processo di "addormentarsi" sotto una luce diversa. Sperimentate lo stato ipnagogico, e scoprirete che è senz'altro meglio focalizzare l'attenzione invece di permettere alla mente di scivolare via. Inoltre, se prestate attenzione alle immagini che vedete, potete acquisire alcune nuove e interessanti percezioni su voi stessi, le vostre motivazioni, le passioni e le paure che vi animano, e le capacità di cui disponete. Se lo riconoscete e lo usate nella maniera giusta, lo stato ipnagogico può essere un valido strumento creativo che vi permette di ampliare le percezioni al di là dei limiti fisici. Così come Edison usava questa condizione per ottenere l'ispirazione necessaria alle sue invenzioni, allo stesso modo noi possiamo ricorrervi per allargare la nostra consapevolezza.

La seguente visualizzazione può essere efficace sia per i singoli individui sia per i gruppi; nei miei corsi la uso spesso per rilassare e preparare prima della tecnica fuori dal corpo.

## TECNICA DI PREPARAZIONE

Respirate più volte a fondo e rilassatevi completamente. Chiudete gli occhi e visualizzate la sommità della testa che si apre per lasciar entrare un fascio di energia liquida bianca e luminosa. Il liquido è caldo e piacevole mentre scende, passando lentamente oltre la fronte, gli occhi, la bocca.

Rilassatevi e sentite ogni tensione che si allenta nell'energia calda e luminosa. Sentite il liquido che assorbe tensioni e paure, e scende con estrema lentezza giù per la gola. Sentite il calore che fluisce nel cuore, si diffonde in ogni angolo del corpo, e vi scorre lungo la schiena. Sentitelo mentre assorbe tensione, dolore, paure e limiti, e arriva a colmarvi braccia e gambe. Sentite l'intero organismo colmo di questa splendida energia liquida bianca, che irrora ogni cellula, tessuto, organo e muscolo.

Adesso sentite il liquido che diventa ancora più caldo; sentitelo vibrare e trasformarsi in una spugna, una sorta di calamita liquida che attira e assorbe le vostre vibrazioni negative, la paura e la rabbia, e qualunque forma di attaccamento al corpo materiale. Percepite con la massima intensità tutte le paure, le ansie, i limiti e la rabbia che vengono assorbiti da questa energia liquida vibrante e calda. Sentitela scorrere e chiamare a sé le energie negative del corpo, delle emozioni e della mente. Percepitela a ogni livello del vostro essere.

Vedete e sentite il liquido caldo e luminoso che comincia a diventare scuro mentre assorbe tutte le vibrazioni negative. Sentite ogni cellula, tessuto, organo e sistema energetico del vostro corpo che lascia andare le sue impurità, le programmazioni negative, i limiti e i timori.

Percepite tutte le vibrazioni negative che se ne vanno e lasciano andare la loro energia nel liquido caldo che scorre in voi. Sentite tutto ciò a ogni livello del vostro essere, e percepite le barriere emozionali che si sgretolano. Sentite l'attaccamento all'ego e al vostro corpo che comincia a lasciarsi andare alla calda energia liquida.

Le vostre energie negative vengono immesse nel liquido caldo che diventa sempre più scuro; sentite attirare dal corpo le vostre impurità, le emozioni, la mente. Percepite tutte le scorie che vengono lasciate andare nel liquido.

Adesso visualizzate alcune valvole alla base dei calcagni e sul palmo delle mani; apritele lentamente e lasciate che il liquido caldo e scuro fluisca fuori dal vostro organismo.

Sentite tutte le emozioni negative, le paure e i limiti, che fuoriescono dal vostro corpo. Vedete e sentite con la massima intensità le emozioni e le vibrazioni negative che abbandonano il vostro organismo. Percepite ogni singola parte del vostro essere interiore che diventa sempre più chiara mentre le energie e i pensieri negativi fluiscono via dal vostro corpo. Con la maggior chiarezza possibile sentite e vedete le paure, i limiti e le energie negative che abbandonano il corpo fisico, quello emozionale e anche l'intellettuale. Sentite tutte le energie negative che scorrono via dai calcagni e dalle mani.

Vedete con estrema chiarezza tutte le ansie, i limiti e le forme di attaccamento che fluiscono via.

Sentite com'è bello essere purificati dalle proprie energie negative. Prima d'ora non avete mai avuto una pulizia interiore completa: vi sentite freschi e puri, leggeri come piume e liberi dai pensieri e dai limiti densi e negativi che vi tengono legati alla materia.

Dentro di voi riconoscete che tutte le vostre energie negative sono uscite per sempre dal corpo fisico, emozionale e intellettuale. Sentite il potere purissimo di questa pulizia mentre il corpo e la mente sono caricati di energia e completamente purificati da qualunque programmazione negativa, limiti e paure.

Sappiate con assoluta certezza che tutte le vostre energie negative sono state spazzate via per sempre.

Nel profondo del vostro essere percepite la velocità della vibrazione che aumenta, e vi sentite leggeri. Apprezzate la gioia che provate sperimentando questa nuova e più elevata vibrazione. Rilassatevi e assaporate le vostre vibrazioni supreme mentre diventate sempre più leggeri. Sentitevi leggeri come una piuma e fluttuate senza sforzo, lievi come una nuvola, mentre vi allontanate dal corpo.

## Separazione

Gran parte dell'attuale documentazione sulle esperienze fuori dal corpo indica che ci alziamo o fluttuiamo automaticamente fuori dal corpo, come se si trattasse di una sorta di magia. In base alla mia esperienza e alle informazioni raccolte tra più di duecento persone, ritengo che questa percezione sia imprecisa. Accade spesso che si entri nello stato vibratorio senza separarsi dal corpo; a volte succede anche ai viaggiatori più esperti. Non è chiaro il motivo per cui durante la fase vibratoria ci si può separare o meno dal corpo fisico. Potrebbero esserci varie ragioni: l'energia o la dipendenza psicologica al mondo fisico; paure; mancanza di sintonia nelle vibrazioni, o semplicemente mancanza di informazioni su come reagire (secondo me quest'ultimo motivo è il più diffuso).

Ci sono molti modi per risolvere il problema. Prima di tutto, focalizzate e mantenete i pensieri e l'immaginazione sulla sensazione di allontanarvi dal corpo fisico. Visualizzate voi stessi, oppure ordinatevi di muovervi. Se è necessario potete poi chiedere di staccarvi completamente, dicendo per esempio: "Adesso vado verso la porta". E infine, se questi due accorgimenti dovessero fallire potete semplicemente chiedere assistenza: "Chiedo aiuto per lasciare il mio corpo". Formulando questa richiesta dovete essere completamente aperti e disposti a ricevere. La separazione e lo stato vibratorio hanno un'importanza fondamentale e meritano una maggiore enfasi di quella solitamente riservata loro da parapsicologi e scrittori: sono due argomenti che non possono affatto essere trascurati.

## Metodi di separazione

1. *Fluttuare*. Poiché il corpo di energia interiore è privo di peso, almeno secondo il metro di valutazione fisico, è facile fluttuare via dal proprio corpo materiale: è il metodo di separazione più usato. Basta concentrarsi sulla sensazione di fluttuare e permettere a se stessi di sollevarsi.

2. *Alzarsi a sedere e uscire*. Questa tecnica è simile alla precedente, a parte il fatto che ci si alza a sedere prima di allontanarsi dal corpo fisico, ed è quella a cui sono ricorso nei primi dieci anni in cui ho viaggiato fuori dal corpo: così vicina al mondo concreto, è più facile da gestire rispetto alla fluttuazione. La separazione di questo tipo viene spesso annunciata dallo stato vibratorio. Io credo che la lentezza con cui ci ritiriamo dal corpo fisico con questo metodo provochi i suoni e le vibrazioni spesso riportati.

3. *Girarsi di lato*. È un sistema molto efficace. Dopo aver riconosciuto la fase vibratoria, è sufficiente girarsi su un lato. Può sembrare stra-

no, ma in realtà è divertente. Alcune persone mi hanno raccontato di essere rotolate giù dal letto fisico, e sono finite ridendo sul pavimento. Sono in molti a scegliere questo metodo: nel suo libro *Far Journeys* Robert Monroe dichiara di usarlo quando si separa dal corpo di energia fisica e passa a quello di energia di secondo livello.

4. *Richiedere la separazione*. Quando entrate nello stato vibratorio, chiedete semplicemente di separarvi: "Io mi separo adesso" o "Io passo nella stanza vicina". È efficace qualunque richiesta decisa che vi permetta di allontanarvi dal corpo fisico. Come nel caso di tutte le domande non fisiche, ricordatevi di esigere un'azione immediata e di distogliere l'attenzione dal corpo fisico: qualunque parola o pensiero in proposito vi farebbero rientrare subito.

5. *Tiratevi fuori*. Potete riuscirci allungando il braccio non fisico e afferrando un grosso oggetto: a questo punto dovete letteralmente tirare fuori il resto del vostro sé energetico dal corpo fisico. Questo metodo può rivelarsi interessante perché vi permette di imparare in fretta che il corpo di energia interiore non ha gli stessi limiti, di quello fisico, e riesce a conformarsi ai pensieri. L'ho scoperto per caso una decina di anni fa, quando sono iniziate le vibrazioni mentre dormivo in un letto a baldacchino: allungai davanti a me il braccio energetico e decisi di tentare un esperimento, cercando di afferrare il drappo sovrastante. Con mia grande sorpresa ci riuscii, perché il braccio si estese per più di un metro e mezzo! A quel punto tirai fuori il resto del corpo non fisico. Dopo essermi alzato in piedi mi fissai la mano, e vidi che era tornata alle dimensioni normali. Fu allora che mi resi conto che le dimensioni e la forma del mio arto dipendevano dai miei pensieri; comprendere ciò è importante perché ci permette di ampliare le nostre capacità in vari modi creativi.

6. *Metodo diretto*. Grazie a questa tecnica chiamata proiezione diretta o istantanea, più avanzata di altre, ci si ritrova del tutto coscienti in un ambiente completamente nuovo. Per chi non è preparato il brusco passaggio dal proprio letto a un luogo diverso, in cui si può fluttuare o

stare in piedi, può essere motivo di confusione. In genere non si percepisce alcun senso di movimento, solo l'improvvisa realizzazione di risveglio in un posto o in un ambiente nuovo. Questo tipo di separazione viene spesso riportato durante le conversioni dai sogni, ed è il metodo preferito da molti viaggiatori esperti.

7. *Richiesta di assistenza.* A volte, per motivi sconosciuti, la separazione può rivelarsi difficile. Molti anni fa mi trovai in una situazione critica: già nello stato vibratorio e pronto a uscire, avevo la sensazione che il mio corpo energetico fosse pesante e ancora attaccato. Disperato, allungai un braccio e chiesi aiuto ad alta voce. Nel giro di pochi secondi sentii una mano che mi afferrava tirandomi fuori dal corpo; era una sensazione incredibilmente solida e reale. Appena lasciato il corpo fisico mi guardai intorno, ma non vidi nessuno.

Molti partecipanti ai miei seminari mi hanno raccontato storie simili, e questo mi porta a credere che ogni volta che noi viviamo in maniera consapevole un'esplorazione fuori dal corpo, abbiamo accanto qualcuno che osserva i nostri progressi: può trattarsi di una guida, un amico o una persona cara, pronta ad aiutarci in caso di bisogno. Sono certo che l'aiuto è disponibile per tutti in qualunque momento, dobbiamo solo chiederlo.

Senza una precisa richiesta, le guide non possono intervenire nelle esperienze che determinano il nostro sviluppo; io ritengo che non si rendano visibili perché sanno che il fatto di vederle influirebbe sul nostro progresso naturale.

Ripensandoci, mi sarebbe piaciuto chiedere aiuto con maggiore frequenza: con ogni probabilità mi sarei evoluto più in fretta, e soprattutto per me sarebbe stato un vero piacere sapere che non ero da solo durante le esplorazioni.

Avere la certezza di poter essere aiutati in qualunque momento suscita un forte senso di conforto e sicurezza, e aiuta a superare i timori e le ansie che ci assalgono quando esploriamo un nuovo ambiente.

## Azione

Prendete ora in considerazione la vostra esistenza: indugiare vi è mai servito a raggiungere una meta o un obiettivo? Evitare di agire vi ha portato al successo o allo sviluppo personale?

Siamo tutti schiavi dell'abitudine: ripetiamo gli stessi pensieri e azioni perché ci sono familiari, non rappresentano una sfida e li reputiamo sicuri. In pratica, ci limitiamo a seguire il nostro sentiero individuale che oppone la minima resistenza. Per molti la tendenza a rimanere uguali è diventata un elemento fondamentale delle nostre abitudini e della nostra stessa esistenza.

Consideriamo infatti qualunque cambiamento come un'esperienza negativa avvolta dal sospetto e vista come una minaccia al nostro sistema di credenze e pensieri ormai ben definiti. Il risultato finale è spesso la continuazione dell'abitudine personale all'inattività.

Dobbiamo chiedere a noi stessi se siamo davvero felici di vivere sino alla fine dei nostri giorni seguendo gli stessi modelli comportamentali. Voi siete contenti di accettare ciecamente, senza mai verificare, le idee e le convinzioni che dominano la società? Siete soddisfatti di accettare le credenze, la speranza e la fede al posto dell'esperienza personale e della conoscenza?

Provate a chiedervi in che cosa credereste se foste nati in Iran o in Iraq: quali sarebbero le vostre convinzioni sociali e religiose? Per quali credenze sareste disposti a morire?

Se volete trovare le risposte ai misteri della vostra vita, questo è il momento di agire, e l'esplorazione fuori dal corpo può aiutarvi nella ricerca.

CAPITOLO 6

# Tecniche di esplorazione

Il genio è poco più della facoltà di percepire in maniera diversa dal solito.

William James

Al giorno d'oggi milioni di persone hanno riscoperto le numerose tecniche usate per eseguire le esplorazioni fuori dal corpo. Nella storia del genere umano, gruppi religiosi e ordini mistici hanno sviluppato un proprio metodo personale per avventurarsi oltre i limiti della materia. Gran parte di queste gemme di saggezza sono rimaste avvolte nel mistero per migliaia di anni, imprigionate nella trappola dei rituali religiosi. Per esempio, il Libro tibetano dei morti fornisce la guida e la preparazione relative a un antico sistema per uscire dal corpo, ma poiché tale procedura faceva parte di lunghe cerimonie che duravano giorni interi, questa forma di conoscenza è rimasta celata per secoli.

Per rendere più comprensibili i procedimenti di cui io stesso ho verificato l'efficacia, ho deciso di suddividerli in cinque categorie: visualizzazioni – conversione dai sogni – affermazioni – ipnosi – suoni.

Le visualizzazioni sono presentate per prime perché sono un concetto ormai noto: molte persone hanno potuto constatare che si tratta di una maniera naturale di iniziare la prima esplorazione extracorporea. Dopo aver scelto un metodo, ripetetelo ogni giorno per almeno un mese. Il vostro impegno, il desiderio che vi anima e lo sforzo impresso determineranno il risultato.

Ricordatevi sempre di mantenere un atteggiamento sereno: divertitevi nella fase preparatoria, e assaporate poi il piacere dell'esplorazione.

## Scegliete la vostra tecnica

Si tratta di una delle decisioni più importanti per chi vuole imbarcarsi in un'impresa del genere. Scegliete la tecnica che meglio si adatta alle vostre attitudini personali: se riuscite a creare immagini mentali con grande facilità, optate per la visualizzazione.

Se invece non possedete tale capacità, vi conviene tentare con le affermazioni. Sappiate comunque che la tecnica dell'obiettivo (una forma di visualizzazione) si è rivelata efficace per molte persone che lamentano di non saper dare vita alle rappresentazioni mentali. Io credo che ciò dipenda dalla cosiddetta "entrata" fisica, che può essere ripetuta finché non comincia ad apparire l'immagine interiore. Per molti risulta più facile "vedere" un oggetto o un luogo all'interno della casa, e non all'esterno.

Non sottovalutate le vostre capacità: se possedete la giusta disponibilità e apertura mentale, avrete comunque successo. Durante i miei seminari molta gente si è lamentata di non riuscire affatto a visualizzare; in seguito ho scoperto che se richiedevano a livello verbale tale capacità e iniziavano a esercitarsi con una disposizione d'animo positiva, in breve tempo i loro risultati miglioravano. Scegliete la vostra tecnica, e siate poi flessibili e pazienti.

## Visualizzazione

Usare la capacità creativa per visualizzare è uno dei metodi più semplici e validi, e si basa sul potere di creare nella propria mente l'immagine di un oggetto o di un luogo. Tutti noi lo facciamo ogni giorno in migliaia di modi diversi, pensando al luogo di vacanza preferito, a un'automobile, una casa o una persona. E appena riconosciamo che si tratta di una facoltà naturale, riusciamo a farvi ricorso con estrema disinvoltura.

Potete verificare quanto siano semplici le visualizzazioni provando il seguente esperimento.

Chiudete gli occhi e immaginate la località che preferite; scegliete un luogo che avete già visitato e che conoscete bene. Rilassatevi e iniziate a visualizzare l'intera zona con la massima chiarezza possibile. Vedete gli alberi. le bellezze naturali, gli edifici, le persone, tutti i minimi dettagli che vi ricordano le vacanze.

Cercate di rimanere coinvolti il più possibile nella scena, provando con grande intensità le sensazioni legate a quel luogo. Se lo ritenete necessario, potete aggiungere altra gente, colori e suoni.

Adesso procedete, visualizzando voi stessi che entrate in questo paradiso. Vedete e sentite con chiarezza voi stessi in un posto specifico, immaginando tutte le emozioni a esso legate. Iniziate a interagire con gli altri esseri umani e con l'ambiente.

Usate il più possibile i sensi fisici: immergetevi nei suoni, nelle visioni e nelle sensazioni. Concedetevi tutto il tempo necessario, e assaporate l'esperienza.

Se riuscite a rilassarvi e scegliete un ambiente, una persona o un oggetto piacevoli su cui concentrarvi, le tecniche di visualizzazione vi risultano facili e piacevoli. Tutto ciò su cui focalizzate la vostra attenzione deve essere realmente fisico.

La chiave del successo sta infatti nell'immergersi mentalmente in un vero e proprio ambiente materiale. Più concentrate la vostra attenzione, maggiore sarà la riuscita dell'esperienza.

## IMMAGINAZIONE

> La vostra immaginazione è una sorta di anteprima delle attrazioni che la vita ha in serbo per voi.
>
> Albert Einstein

La nostra capacità naturale di usare l'immaginazione è uno degli strumenti più potenti che abbiamo a disposizione per effettuare le esplorazioni fuori dal corpo. Se usata in maniera creativa, può infatti aiutarci a raggiungere qualunque obiettivo ci siamo prefissati. Basta dare un'occhiata in giro per averne la prova tangibile: se guardiamo i nostri beni materiali scopriamo che le cose che possediamo (l'auto, la casa, i mobili, lo stereo, il televisore e perfino i rapporti interpersonali) sono state prima immaginate nella nostra mente. Se vi trovate davanti a una casa in costruzione, per esempio, pensate a quante immaginazioni sono state all'opera per creare tale struttura. Hanno iniziato alcune persone a sognare una casa per sé, e poi hanno condiviso con altri l'idea; in seguito è stato chiamato un architetto che ha messo su carta i suoi concetti, e un carpentiere ha immaginato la costruzione dell'edificio. La collaborazione di numerose immaginazioni e pensieri dà vita a un'idea, a un piano e infine a una casa fisica. Naturalmente, noi diamo tutto ciò per scontato, vedendo solo i risultati fisici di quel lavoro collettivo.

Appena esploriamo l'interno non fisico dell'universo avviene un fatto spettacolare: cominciamo a renderci conto che l'immaginazione e i pensieri hanno un impatto molto potente sulle frequenze più elevate delle dimensioni interiori. Siamo consapevoli che l'immaginazione è una poderosa forza creativa che plasma l'energia invisibile che ci circonda.

Quando ci troviamo fuori dal corpo i pensieri e l'immaginazione creano l'ambiente energetico con incredibile velocità e precisione, costruendo letteralmente la substruttura energetica invisibile della nostra esistenza fisica esteriore.

Vivendo nel mondo fisico vediamo solo una minuscola frazione della realtà, e possiamo osservare i risultati densi di ciò che pensiamo e dei gesti che facciamo. Spesso non riconosciamo il loro potere perché ogni giorno siamo costretti a concentrarci sulla sopravvivenza e l'acquisizione dei beni materiali. Molti giudicano l'arco di tempo che separa il concetto mentale dal risultato fisico una via lunga e dolorosa, e non riescono a capire che essi stessi hanno formato i modelli e le strutture di energia sottile che hanno infine manifestato nell'ambito del loro ambiente fisico.

Anche se non ce ne rendiamo conto, l'immaginazione sta modellando l'energia sottile che ci circonda. Con ogni singolo pensiero stiamo creando il nostro futuro: è per questo motivo che la visualizzazione creativa e l'abitudine a pensare in positivo sono tanto efficaci. Più intensa è la concentrazione che applichiamo, maggiore è la velocità con cui otteniamo i risultati.

Non mi stancherò mai di ripetere quanto sia importante l'intero processo creativo per la nostra esistenza: non si tratta di una credenza ipotetica o di una teoria, ma di una reazione energetica verificabile che avviene continuamente intorno a noi. Ognuno può verificare ricorrendo alle tecniche qui presentate. Questo tipo di reazione energetica è costantemente al lavoro, impegnata a modellare l'energia sottile che ci circonda. Per esempio, un'accurata consultazione psichica è dovuta alla capacità del sensitivo di percepire le forme di energia invisibile che gravitano intorno al soggetto in questione.

Questo processo non è quindi un fatto strano o un'esperienza mistica come credono alcuni, ma il semplice riconoscimento delle forme di energia più elevate che accompagnano una persona. L'intero fenomeno della percezione extrasensoriale è in realtà un processo naturale che coinvolge gli individui sensibili alle forme e alle energie-pensiero non fisiche.

Mentre ci evolviamo, la facoltà di riconoscere tali reazioni energetiche diventa sempre più importante. La capacità innata di strutturare il nostro ambiente energetico e la nostra stessa vita ci fa superare gli istinti animali e ci conduce nel regno della creatività e della responsabilità personale. Il risultato finale è che ognuno di noi diventa l'artista creatore della sua stessa esistenza. Ogni pensiero focalizzato e immagine mentale diventano il modello creativo della nostra realtà. A questo punto possiamo iniziare a costruire in maniera consapevole la realtà che vorremmo sperimentare usando le forme di pensiero che visualizziamo e manteniamo nella mente. Invece di essere la conseguenza debole e inerme dell'ambiente, ci assumiamo la responsabilità della nostra vita e del nostro destino: ci rendiamo conto che la capacità di creare è limitata solo da quella di immaginare.

Uno dei vantaggi del metodo legato alla visualizzazione è dato dall'ampia gamma di possibilità che genera. Poiché non ci sono limitazioni, sentitevi liberi di sviluppare e utilizzare una vostra tecnica personale: qualunque cosa tenga desto l'interesse e distolga l'attenzione dal corpo fisico può essere efficace. Molte persone ottengono ottimi risultati visualizzando al momento di addormentarsi il proprio miglior amico, l'amante o un luogo particolarmente caro. Conosco un imbianchino che provoca le esperienze fuori dal corpo immaginando se stesso mentre sale una scala e pittura la sua casa. Secondo lui il trucco consiste nel vedersi in un preciso punto fisico subito prima di abbandonarsi al sonno. Con la maggior dovizia di dettagli possibile egli "sente" la sensazione che prova salendo una scala che lo porta sul tetto; percepisce la presa e la struttura della scala stessa, e la sente addirittura tremare leggermente. Si vede poi intento a pitturare, osservando numerosi particolari.

Così come accade in tutti gli esercizi di visualizzazione, l'intero processo risulta più efficace se ci immergiamo nelle sensazioni e nei suoni legati a una precisa attività fisica.

## VISUALIZZAZIONE SEMPLIFICATA

Per compiere un'esplorazione fuori dal corpo occorre focalizzare e mantenere l'attenzione al di fuori del proprio veicolo biologico mentre ci si addormenta. E uno dei modi più facili per riuscirci consiste nel concentrarsi su un essere umano, un luogo o un oggetto posti a una certa distanza.

Può trattarsi di una persona cara da cui siete stati separati, una località che amate o un dono che ha per voi un significato particolare. Qualunque cosa abbiate scelto, deve essere un oggetto fisico che conoscete (e non un individuo o un luogo immaginari), e che potete visualizzare con facilità, grazie anche al legame affettivo che ha con voi.

Molte persone preferiscono vedere un proprio caro. Immaginate quel particolare soggetto con la massima intensità possibile; essere emotivamente coinvolti è utile, quindi prendete in considerazione qualcuno a cui volete bene. Lasciatevi avvolgere dalla sua presenza, sentitevi in sua compagnia, arrivando, se ci riuscite, a interagire in qualche modo (serve a mantenere la concentrazione).

Continuate il più a lungo possibile, permettendo al corpo fisico di rilassarsi e di addormentarsi. È importante mantenere fissa nella mente un'immagine di quella persona nel momento preciso in cui vi assopite, per ampliare al massimo la connessione emozionale e visiva.

Vi suggerisco di mettere in pratica questa tecnica la sera prima di andare a dormire. Ricordatevi sempre che maggiore è il vostro coinvolgimento emotivo, più grande è l'efficacia del metodo stesso. Ora divertitevi, e date libero sfogo all'immaginazione.

## LA TECNICA DELL'OBIETTIVO

La capacità di concentrarvi e distogliere l'attenzione dal corpo fisico risulta ampliata se vi focalizzate su un oggetto o un luogo precisi. Questa tecnica è un eccellente esercizio che vi aiuta a sviluppare tale capacità.

Scegliete tre obiettivi all'interno della vostra casa, possibilmente in una stanza diversa da quella in cui vi esercitate; devono essere oggetti fisici che potete visualizzare facilmente.

Il primo obiettivo può essere la vostra poltrona preferita; il secondo un dono che racchiude in sé un ricordo particolare, il terzo l'oggetto più stimolante dal punto di vista visivo, come per esempio una statuetta, un quadro o un cristallo che amate molto. Tutti e tre devono trovarsi nella stessa camera.

Dopo aver scelto, avvicinatevi fisicamente a ognuno di essi ed esaminatelo nei minimi dettagli, osservandolo da prospettive diverse, notando imperfezioni e irregolarità. Concedetevi tutto il tempo necessario, memorizzando le sensazioni associate a ciascun oggetto. Mentre camminate siate consapevoli di tutti i vostri sensi, in special modo della vista e del tatto. Ripetete più volte la passeggiata fino a quando siete in grado di ricordare ogni singola minuzia di ogni zona circostante i vari obiettivi. Prestate attenzione ai colori, al peso, alla densità, ai riflessi della luce, al freddo e al caldo. Sentite e memorizzate le sensazioni associate ai passi che fate spostandovi da un obiettivo all'altro. In altre parole... "entrateci" dentro! Assaporate tutte le informazioni sensorie che ricevete.

Questa tecnica vi aiuta a concentrarvi e a mantenere l'attenzione lontana dal corpo fisico mentre vi addormentate. Se siete costanti, i risultati saranno sbalorditivi. Per aumentarne l'efficacia, concedetevi il tempo necessario e ripetete l'intera trafila (passeggiata/entrata nell'oggetto) per una trentina di giorni. Interessatevi e lasciatevi coinvolgere da ciascun obiettivo. Grazie a questo metodo potrete aumentare in maniera incredibile la vostra concentrazione e la capacità di visualizzare, dedicando di volta in volta solo venti minuti a ogni esercizio. È importante scegliere oggetti facili da visualizzare. Molti prediligono qualcosa che possiede un valore affettivo. Dopo aver fatto la vostra scelta, non dovete cambiare: la ripetitività dei gesti aumenta le possibilità di riuscita.

Da quando, una ventina d'anni fa, ho iniziato a visualizzare gli oggetti in casa di mia madre, io stesso ho sempre fatto ricorso a questo metodo, e sono certo che funzioni per chiunque è disposto a impegnarsi, dedicandovi un po' di tempo. L'importante è scegliere oggetti facili da visualizzare e abbastanza interessanti al punto da tenere desta la vostra attenzione, per esempio qualcosa che avete fatto voi stessi (un dipinto, una statuetta, una composizione di fiori o persino un paio di tende). Continuando a esercitarvi potete aumentare il numero e la varietà dei bersagli. Dopo esservi impratichiti a sufficienza, potete ampliare la visualizzazione e includere l'intera stanza. Il sistema è molto valido, ma siete comunque voi a dover decidere se agire o meno. Il tempo che vorrete investire verrà ampiamente ripagato. In aggiunta agli obiettivi sopra indicati potete prendere in considerazione alcuni dei seguenti oggetti:

SENSO DELLA VISTA

- La vostra poltrona favorita, un divano o un altro mobile.
- Qualunque oggetto che potete visualizzare bene.
- Un regalo o un oggetto personale che racchiude un significato particolare.
- Qualunque oggetto o manufatto che avete prodotto voi stessi.
- Una fotografia, un quadro o un ritratto speciali.

SENSO DEL TATTO

- Un panno o un tessuto qualunque.
- Un mobile.
- Una porta, un tappeto, un interruttore della luce, una statuetta o una balaustra di legno.
- Un gioiello, un portacenere, una candela.
- Qualunque oggetto che possieda una forma o una struttura unici o particolari.

SENSO DELL'ODORATO

- Un deodorante.
- Fiori freschi.
- Saponi o lozioni.
- Il profumo o l'acqua di colonia preferiti.
- Mobili in legno di cedro.
- Incenso.

LA TECNICA DELLO SPECCHIO

È un modo efficace per ampliare la capacità di visualizzare e per prepararsi alle esplorazioni fuori dal corpo.

Posizionate uno specchio a grandezza naturale nella stanza che avete scelto per la vostra esperienza, sistemandolo in modo che possiate vedere la vostra immagine riflessa senza dovervi muovere fisicamente.

Guardatevi con tutta l'obiettività di cui siete capaci, come se la vostra immagine fosse un oggetto che volete ritrarre mentalmente. Fate molta attenzione ai minimi dettagli del vostro corpo e agli abiti che indossate. Concedetevi tutto il tempo necessario, memorizzando quello che vedete.

Chiudete gli occhi e visualizzate voi stessi con la massima precisione. Continuate a ripetere questa procedura finché non riuscite a visualizzarvi molto chiaramente dall'altra parte del locale.

Tenendo sempre gli occhi chiusi visualizzate voi stessi in piedi all'altro capo della stanza, e delineate poi il vostro sé immaginario; muovete lentamente le dita e le mani della vostra immagine, poi anche le braccia. Visualizzate il riflesso che muove le dita dei piedi e gli arti inferiori, e lasciatevi coinvolgere a livello mentale ed emozionale. Assaporate il piacere di muovervi pur senza avere un corpo fisico, immergendovi del tutto nei movimenti.

Mentre siete sempre più coinvolti, sentite voi stessi che vi alzate e cominciate a camminare nella stanza. Percepite tutte le sensazioni associate con il movimento stesso.

Sentite e visualizzate voi stessi mentre aprite gli occhi immaginari. Con la massima chiarezza possibile sentite la vostra immagine che si guarda intorno. All'inizio può darsi che vi sembri di vedere la stanza da una nuova prospettiva: va bene così, dovete solo permettervi di fluire con tutte le sensazioni visive che ricevete. Dopo aver acquisito una certa pratica comincerete a notare una maggiore capacità di vedere oltre i limiti del vostro corpo.

Concedetevi il tempo necessario per assaporare le varie parti di questa tecnica. Se vi risulta difficile trasferire il senso della vista, concentratevi sugli altri, per esempio il tatto. Trasferite la maggior parte delle percezioni al vostro sé immaginario, dimenticando il corpo fisico e focalizzando l'attenzione sulle nuove sensazioni e sulla vista. Rilassatevi completamente e permettete al corpo materiale di addormentarsi. Proprio nel momento in cui l'organismo si addormenta, voi sperimentate la transizione o spostamento della coscienza dal corpo fisico a quello non fisico. Ricordatevi di restare calmi e assaporate questa nuova capacità di percepire.

Questa tecnica aiuta a migliorare la capacità di visualizzare. Molte persone rimangono sorprese dalla facilità con cui riescono a visualizzare dopo un breve periodo di pratica. Concedetevi tutto il tempo necessario e assaporate i risultati.

CONVERSIONE DAI SOGNI

I sogni sono un'efficace anticamera all'esplorazione fuori dal corpo. Per molte persone sognare è un modo naturale di allontanare la consapevolezza dallo stato fisico della coscienza e sperimentare altri stati mentali.

Sin dagli albori della civiltà, le società e le culture di tutto il mondo hanno considerato i sogni come un passaggio verso altri mondi; del loro significato si parla in tutte le più antiche opere scritte dell'umanità, tra cui le Upanishad, la Bibbia, il Libro egiziano dei morti, il Corano. Dagli imponenti templi che venivano dedicati loro in Grecia fino alle terapie oniriche degli psicologi e psichiatri di oggi, i sogni continuano a fornire importanti intuizioni sulle condizioni dell'inconscio.

Se usati nella maniera giusta, possono scatenare o segnalare l'inizio dell'esplorazione extracorporea. Alcuni tra i segnali più diffusi sono indicati alla fine di questo capitolo. Diventare consapevole o lucido all'interno di un sogno è il modo ideale di avviare un'esplorazione, e ci si può riuscire modificando il proprio atteggiamento nei confronti dei sogni stessi.

Per prima cosa riconoscete l'importanza delle visioni oniriche nell'ambito della vita quotidiana: considerateli messaggi e suggerimenti di grande importanza inviati dall'inconscio. Meglio ancora, si può dire che siano una vera e propria forma di comunicazione, reale quanto le esperienze fisiche.

Secondo: abituatevi a tenere un diario della vostra attività onirica. Riportate tutti i sogni che fate, anche se si tratta solo di qualche brandello. Le annotazioni vanno fatte al risveglio, sia per iscritto sia ricorrendo a un registratore. Prestate particolare attenzione ai sentimenti, le emozioni e le sensazioni che sperimentate durante i sogni stessi.

Terzo: esprimete con decisione il desiderio di avere maggiore chiarezza e consapevolezza nell'ambito della vostra attività onirica. Mentre scivolate nel sonno, richiedete con forza di avere la piena coscienza; addormentatevi esprimendo con fermezza l'impegno verbale a riconoscere, ricordare e sperimentare in maniera consapevole ogni singolo sogno.

Quarto: ogni sera, prima di addormentarvi ripetete intensamente un'affermazione del tipo: "Mentre mi addormento, io rimango consapevole", "Ora sto vivendo in maniera consapevole un'esperienza fuori dal corpo", o "Io divento consapevole nei miei sogni".

Le affermazioni devono essere decise e positive, perché vi aspettate che la vostra richiesta venga esaudita. Come accade con tutte le affermazioni legate ad attività extracorporee, concentrate su ognuna di esse la vostra energia emozionale e intellettuale. È importante focalizzare e mantenere le affermazioni, che devono essere gli ultimi pensieri consci prima che vi addormentiate.

Il trasferimento della coscienza può avvenire rapidamente: è quindi necessario mantenere la calma e assaporare ogni cambiamento della prospettiva personale, dell'ambiente, dell'energia o del luogo. Qui di seguito potete trovare il resoconto della conversione da un sogno che ho avuto alcuni anni fa.

Nel sogno mi trovavo in un negozio di animali. Mi guardavo intorno. Accanto ai piedi vidi un piccolo paguro bernardo che fece un balzo di un metro e mezzo. Confuso, arretrai di qualche passo, continuando a fissarlo, e mi resi conto che il paguro stava cercando di attirare la mia attenzione. Saltò di nuovo, e fu allora che mi resi conto che doveva trattarsi di un sogno. In quel preciso istante esclamai: «Sto sognando», e subito percepii uno strano formicolio. Ero entrato nello stato vibratorio mentre stavo sognando. Spinto dall'abitudine concentrai l'attenzione sull'idea di fluttuare e uscire dal corpo fisico. Nel giro di pochi secondi mi sentii sollevare e mi diressi verso il soggiorno.

Se siamo disposti a riconoscere e accettare l'intero processo, questo tipo di conversione è facile da ottenere. La cosa più importante è il modo in cui reagiamo nel momento in cui raggiungiamo la consapevolezza all'interno del sogno stesso.

I sogni vividi o lucidi non sono necessariamente esperienze fuori dal corpo inconsapevoli, ma possono essere manifestazioni psicologiche simili alle proiezioni interiori. Certi avvenimenti insoliti e oltraggiosi a cui assistiamo in sogno vengono creati dall'inconscio e hanno lo scopo di attirare e trattenere la nostra attenzione. Ho scoperto che dopo esserci seriamente impegnati a effettuare le esplorazioni extracorporee, questo tipo di sogni lucidi diventa un'abitudine regolare. L'inconscio fa del suo meglio per aiutarci a raggiungere il nostro obiettivo, cioè un'esperienza fuori dal corpo consapevole. Questo è un altro motivo per cui le affermazioni scritte sono così importanti: più sono focalizzate le nostre mete, maggiore è la disponibilità e la capacità dell'inconscio di assisterci.

Questo tipo di sogno lucido può essere fuori dell'ordinario: persone e ambienti insoliti; colori e forme appariscenti; strani edifici o animali. Mi sono reso conto che i sogni lucidi si manifestano spesso come un unico avvenimento inconsueto all'interno di un sogno che per il resto è normale (una persona, una cosa o un luogo illogici, apertamente fuori posto): per esempio, una banale berlina scura può trasformarsi in una fiammante auto rossa sportiva, una casa normale si trasforma in un castello e un cucciolo in un'aquila o un leone. Un singolo oggetto o una circostanza possono apparire assurdi: un granchio che salta, un cane parlante o un cane che vola. Di qualunque cosa si tratta, è talmente evidente sul piano psicologico da catturare e trattenere la nostra attenzione.

La chiave per la riuscita della conversione è il riconoscimento consapevole e la giusta reazione agli avvenimenti rappresentati nel nostro sogno lucido. Dopo che avete riconosciuto un fatto, una situazione o un oggetto strano o illogico focalizzate l'attenzione. Sottolineate l'avvenuta identificazione esprimendovi a livello verbale: "Io non posso volare", "Io non vivo in un castello", "Strano, la mia auto non è rossa".

Diventando sempre più consapevoli (lucidi) all'interno del sogno, ammettete verbalmente che in realtà state sognando, ed esclamate quindi ad alta voce qualcosa che riconosca in maniera conscia la vostra consapevolezza: "So che sto sognando", "Sono sveglio all'interno del mio sogno", oppure "Adesso sono sveglio".

Il passo successivo consiste nell'essere pronti alla transizione o movimento della coscienza dallo stato di sogno a quello del corpo non fisico. Aspettatevi un cambiamento molto repentino: può darsi che vi svegliate nella fase vibratoria mentre vi trovate ancora nel corpo fisico, o che sperimentiate una mancanza di sincronia proprio con il veicolo biologico. Restate comunque calmi e distogliete il vostro sé dall'organismo materiale.

Permettete alle sensazioni interiori di svilupparsi, mentre continuate a distogliere l'attenzione dalla fisicità (qualunque accenno in proposito vi farebbe rientrare di scatto): focalizzate tutti i pensieri sull'idea di spostarvi in un'altra parte della casa.

In qualunque momento la consapevolezza o la visione dovessero offuscarsi, non esitate a domandare chiarezza in tono fermo e deciso, pretendendo un'azione immediata: "Richiedo chiarezza completa, subito", o "Chiarezza, adesso!".

L'intero processo è del tutto naturale. Io sono più che mai convinto che i sogni vengano creati e designati per assisterci nel nostro sviluppo personale. Siamo noi a dover scegliere se riconoscerli e utilizzarli, o invece ignorarli. Qualunque sia la nostra decisione, l'inconscio continua comunque a inviare i suoi messaggi-sogni alla parte conscia del nostro essere. Forse è arrivato il momento di ascoltare e imparare dalle immagini che riceviamo ogni notte.

SEGNALI DEI SOGNI

- Sentirsi o vedere se stessi all'interno/vicino a un veicolo di qualunque genere, un'automobile, una nave o un aeroplano; qualsiasi esperienza che coinvolga un mezzo di trasporto, compreso un volo spaziale o un'avventura in barca.
- Riconoscere un cambiamento nel vostro ambiente di tutti i giorni, per esempio la vostra casa diventa un castello, un palazzo o una capanna di tronchi d'albero; cambiamenti legati ai luoghi, alle costruzioni e al colore dell'ambiente stesso.
- Provare emozioni e sentimenti connessi al corpo fisico: formicolio, paralisi, spinte energetiche o suoni fuori dalla norma.
- Riconoscere eventi, situazioni o talenti fuori dall'ordinario, per esempio la capacità di volare o muoversi secondo modalità non convenzionali.
- Sperimentare di cadere o affondare, salire e scendere le scale, usare ascensori e scale mobili.
- Avere un'esperienza in cui vi ritrovate insieme al vostro partner fuori dal corpo.
- Essere in un ambiente che cambia in fretta (cioè dove le cose appaiono e scompaiono con grande rapidità).
- Trovarvi in un ambiente che potete facilmente modificare o controllare; esplorare un luogo nuovo (un deserto, una foresta o una distesa di terreno coperta dalla neve).
- Riconoscere un problema o un conflitto (per esempio, guidare giù per il pendio di una montagna una macchina dai freni rotti).

- Riconoscere un ponte, un tunnel o un'apertura di qualunque genere. Nel vostro sogno questa apertura può permettervi di superare un ostacolo o una barriera (per esempio un muro o un fiume).
- Ricevere un insegnamento, essere guidati o essere con qualcuno che sembra fungere da guida; in genere questo essere vi è accanto, ma rimane fuori dalla visuale.
- Incontrare piccoli gruppi di persone in un ambiente che ricorda una classe o una sala riunioni.
- Imbattersi in livelli o piani multipli (garage, palazzi, navi).
- Leggere un libro o un programma di computer che contiene informazioni insolite o molto avanzate.

Qui di seguito potete trovare l'esempio della conversione vissuta da un partecipante a uno dei miei seminari.

> «Questa mattina stavo decidendo se alzarmi e iniziare la giornata o riposarmi ancora un po' quando sono scivolato di nuovo nel sonno. Ho sognato di essere in un'aula, seduto in un banco. C'erano altri studenti, e una maestra dai capelli biondi e l'aria carina che camminava in fondo alla stanza. Rimasi poco in quel locale, e mi ritrovai ben presto a casa dei miei genitori. A quel punto il sogno divenne lucido.
> Ero steso sul divano del soggiorno, pensando alle esperienze fuori dal corpo, ed espressi l'intenzione di viverne una. All'inizio sentii una specie di formicolio, poi qualche movimento. Mi lasciai andare al flusso, e all'improvviso scoprii che la parte superiore del mio corpo era alzata e staccata da quella inferiore, ancora distesa. Dalla cintola in giù ero all'interno del mio corpo. Appena chiesi aiuto per completare l'esplorazione, il resto dell'organismo scivolò fuori e finì sul pavimento. Mi sentivo molto pesante, e non riuscivo ad alzarmi. Intorno a me sembrava tutto offuscato e poco chiaro.

Mi ricordai quanto ci aveva spiegato Bill a lezione, e chiamai a raccolta tutta la mia energia: appena lo feci tornai a sentirmi leggero, riuscii ad alzarmi e cominciai a camminare.

Ero molto eccitato per il successo ottenuto. Ricordo di aver esclamato: "Ce l'ho fatta! Non posso crederci! È stato fantastico!". Avrei voluto confidarmi con qualcuno in grado di capirmi. Mio fratello era nella stessa stanza, steso sul divano vicino. Andai nella camera dei miei genitori per raccontare alla mamma quello che avevo appena fatto, e vidi papà che usciva dalla stanza. Ebbi l'impressione che mi vedesse, ma rimase in silenzio. Entrai e mi fermai al capezzale di mia madre. Ero emozionato all'idea di raccontarle tutto, ma mi accorsi che stava dormendo. Stavo cercando di decidere se fosse il caso o meno di svegliarla quando al suo fianco apparve qualcuno che mi ordinò di non chiamarla. Ubbidii, e quando aprii gli occhi mi ritrovai nel mio corpo fisico. L'orologio segnava le nove e venti».

## Affermazioni

Nell'arco degli ultimi vent'anni le affermazioni hanno dimostrato la loro efficacia; al giorno d'oggi fanno regolarmente parte dei corsi di autoaffermazione diffusi in ogni angolo del mondo. Un'affermazione è una dichiarazione intensa e positiva riguardante voi stessi, inquadrata nel tempo presente. È un metodo per rafforzare un pensiero o un'idea dentro di noi. "Io sono una persona positiva", "Io merito amore", "Io sto sempre meglio, un minuto dopo l'altro, giorno dopo giorno" sono tra quelle più diffuse.

In ogni istante della nostra vita la mente è invasa da un flusso continuo di pensieri, che influenzano senza tregua la nostra realtà fisica e non fisica; lo stato fisico di consapevolezza, intellettuale ed emozionale, è il risultato diretto dei pensieri.

Le affermazioni ci permettono di focalizzarli e di reagire ad alcune idee negative che ci capita a volte di accettare; grazie a esse sostituiamo i concetti negativi o che in qualche modo ci limitano, mettendo al loro posto idee fresche e costruttive. È un metodo potente che ci consente di riprogrammarci per migliorare e ottenere il successo.

Possiamo ripetere le affermazioni a voce alta, metterle per iscritto o formularle solo mentalmente, scegliendo magari di esprimerle sotto forma di canzone o poesia. Di solito nel corso delle esplorazioni extracorporee vengono recitate in silenzio, con una particolare enfasi negli ultimi minuti prima dell'arrivo del sonno. L'obiettivo è quello di essere completamente concentrati sul desiderio di un'immediata esperienza fuori dal corpo mentre ci si addormenta.

Per ottenere la massima efficacia, quando si ricorre alle affermazioni e ci si trova fuori dal corpo occorre fare quattro cose: 1) aumentare in maniera progressiva l'intensità emozionale e intellettuale dell'ultima affermazione mentre vi abbandonate al sonno; 2) ripetere in continuazione le affermazioni, che devono essere l'ultimo pensiero prima di dormire; 3) considerarle come un deciso impegno personale che vi aspettate di sperimentare ora; 4) essere aperti a ricevere i risultati immediati delle vostre affermazioni. Esistono numerosi tipi di affermazioni: qui di seguito potete trovare i più diffusi.

- Adesso sono fuori dal corpo!
- Ora sperimento in maniera consapevole un viaggio fuori dal corpo.
- Io assaporo la mia consapevolezza fuori dal corpo, ora!
- Rimango sveglio mentre il mio corpo si addormenta.
- Rimango consapevolmente sveglio mentre il mio corpo si abbandona al sonno.
- Mi separo in maniera consapevole dal mio corpo fisico che si è addormentato.
- Mentre il mio organismo si addormenta, io sono del tutto consapevole della mia esperienza fuori dal corpo.

- Ora sto vivendo un'esperienza fuori dal corpo.
- Adesso sono separato dal mio corpo!

Le affermazioni possono essere usate per:

- Ribadire la chiarezza della vostra percezione quando vi trovate fuori dal corpo. La tecnica della chiarezza è in pratica una forte affermazione che richiede una maggiore capacità di visione.
- Dichiarare subito l'intenzione di sperimentare un viaggio extracorporeo.
- Ridurre la paura e aumentare il controllo.
- Allargare il processo di conversione dal sogno e la capacità di ricordare.
- Ampliare e rinforzare altre tecniche fuori dal corpo.
- Controllare il pensiero, sia prima sia durante un'esplorazione.
- Aiutare a rimuovere le credenze e i concetti di sé negativi o restrittivi, legati alla proiezione astrale.
- Riprogrammare il vostro inconscio, mirando al successo.
- Aiutarvi a estendere il concetto che avete del vostro sé al di là del corpo fisico.
- Aumentare la capacità di allontanarvi dal veicolo biologico nei primi istanti successivi alla separazione. "Io vado nell'altra stanza" o "Io fluttuo, salendo in alto, e mi allontano".

## VISUALIZZAZIONI ACCOMPAGNATE DA AFFERMAZIONI

Le affermazioni possono essere combinate con altre tecniche, in modo da aumentarne l'efficacia; sono utili anche per focalizzare e mantenere l'attenzione consapevole sull'obiettivo di un'esperienza fuori dal corpo mentre ci si addormenta. Qui di seguito potete trovare un esempio.

Stendetevi sulla schiena e mettetevi a vostro agio. Chiudete gli occhi e ben rilassati, respirate a fondo, lentamente e con naturalezza. Mentre vi rilassate ripetete un'affermazione del tipo: "Adesso io sono fuori dal corpo" o "Ora io sono separato dal mio corpo in piena consapevolezza". Continuate a recitarla fin quando non vi sentite insonnoliti.

Mentre ripetete mentalmente la frase scelta, cominciate a visualizzare un luogo a voi familiare, una stanza di casa vostra o un posto che riuscite a immaginare con assoluta chiarezza. Adesso vedete la camera nella vostra mente: con la maggiore intensità possibile visualizzate ogni minimo dettaglio, sentite il tappeto sotto i piedi, il tessuto delle tende e l'arredamento. Osservate il disegno della carta da parati e toccate la superficie dei mobili. Guardate i quadri, i libri e ogni altra cosa. Concentratevi sui particolari più insignificanti, e sentite voi stessi mentre camminate: è una sensazione piacevole, vi sentite a vostro agio e non potete fare a meno di notarlo. Usate il più possibile tutti e cinque i vostri sensi.

Scegliete un oggetto, prendetelo in mano, sentitene il peso e la struttura, guardatelo e percepitelo con la massima chiarezza possibile. Lasciatevi assorbire da tale contemplazione, e mentre vi addormentate continuate a ribadire la vostra affermazione.

Concentrate l'attenzione all'esterno del corpo fisico finché non vi addormentate. L'unione di una affermazione con questa visualizzazione si rivela sempre particolarmente efficace.

## TECNICA DEL MATTINO PRESTO

Il mattino presto, dopo che sono trascorsi due o tre periodi di sonno REM (corrispondono a tre o cinque ore), è il momento migliore per indurre un'esperienza fuori dal corpo.

Durante il sonno, ogni novantanove/cento minuti iniziamo un periodo di sogno chiamato REM (movimento rapido degli occhi). Il movimento degli occhi è la dimostrazione fisica che stiamo per cominciare un sogno o, in certi casi, uno stato alterato di coscienza. La correlazione scientifica tra periodi REM ed esperienze fuori dal corpo deve ancora essere confermata, anche se abbondano i resoconti che in qualche modo li collegano.

La tecnica qui di seguito indicata è efficace, ma richiede un notevole livello di autodisciplina. Molte persone hanno dichiarato che valeva comunque la pena di impegnarsi.

Puntate la sveglia in modo da dormire tre/cinque ore. Quando vi svegliate, trasferitevi in un altro punto della casa, magari su una sdraio o un divano.

Mettetevi a vostro agio e scegliete la tecnica che preferite. Rilassatevi e cominciate con le affermazioni, sole o abbinate alla visualizzazione, ripetendole prima ad alta voce e poi mentalmente.

Sempre più rilassati, focalizzatevi sulle vostre dichiarazioni e distogliete l'attenzione dal corpo fisico. Mentre vi addormentate, cercate di imprimere la massima intensità emozionale e intellettuale possibile alle parole che pronunciate. L'ultima affermazione prima del sonno dev'essere un fermo impegno personale ad avere un'immediata esperienza fuori dal corpo. Sentitevi completamente aperti e disponibili a vedere subito esaudita la vostra richiesta.

Ricordatevi di focalizzare pensieri ed emozioni sulle affermazioni: il vigore e l'impegno personale che vi applicate hanno infatti la massima importanza.

Grazie a questa tecnica molte persone hanno dichiarato di aver vissuto un'esplorazione subito dopo essersi addormentate. Se avete tempo, potete ripetere l'intero processo più volte prima del mattino. Dopo i primi tentativi può capitarvi di tornare semplicemente a dormire, ma con la giusta pratica otterrete risultati eccezionali.

Se la visualizzazione rimane per voi un problema, questo metodo rappresenta l'alternativa più valida: è infatti uno dei sistemi più potenti, e non richiede grosse capacità immaginative.

Credo che la sua efficacia non abbia nulla a che vedere con il momento della giornata, perché ciò che conta è il vostro stato mentale: dopo tre o quattro ore di sonno, il corpo e la mente sono parzialmente freschi e del tutto rilassati. Lo stato di consapevolezza mente sveglia/corpo rilassato è il punto di partenza ideale per qualunque tecnica legata alle uscite dal corpo.

Ho scoperto per puro caso questo metodo, alcuni anni dopo aver iniziato le esplorazioni. Una notte, dopo aver dormito per circa quattro ore, mi svegliai di scatto e decisi di alzarmi a leggere. Scrissi d'impulso alcune affermazioni, fuori dal corpo, e dopo un quarto d'ora, improvvisamente stanco, scelsi due affermazioni e continuai a ribadirle mentre scivolavo nel sonno: «Adesso vivo un'esperienza fuori dal corpo del tutto consapevole. Adesso sono fuori dal corpo». Concentrai tutta l'energia su ogni affermazione, sforzandomi affinché fosse il mio ultimo pensiero prima del sonno. L'esperienza qui di seguito riportata avvenne alle 3 e un quarto, subito dopo che il mio corpo fisico si era appisolato.

## DIARIO. 7 MARZO 1984

Percepisco ondate di energia che fluiscono in me. Inizia un senso di movimento. Mi trovo di colpo in una casa sulla spiaggia. Riesco a sentire il rumore delle onde. Poiché ogni cosa all'interno dell'abitazione appare bianca e indistinta, esclamo ad alta voce: «Chiarezza, ora!».

Mi guardo intorno, e le forme mi appaiono più distinte. Sono in piedi davanti a un grosso tavolo lungo circa un metro. La stanza è piena di gente luminosa che sembra diffondere luce da ogni poro della pelle.

Mi vengono incontro sette uomini e una donna che mi sorride. Quando lei mi guarda, nella mia mente appaiono immagini molto vivide il cui significato mi è subito chiaro: «Sono felice di rivederti. Sei stato molto impegnato». Riesco a percepire il calore dei suoi pensieri.

Il gruppo si raduna intorno al tavolo, e io so che è ora di sedersi. Faccio correre lo sguardo, e la stanza sembra espandersi. Sento ancora il suono delle onde che si infrangono, e vorrei vedere il mare. Un'immagine molto chiara mi appare nella mente: «Tra poco sperimenterai l'oceano. Cominciamo».

Rispondo d'istinto: «Oggi l'oceano sembra splendido».

E subito nella mia mente si presenta un altro pensiero: «Si è davvero meraviglioso. Noi lo diamo per scontato. Di solito i nostri visitatori non sono consapevoli. Ci adatteremo». Una breve pausa, poi l'energia pensiero riprende all'altro lato della stanza: «Molta energia viene diretta nelle regioni dense. Coloro che vivono nei corpi solidi cominciano a reagire. C'è molto da fare. Chi si sta risvegliando va fuori, alla ricerca delle risposte. Non c'è da stupirsi che regni una tale confusione. Noi sappiamo quanto possano essere grossolani i veicoli fisici, ci siamo passati tutti... La prova finale consiste nel saper riconoscere la verità mentre si è circondati dalle illusioni più dense».

D'istinto rispondo con un pensiero: «Ci si aspetta troppo, e la guida è poca. Perché mai dev'essere così difficile?» Nella mia mente appare un'altra visione. So che si tratta di una donna. «La scuola è impegnativa ma giusta. Ognuno crea le lezioni di cui ha bisogno».

Mi giro verso di lei, e i miei pensieri sembrano fluire. «Per quale motivo esistono tanta ignoranza e sofferenza». Un'altra voce si presenta. «La scuola è dolorosa per alcuni, illuminante per altri. Solo l'esperienza crea saggezza. Il risultato finale è sempre efficace». Io rispondo: «Anche in questo caso, la guida è troppo scarsa. Ci sono cinque miliardi di persone che sperano e pregano che ciò in cui credono sia vero. A me sembra una scuola inefficiente... tutta quella gente vive nell'oscurità».

«Amico mio, tu non hai una visione completa», interviene qualcun altro. «Il tempo è un'illusione. Non c'è alcuna fretta. Siamo tutti immortali. L'atto stesso di essere è un'esperienza, e l'esperienza crea saggezza. Il tempo non è la questione...». Mi guardo intorno, e l'intera situazione sembra sopraffarmi. Sento il tavolo, vedo il locale con estrema chiarezza. Distratto dal rumore delle onde, mi sento tirare con forza, e in pochi secondi sono tornato nel mio corpo fisico. Apro lentamente gli occhi. In breve il disorientamento e il formicolio svaniscono.

## Ipnosi

L'ipnosi è uno strumento di automiglioramento sempre più diffuso. Viene usato nelle terapie di modifica del comportamento per problemi tipo il controllo del peso, il miglioramento delle prestazioni sportive, la diminuzione dello stress, il rafforzamento della memoria e il trattamento di paure e fobie. Di recente sono emersi nuovi e potenti usi, come per esempio la regressione: i pazienti regrediscono a incarnazioni precedenti che possono aiutarli a scoprire, sperimentare e risolvere certi problemi, paure e fobie che li assillano nel presente. Un numero impressionante di casi pubblicati negli ultimi tempi ha rivelato il conseguimento di informazioni verificabili che risalgono ai secoli passati, e comprendono date, luoghi e fatti precisi.

Durante molte regressioni da me condotte, ho scoperto che i pazienti hanno la tendenza a vivere brevi attimi di consapevolezza extracorporea, di solito durante il momento di transito da un'incarnazione all'altra. Ulteriori ricerche mi hanno confermato che l'ipnosi può servire a indurre un'esplorazione controllata dal soggetto. Con alcune piccole modifiche, le tecniche di induzione usate per la regressione sono valide anche per l'esplorazione: l'induzione ipnotica di base rimane la stessa, cambiano solo le direzioni successive.

Negli ultimi decenni l'ipnosi ha fornito incredibili benefici a milioni di persone, e adesso è possibile usarla per dare il via a un'uscita fuori dal corpo. I vantaggi sono visibili ed evidenti: 1) l'ipnosi può provocare lo stato mentale ideale per l'esplorazione (mente sveglia/corpo rilassato); 2) può assistere nel controllo, la riduzione e l'eliminazione di blocchi, paure e limiti consci e inconsci relativi alle esperienze fuori dal corpo; 3) può essere usata per migliorare le capacità di visualizzazione, concentrazione e meditazione; 4) i suggerimenti ipnotici possono scatenare un'esperienza del tutto consapevole. Per esempio, le frasi "Io divento consapevole durante i miei sogni" e "I miei sogni provocano un'esperienza fuori dal corpo consapevole" facilitano il processo di conversione dal sogno. Suggerimenti del tipo: "Dopo essermi addormentato riconosco e sperimento un'avventura fuori dal corpo del tutto consapevole" e "Il sonno scatena le mie esperienze fuori dal corpo" servono a rinforzare e ampliare la capacità dell'individuo di reagire in maniera positiva alle tecniche fuori dal corpo.

Quando scegliete un ipnotista, controllatene le credenziali e il settore di competenza (molti sono specializzati nella cura di problemi specifici, per esempio i disordini alimentari). La scelta ideale è rappresentata da qualcuno esperto in regressione e con una certa conoscenza delle meccaniche energetiche.

### AUTOIPNOSI

L'autoipnosi è un altro potente strumento al servizio di chi vuole migliorare se stesso. Spesso le paure e i limiti sono inconsciamente programmati in noi. A livello interiore abbiamo accettato un rigido concetto di noi stessi, limitando la portata delle nostre capacità: queste barriere inconsce sono i muri che ci impediscono di usufruire del nostro potenziale illimitato. Questo significa erigere dei muri intorno a sé.

Uno dei modi più efficaci di dissolvere tali restrizioni consiste nell'affrontarle direttamente. L'ipnosi ci offre la possibilità di accedere a questa parte della nostra mente e di risolvere ogni questione. In aggiunta, possiamo riprogrammarla stabilendo che vogliamo ottenere il successo in ogni campo, compreso quello dell'esplorazione fuori dal corpo.

Qui di seguito ho riportato un testo per l'autoipnosi che potete registrare e usare mentre siete a casa. Quando registrate, parlate lentamente e in tono rilassato. A ogni pausa fra le varie frasi fermatevi per circa due secondi. Mantenete una velocità costante. Le interruzioni che durano più di due secondi sono segnalate. Per ottenere un risultato ottimale usate un registratore dotato di autoreverse e una cassetta della durata di almeno novanta minuti. Ascoltate la cassetta nell'angolo della vostra abitazione che riservate alle esperienze extracorporee, possibilmente su una poltrona o un divano. Scegliete un momento della giornata che vi assicura una certa tranquillità, e almeno un'ora e mezzo di solitudine. Staccate il telefono. E soprattutto, non mettetevi mai all'ascolto di un nastro di autoipnosi mentre viaggiate in macchina!

### TESTO PER L'ESPERIENZA DI AUTOIPNOSI CONTROLLATA

Respirate più volte a fondo, chiudete gli occhi e rilassatevi. Permettete al corpo e alla mente di rilassarvi... Appena vi sentite rilassati e a vostro agio... abbandonatevi a un'esperienza speciale... Lasciatevi andare e rilassatevi... Tirate un respiro profondo... e rilassatevi completamente, completamente... Adesso rilassatevi ancora di più... Un altro respiro profondo... lasciate andare tutto lo stress... la tensione... con ogni respiro sentite la tensione che si allontana da voi... Rilassatevi... rilassatevi completamente.

Visualizzate, immaginate o sentite la testa immersa in una salutare luce bianca... una luce che guarisce tutti i pensieri... una luce che placa tutte le preoccupazioni... La vostra mente è in pace... Questa soffice e salutare luce bianca consente ai vostri sensi di non lavorare... Sentite la vostra testa e i sensi avvolti da questa luce... Ora permettete alla luce di espandersi dolcemente... sentite la luce che scende giù per il collo e le spalle... Ogni muscolo e cellula che sfiora si rilassano... sono più centrati... più in armonia... Nessun altro suono vi disturberà... vi aiuterà solo a scendere più in profondità... sempre più giù... Siete più calmi e rilassati... Questa luce bianca salutare e dolce vi avvolge il collo e le spalle... ogni cellula nervosa... ogni muscolo è completamente rilassato... Ogni cellula e tessuto del vostro corpo sono completamente rilassati... Permettete adesso a questa luce di espandersi... Sentitela scendere giù lungo le braccia... le mani... le dita... portando con sé un rilassamento sempre maggiore... Sentite la luce che vi avvolge il torace e la parte inferiore della schiena... le costole... gli organi interni... i polmoni... il cuore... Qualunque tensione... qualunque forma di stress che fa parte del vostro corpo viene lasciata andare mentre la luce vi colma dolcemente... Adesso la luce si diffonde ancora di più fino a colmarvi lo stomaco e la parte inferiore della schiena... Sentite ogni muscolo e ogni cellula che si rilassano... La luce calda e rilassante vi circonda e vi avvolge i fianchi... le gambe... Mentre vi rilassate completamente, nessun altro rumore vi disturba... Tutti i suoni vi spingono ancora di più all'interno... in profondità... giù... sempre più giù... in uno stato più calmo e rilassato... Siete completamente rilassati... in pace... Vi sentite completamente al sicuro... protetti... Potete sentire il potere del rilassamento che fluisce nei vostri piedi... Tutti i muscoli del corpo sono ora completamente rilassati... Sono così rilassati che non riuscite a muoverli... molto rilassati... Ogni muscolo è così rilassato... così rilassato... Lasciatevi andare... sempre più in profondità... giù... giù... profondamente rilassati.

Adesso sentite il potere dolce e rilassante della luce che brilla su di voi... Questa sensazione di calore emessa dalla luce si sta diffondendo in tutto il corpo... Potete sentirne il calore... la protezione... Siete circondati dalla calda e rilassante energia della luce... Mentre rilassate in maniera completa e piacevole il vostro corpo... potete rallentare... Concedete a voi stessi di rallentare, sempre di più... Adesso conterò alla rovescia da dieci a uno; a ogni numero concedete a voi stessi di rallentare e rilassarvi... e quando arriverò al numero uno entrerete nel vostro livello personale di profondo... profondo rilassamento. Dieci... giù, giù, nove... più in profondità, otto... giù, giù, in profondità, sette... giù, sei... giù, cinque... giù, quattro... giù, tre... giù, due... sempre più in basso... e uno. Vi trovate ora a un profondo livello di rilassamento naturale... Ricordate... avete il controllo completo e siete consapevoli a ogni livello della mente. Questo viaggio è qualcosa che desiderate perché siete ansiosi di esplorare e imparare... Tra un momento inizieremo una serie di esercizi che coinvolgono la vostra percezione, la vostra capacità di vedere e sentire ed essere completamente liberi dal corpo fisico... dal vostro temporaneo veicolo fisico.

Adesso sentite la parte del vostro essere che desidera qualcosa di più... C'è una parte di voi che vuole vedere qualcosa di più... che ha voglia di muoversi. Questa voglia si trasforma in un forte desiderio... la passione che vi spinge a conoscere il vostro vero sé... sapere e sperimentare voi stessi completamente indipendenti dal corpo fisico... scoprire e sperimentare il vostro sé spirituale... Sentite questo desiderio... voglio che guardiate l'orizzonte... vedete o immaginate una luce diffusa... una porta di luce... Voi sentite e sapete che questa luce è buona... Questa luce è colma di amore e protezione... Adesso cominciate a muovervi verso questa apertura luminosa... Vi sentite liberi di muovervi in direzione della porta... Vedete avvicinarsi questa porta... vi sentite avvolti dalla luce... siete completamente avvolti e protetti dalla luce... potete sentire il calore e la protezione della luce... La luce vi circonda e fluisce in tutto il vostro corpo... nel vostro intero essere...

Adesso visualizzate, immaginate o sentite voi stessi che attraversate quella soglia... E mentre la varcate, voglio che sappiate che vi state allontanando dall'involucro fisico... Passate attraverso questa porta di luce... vedete e osservate il vostro corpo in maniera obiettiva... e sapete in ogni istante che siete sempre circondati dalla luce bianca della protezione... in qualità di anima avete scelto di superare i limiti della materia... Voglio che osserviate ogni dettaglio... Adesso sentite voi stessi che diventate sempre più leggeri... state diventando sempre più leggeri... siete leggeri come una piuma... leggeri come un palloncino mentre salite su, sempre più su... Adesso sentite voi stessi che fluttuate liberi...

Mentre fluttuate, assaporate le calde sensazioni associate all'idea di volare liberi... completamente liberi dal corpo fisico... State fluttuando sopra il vostro veicolo biologico... Assaporate il piacere di volare, e sentite aumentare la vostra consapevolezza... Siete più consapevoli... più consapevoli del vostro nuovo e leggero corpo energetico... più consapevoli del vostro essere energetico di luce... Adesso siete completamente consapevoli del vostro sé energetico... il vostro sé energetico che fluttua... La vostra intera consapevolezza sta passando al vostro sé energetico di luce... Colmi di gioia, sentite voi stessi volare liberi, completamente liberi da qualunque limite... tutti i limiti della struttura densa... Adesso siete completamente consapevoli all'interno del vostro sé di luce... Potete vedere e sentire con tutta la vostra consapevolezza... la vostra intera coscienza è all'interno del vostro sé energetico di luce... Potete sentire la gioia che deriva dall'essere liberi dal proprio corpo fisico, completamente libero da tutte le restrizioni...

Adesso che cosa vedete?... Che cosa osservate? (Pausa di quindici secondi).

Potete sentire e vedere un aumento della vostra nuova percezione... La vostra visione è sempre più nitida... sempre più chiara... Il vostro sé più leggero possiede ora una visione perfetta... il vostro sé più leggero possiede una visione cristallina... percezioni perfette... Potete sentire la vostra intera consapevolezza... La vostra coscienza è completamente all'interno del vostro sé energetico più leggero... Concentrate tutta la vostra energia all'interno del vostro sé energetico più leggero... Che cosa vedete?... Che cosa sentite?... Riuscite a vedere il vostro corpo?... Descrivete nei dettagli tutto ciò che vedete... Assaporate tutte le sensazioni e quello che vedete... Concedetevi tutto il tempo che vi, serve... (Pausa di tre minuti).

Adesso tornate lentamente al vostro corpo fisico... Concedetevi il tempo necessario e tornate lentamente... Mentre rientrate, sapete con assoluta certezza che potete separarvi senza sforzo dal vostro veicolo biologico... Con estrema tranquillità potete uscire dal corpo fisico ogni volta che ne avete voglia... Sapete che è solo un veicolo per la vostra consapevolezza... un veicolo fra i tanti che possedete... È bello poter uscire dal proprio corpo per vedere e conoscere se stessi... Da questo momento in poi potete lasciare il vostro corpo fisico con grande facilità... e lo farete... senza correre mai alcun rischio, ogni volta che lo vorrete.

Rilassati e a vostro agio, respirate ora a fondo... Tra pochi istanti conterò da uno a tre, e quando dirò tre voi aprirete gli occhi e sarete completamente svegli... Ricorderete tutto ciò che avete sperimentato... Vi risveglierete a un'ulteriore intuizione... Vi sentirete rinvigoriti e tonificati... più giovani e riposati... come se aveste fatto un sonnellino... Sarete in piena armonia... Vi sentirete meglio... molto meglio... e manterrete una connessione consapevole con il vostro sé interiore... Poiché siete riusciti a rilassarvi in maniera intensa e totale, la mente sarà più agile e attenta... Sarete in grado di pensare con maggiore chiarezza e creatività... Cominciamo... Uno... Adesso vi sentite molto riposati... Il corpo è in pace... Siete riusciti a rilassarvi completamente, e questa capacità vi ha permesso di trascendere il corpo fisico... In futuro scoprirete che ogni sessione sarà ancora più rilassante e gratificante... Due... Cominciate a sentire l'energia e la vitalità che fluiscono in ogni angolo del vostro corpo... Vi sentite colmi di energia e vigore... Vi ricordate tutto ciò che avete sperimentato... e nei prossimi giorni avrete altre intuizioni... Vi sentite svegli e all'erta... Provate un forte senso di benessere e conoscenza... Vi sentite in forma... le vostre condizioni di salute sono migliorate... siete pronti ad affrontare qualunque cosa potrebbe capitarvi... Vi sentite freschi e riposati, come se vi foste svegliati da un lungo sonno... Tre... Il corpo, la mente e l'anima sono rigenerati... Adesso aprite gli occhi, e vi sentite rinvigoriti, colmi di gioia ed energia.

## Suono

L'uso del suono per indurre le esperienze fuori dal corpo risale a migliaia di anni fa. È risaputo che i monaci tibetani ricorrono a canti, cantilene e campanelle per ampliare lo stato meditativo. Negli ultimi due decenni invocazioni e mantra sono entrati a far parte dei corsi di meditazione che si tengono in tutto l'Occidente. La ripetizione di certi suoni è un'antica pratica ampiamente diffusa e ormai accettata come un metodo efficace per focalizzare l'attenzione di un individuo.

### TECNICHE DELLA FREQUENZA DEL SUONO

Finora la comunità scientifica non ha indagato a fondo la consuetudine di utilizzare le frequenze del suono per suscitare le esperienze fuori dal corpo. Al momento la ricerca più completa in corso è quella del Monroe Institute of Applied Sciences, situato a Nelson Country in Virginia. Per più di vent'anni Robert Monroe, fondatore e direttore esecutivo dell'istituto, ha condotto esperimenti con il potenziale degli stati di consapevolezza alterati indotti dal suono. Negli ultimi tempi il Monroe Institute ha sviluppato alcuni metodi pratici per accelerare l'apprendimento grazie a condizioni di consapevolezza ampliata; questi procedimenti comprendono un sistema di pulsazioni audio che creano una reazione dovuta alle frequenze nel cervello umano. Il risultato è una sincronizzazione degli emisferi destro e sinistro del cervello.

Uno degli obiettivi dell'istituto è quello di fornire assistenza pratica agli individui che sono interessati all'esplorazione delle dimensioni non fisiche dell'universo. Questo lavoro ha portato alla creazione di una serie di audiocassette chiamate Hemi-sync, che inviano un segnale dalla frequenza di 100 hertz a un orecchio e un segnale invece a 104 hertz nell'altro. La differenza di 4 hertz rappresenta la frequenza cerebrale predominante al momento di un'esperienza fuori dal corpo.

Anche se le tecniche che ho appena descritto sono relativamente nuove, sono certo che in futuro, grazie alla continua ricerca e allo sviluppo, questa forma rivoluzionaria di induzione extracorporea diventerà comune. Per introdurvi a questi sistemi legati alle frequenze ho deciso di illustrarvi un metodo antico usato dai monaci tibetani, che risale a migliaia di anni prima della nascita di Cristo.

### TECNICA DEL SUONO

Respirate più volte a fondo e rilassatevi completamente. Mettetevi a vostro agio nell'angolo della casa che dedicate alle esperienze fuori dal corpo. Chiudete gli occhi e concentrate l'attenzione sulla sommità del vostro capo. Focalizzate la consapevolezza appena sopra la testa finché le sensazioni legate al corpo fisico non svaniscono.

A quel punto intonate sette volte la parola OM, lasciando che il suono echeggi attraverso la sommità del capo.

Adesso ripetete mentalmente sette volte OM. Siate consapevoli del suono che echeggia nella vostra mente, e lasciatelo salire oltre la sommità della testa.

Focalizzare l'attenzione sull'essenza della risonanza permette al suono di elevarsi lentamente attraverso il soffitto. Sentite la vostra coscienza che si fonde con il suono, e diventate tutt'uno con esso, mentre il corpo è sempre più rilassato.

Sentite la vostra consapevolezza salire con il suono. Unitevi alla risonanza di OM, assaporatela e fluite con essa. Percepite voi stessi sempre più leggeri mentre fluttuate con il suono. Permettete al corpo fisico di riposare e dormire mentre vi concentrate sul suono che si alza, mantenete l'attenzione focalizzata mentre l'involucro biologico si addormenta. Mentre vi addormentate concentrate tutta la vostra consapevolezza sul suono.

Questa tecnica può essere usata con efficacia insieme a una cassetta per l'induzione dell'uscita dal corpo. Quando usate un sistema sonoro esterno, ricordate di concentrarvi sui suoni interiori. L'unico scopo del suono esteriore è quello di rafforzare e ampliare la vostra stessa voce.

### Ripetizione (tecnica dei cerimoniale)

Molte persone mi hanno riferito di aver escogitato un sistema ripetitivo o rituale per la preparazione all'uscita extracorporea, creando in pratica una serie personale di eventi ripetitivi che portano alle esplorazioni. Per esempio, si concedono un lungo bagno rilassante, poi indossano un particolare accappatoio bianco e sistemano alcune candele accese intorno al letto o al divano mentre si preparano a rilassarsi e iniziano la loro tecnica fuori dal corpo. Durante l'intero procedimento essi mantengono concentrato il desiderio di un'immediata esplorazione. E grazie a questo tipo di approccio il numero di coloro che hanno ottenuto ottimi risultati è davvero notevole.

Credo che il successo della tecnica del rituale sia dovuto alla speciale enfasi attribuita all'obiettivo per tutta la procedura. La mente registra il processo lungo e ripetitivo come qualcosa di speciale, e concentra un'ulteriore dose di attenzione (che in questo caso proviene dall'inconscio) sullo scopo finale. L'atto stesso di ripetere la medesima procedura per un certo numero di settimane ha un forte impatto sull'inconscio. Secondo un vecchio detto, qualunque gesto o pensiero ripetuto per ventun giorni di fila diventa un'abitudine. Questo concetto si basa sul principio che la parte inconscia della mente prende nota delle ripetizioni quotidiane e le accetta come una nuova regola di comportamento; ritengo che lo stesso principio spieghi per quale motivo le tecniche di ripetizione e del rituale sono così efficaci.

Ripensandoci, mi rendo conto che anch'io avevo creato il mio rituale personale. Nei primi anni Settanta, per un paio d'anni mi svegliavo alle sette di mattina, frequentavo le lezioni del mattino, e rientravo intorno alle undici e trenta. Ogni giorno, alle dodici in punto mi stendevo sul letto ed eseguivo una tecnica fuori dal corpo. Questo processo era molto efficace. Dopo varie settimane di ripetizione quotidiana, avevo programmato me stesso ad avere esperienze fuori dal corpo. Nel giro di alcuni mesi non avevo più bisogno di alcuna tecnica: facevo un sonnellino a mezzogiorno e mi alzavo spontaneamente dal corpo fisico. Doveva trattarsi di una sorta di autocondizionamento. Il successo è una reazione a catena, e appena la mente conscia e quella inconscia accettarono le esplorazioni, per me divenne un modo di essere del tutto naturale. In seguito ad alcune esperienze fuori dal corpo particolarmente piacevoli, il mio inconscio iniziò a collaborare in maniera totale per la realizzazione dei miei desideri.

Tutto ciò è molto importante perché indica la via a una più profonda comprensione dell'intero processo dell'esplorazione fuori dal corpo. Per ottenere la conoscenza e la saggezza accessibili a tutti nell'ambito delle dimensioni non fisiche dell'universo, dobbiamo andare oltre i nostri desideri superficiali. Per imparare a eseguire le esplorazioni fuori dal corpo dobbiamo essere disposti a programmare noi stessi per il successo: tentativi incerti producono risultati incerti. Al fine di acquisire il controllo e raggiungere un esito favorevole dobbiamo essere disposti a impegnarci totalmente dal punto di vista emozionale e intellettuale. Il modo più facile di farlo è quello di attenersi a una ripetizione quotidiana o rituale di preparazione: la tecnica deve essere ripetuta tutti i giorni e, se possibile, alla stessa ora e nel medesimo luogo. L'unione di ripetizione e determinazione crea un potente sistema di successo che può essere usato per ottenere tutto ciò che si desidera.

## Risultati

I risultati iniziali riportati durante le esperienze fuori dal corpo variano da persona a persona. Nel corso degli ultimi vent'anni ho riscontrato alcune considerevoli similitudini. In molti casi è il modo in cui reagiamo ai cambiamenti iniziali a determinare la riuscita dell'esplorazione.

Il rapido trasferimento della consapevolezza dal vostro corpo fisico al sé non fisico può rivelarsi un balzo troppo improvviso, se non siete preparati. Avere un'idea di quello che ci aspetta può rivelarsi molto utile. Più siete preparati, maggiore è il controllo che potete esercitare. La vostra reazione positiva al brusco cambiamento della locazione, della percezione e del punto di vista è un requisito fondamentale per ottenere il successo.

Mentre concentrate l'attenzione sulla vostra tecnica fuori dal corpo, il corpo fisico si rilassa sempre più, finché a un tratto inizia la transizione verso il sonno. A questo punto può capitarvi di sperimentare un incredibile cambiamento nel normale ciclo del sonno, che si verifica in genere subito dopo che il corpo si addormenta o durante una fase REM. È durante questa transizione che i segnali interiori vengono riportati con maggiore frequenza: prestate quindi attenzione a qualunque suono interiore e alle sensazioni insolite.

Qui di seguito potete trovare i risultati riportati con maggiore frequenza subito dopo una tecnica fuori dal corpo.

1. Fluttuare, stare in piedi o essere stesi appena fuori dal corpo fisico.
2. Sperimentare il sé energetico steso o seduto all'interno del corpo fisico. Può esserci anche un'intensa vibrazione che circola attraverso l'intero corpo energetico. Potreste sentirvi fuori sintonia con il corpo fisico e pronto semplicemente ad "alzarvi" dal fisico. Tutto ciò è normale: focalizzate l'attenzione sulla vostra nuova velocità vibratoria e allontanatevi dal veicolo biologico.
3. Stare in piedi o seduti in una delle vostre zone-obiettivo e contemplare il nuovo ambiente. Questo spostamento di consapevolezza è rapido: rimanete calmi e assaporate la nuova velocità.
4. Sperimentare un sogno lucido (un sogno cioè in cui diventate consapevoli del vostro ambiente), nel quale potreste riscontrare uno o più segnali interiori. Focalizzate l'attenzione sulle vibrazioni o sui suoni, e allontanatevi dal corpo.

5. Sperimentare un ambiente non fisico che differisce da quello che vi circonda ogni giorno. Mantenete la calma, e assaporate la vostra nuova condizione.

## Riepilogo della disposizione mentale ideale

- Iniziate facendo una radicale pulizia. Lasciate andare il più possibile i preconcetti, i limiti, le credenze e le convinzioni. Immaginate voi stessi che ricominciate da capo la vostra esistenza, completamente liberi da pregiudizi e barriere.
- Abbiate fiducia in voi stessi e nelle vostre capacità. Siete un essere spirituale che possiede talenti creativi, e potete separarvi facilmente dal vostro involucro fisico temporaneo.
- Siate disposti a ricevere. Apritevi completamente a una nuova percezione di voi stessi, una visione più ampia del vostro essere dotato di capacità infinite.
- Siate disposti a riconoscere e lasciar andare qualunque barriera personale, i blocchi e le percezioni che limitano la vostra crescita e lo sviluppo.
- Siate aperti in modo da riconoscere e lasciar andare l'indottrinamento e il condizionamento intensivo che avete subito.
- Siate aperti e ricettivi al cambiamento della vostra coscienza; accettate lo spostamento dal veicolo denso caratterizzato da limiti al vostro sé energetico superiore.
- Percepite con grande intensità il vostro se interiore che vi spinge a esplorare e sperimentare al di là del vostro veicolo fisico denso.
- Focalizzate tutta l'energia, l'attenzione e il desiderio sull'impegno personale a riconoscere e sperimentare il vostro sé indipendentemente dal vostro veicolo fisico.
- In ogni cellula, tessuto e angolo del vostro essere, sappiate e sentite con assoluta certezza che siete un essere non fisico di energia

elevata. Poiché siete superiori alla materia, vi separate facilmente e in maniera consapevole dal vostro corpo fisico.

- Quando uscite dal corpo fisico sentitevi completamente sicuri e protetti.
- Riconoscete e accettate l'idea che l'ambiente e il momento ideali per la vostra esplorazione fuori dal corpo sono qui, adesso.
- Lasciate andare e distaccatevi dalla terra. Vedete voi stessi che vi liberate dal corpo, sfuggendo ai vostri limiti fisici.
- Mentre eseguite la vostra pratica fuori dal corpo preferita, ripetete decisi la seguente affermazione: "Io sono più di un corpo fisico. Poiché sono superiore alla materia, mi separo adesso dal mio corpo fisico con estrema consapevolezza".

## Riepilogo delle tecniche

1. Restate calmi. Le vibrazioni, il movimento e i suoni interiori sono esperienze normali.
2. Non abbiate paura, perché siete protetti e immortali.
3. Esigete la completa chiarezza della vostra consapevolezza ("Chiarezza, ora!") tutte le volte che lo ritenete necessario.
4. Focalizzate i pensieri per distoglierli dal corpo fisico.
5. Concentratevi su uno specifico obiettivo desiderato, che può essere una persona, un luogo o uno stato di coscienza che vorreste sperimentare.
6. Subito dopo aver formulato una richiesta, aspettatevi una sensazione di movimento.
7. Assaporate le nuove esplorazioni. L'universo invisibile è il vostro destino, e vi spetta di nascita.

## Elementi fondamentali dell'esplorazione fuori dal corpo

1. Noi siamo esseri spirituali (energia non fisica) che usano temporaneamente corpi (veicoli) biologici per poter sperimentare ed esprimersi.

2. Poiché il corpo fisico è un veicolo temporaneo, per noi è del tutto naturale separarci da esso e sperimentare il nostro vero sé non fisico.

3. Stiamo attualmente sperimentando un veicolo biologico per esplorare, interagire e imparare nell'ambito della dimensione fisica.

4. Le esperienze fuori dal corpo sono il normale cambiamento o trasferimento della consapevolezza dal veicolo fisico a quello non fisico dalla frequenza più elevata.

5. Noi usiamo e controlliamo allo stesso tempo veicoli multipli di energia (frequenza); ognuno di questi veicoli di energia esiste a una densità e a una frequenza vibratoria differente. Tutti i nostri veicoli di energia lavorano in maniera armoniosa per assisterci nel nostro sviluppo personale.

6. Ogni veicolo individuale di coscienza percepisce all'interno della sua frequenza specifica dell'universo. Per sperimentare e percepire la materia noi dobbiamo possedere un veicolo di materia; al fine di percepire e sperimentare in maniera consapevole le dimensioni vibratorie più elevate (meno dense), dobbiamo usare in maniera consapevole il veicolo di energia più adatto.

7. Noi siamo la fonte creatrice della nostra realtà e della nostra esperienza. Creiamo la nostra realtà individuale focalizzando e regolando l'energia-pensiero. Questo principio vale per tutti i livelli di energia dell'universo: ciò che sperimentiamo è stato influenzato, sistemato e manifestato dai pensieri consci e inconsci.

CAPITOLO 7

# Avere il controllo dell'esperienza

Ogni uomo scambia i limiti della sua prospettiva per i limiti del mondo intero.

Schopenhauer

Se vogliamo ottenere i massimi risultati da un'esperienza fuori dal corpo, dobbiamo assolutamente esercitare il controllo completo dell'intera operazione. L'esplorazione non fisica risulta più efficace, e il suo potenziale è addirittura illimitato, se si mantiene il controllo consapevole dello stato non fisico di coscienza. La nostra immaginazione non è in grado di considerare tutte le possibilità a disposizione. La pratica mi ha insegnato che più grande è la preparazione, maggiore è la capacità di muoverci e adattarci agli ambienti non fisici. Grazie alla giusta preparazione, molte persone riferiscono di aver esercitato un notevole livello di controllo fin dai primi viaggi.

I concetti fisici e le leggi dell'energia contano ben poco nelle dimensioni non fisiche dell'universo. Per essere davvero efficaci quando ci troviamo fuori dal corpo, dobbiamo imparare le cosiddette regole di comportamento non fisico. Per facilitarvi il compito ho raccolto una serie di situazioni, eventi e sfide in cui potete imbattervi durante le esplorazioni. Queste informazioni sono il risultato delle mie esperienze personali e del contributo offerto da centinaia di persone che hanno vissuto esperienze extracorporee negli ultimi vent'anni. Ritengo che gran parte dei dati pubblicati finora siano insufficienti, limitati a un singolo punto di vista o travisati dalle credenze e interpretazioni religiose, e ho quindi cercato di presentare un lavoro esente da qualunque influenza culturale.

In un mondo soffocato da teorie e credenze c'è un enorme bisogno di informazioni pratiche ottenute in base a esperienze dirette. Le risposte ai misteri della vita non sono nascoste, e stanno semplicemente aspettando che noi ampliamo la visione al di là dei limiti densi della materia.

## ACCORGIMENTI PER MANTENERE IL CONTROLLO

| **Situazione** | **Accorgimento** |
|---|---|
| Vibrazioni interiori (a volte intense) accompagnate da un forte ronzio, mormorio o boato. | State sperimentando lo stato vibratorio. Distogliete subito l'attenzione dal vostro corpo fisico. |
| Catalessi (incapacità di muovere il corpo fisico). | È un fenomeno temporaneo e normale che può avvenire subito prima o dopo un'esperienza fuori dal corpo. Il corpo energetico di frequenza più elevata è temporaneamente fuori sintonia con quello fisico. |
| Ritorno involontario al corpo fisico. | Provocato in genere da pensieri casuali rivolti al corpo fisico. Dovete concentrare la vostra attenzione sull'ambiente e il corpo di energia non fisica che state sperimentando. |
| Visione offuscata; consapevolezza poco chiara o simile allo stato di sogno. | Con tono deciso richiedete chiarezza finché la vostra vista o la consapevolezza non sono chiare: "Chiarezza, ora!". Concentratevi poi su un oggetto specifico o su una zona dell'ambiente che state esplorando. |

| | |
|---|---|
| Sensazione di ansia o paura; attacchi di panico. | Ripetete a voi stessi che siete sani e salvi, al sicuro. Circondatevi di un muro impenetrabile o un globo protettivo di luce bianca (in questo libro ho riportato ulteriori dettagli in merito). |
| Esperienza del tunnel | Avviene quando si apre la membrana di energia che divide due livelli principali di frequenze (dimensioni di energia non fisica). Il passaggio attraverso il tunnel viene spesso sperimentato come un forte movimento verso l'interno Rimanete calmi: tale sensazione sparisce nel giro di pochi secondi. E il risultato finale sarà il vostro accesso a una dimensione o un ambiente diversi. |
| Sensazione di rapido movimento; avete l'impressione di venire attirati nelle zone più profonde e sconosciute del vostro essere. | Il movimento è intenso, se non siete preparati può coglervi di sorpresa. Non perdete la calma: è un normale spostamento di coscienza dal vostro corpo di energia più densa a quello di energia più elevata |
| Pesantezza o incapacità di muoversi liberamente dopo la separazione | Provocato dall'insufficiente consapevolezza nel vostro corpo non fisico. Chiedete con decisione di avere la completa consapevolezza all'interno del corpo fisico che state sperimentando. Domandate: "Consapevolezza, subito!", e/o una maggiore leggerezza e mobilità. |
| Incapacità di ricordare con intensità l'esperienza appena vissuta. | Chiedete con fermezza di ricordare l'esplorazione fuori dal corpo: "lo ricordo tutto!" Tale richiesta è efficace soprattutto se viene formulata quando vi trovate già fuori dal corpo. |

| | |
|---|---|
| Percepire se stessi come una forma di energia consapevole. | Questo è il normale riconoscimento del nostro vero sé non fisico (anima). |
| Schiocco molto forte o rumore simile a un colpo d'arma da fuoco che sentite al momento della separazione. | Questo suono che a volte confonde il soggetto è probabilmente dovuto al brusco distacco che avviene in un punto della testa (secondo molti testi si tratta della ghiandola pineale). |
| Avete l'impressione di vedere attraverso le palpebre fisiche chiuse. | Ciò si verifica quando la coscienza viene trasferita all'interno del corpo energetico ma voi non vi siete separati dal corpo fisico. Distogliete l'attenzione dal vostro veicolo biologico: "Vado verso la porta". |
| Entrate nello stato vibratorio ma non riuscite a lasciare il corpo materiale. | Focalizzate l'attenzione in modo da allontanarvi dal corpo fisico e raggiungere un altro punto della casa. È di fondamentale importanza distogliere qualunque pensiero dal corpo stesso. |
| Sentite rumori strani e insoliti durante il sonno (voci, ronzii, campane, mormorii, musica, scalpiccìo di passi, e qualunque suono non indicato all'ambiente fisico che vi circonda). | I rumori strani rivelano che la vostra consapevolezza si è già trasferita dal corpo fisico a quello non fisico. Nel testo io li chiamo segnali interiori. |
| L'ambiente che vi circonda sembra essere il duplicato del vostro solito ambiente fisico. | State ora sperimentando il vostro corpo energetico dalla frequenza più lenta (e quindi più denso) e osservando la dimensione di energia parallela più vicina all'universo fisico. |

| | |
|---|---|
| Entrate in un ambiente non fisico contenente forme simili a nubi (a volte appaiono come immagini olografiche che possiedono vari livelli di densità). | State osservando forme di energia-pensiero non fisiche, che sono il risultato diretto dei pensieri concentrati su un ambiente energetico non fisico di consenso o naturale. |
| Avete la sensazione di essere toccati mentre vi trovate fuori dal corpo (può capitare subito prima o dopo la separazione). | Questo fenomeno può essere causato da tre fattori: 1) l'interpretazione della vostra mente delle correnti di energia non fisica; 2) l'adattamento del vostro corpo non fisico dal punto di vista energetico; 3) un essere non fisico o una persona cara che vi sfiora. Di solito ciò avviene dietro nostra richiesta inconscia. |
| Nella vostra mente appaiono immagini e pensieri vividi. | Qualcuno sta comunicando con voi. Il metodo universale di comunicazione non fisica è lo spostamento diretto del pensiero. Può trattarsi anche di una forma di comunicazione con un aspetto più evoluto del vostro sé. |
| Percepite o avvertite l'avvicinarsi di un essere di energia o di luce. | Avete riconosciuto un essere di energia: potrebbe trattarsi di un individuo a frequenza elevata: una guida, un amico, un angelo o un qualunque abitante interdimensionale. |
| Sentirsi persi o disorientati. | Interrompete il movimento in avanti e chiedete aiuto/chiarezza. Scegliete un oggetto dell'ambiente che vi circonda e concentratevi su di esso. |
| Vi sentite tirare al centro della schiena. | È un segnale interiore che annuncia il ritorno al corpo fisico. |

| | |
|---|---|
| Entrate in una stanza nuova e scoprite che l'intero ambiente è cambiato. | Capita spesso: corridoi, porte e finestre rappresentano l'inizio di un diverso ambiente energetico. |
| Incontrate un veicolo di qualunque tipo. | È una rappresentazione di un corpo di energia non fisico (privo di forma) o di un veicolo di consapevolezza, elaborata dalla mente. Spesso si tratta di un'immagine del vostro corpo energetico interiore o di frequenza più elevata. |
| Sperimentate un blocco o una barriera (un muro, un fiume o un ostacolo energetico di qualunque tipo). | Di solito una barriera è la rappresentazione energetica di un possibile limite che avete accettato o creato voi stessi; è l'opportunità di affrontare e superare un blocco di energia personale. Può essere anche il confine che delimita un ambiente o una realtà di consenso. |
| Osservate o affrontate una strana e spaventosa figura/creatura/essere di qualunque genere. | In genere le figure spaventose sono rappresentazioni energetiche delle nostre paure interiori; opportunità create dall'inconscio che ci consentono di affrontare e superare le paure personali, i blocchi e le limitazioni. Il modo più efficace di eliminare un problema o una paura consiste nell'affrontarli. Inviare amore ai propri timori è il sistema migliore per dissolvere la loro energia. |
| Rimanere intrappolati in un oggetto, una struttura o un ambiente non fisico (di solito si tratta delle lenzuola). | Tutti gli oggetti fisici hanno duplicati energetici dalla frequenza più elevata. Restate calmi e liberatevi, o fluttuate semplicemente via, allontanandovi dal problema. Ciò potrebbe rappresentare l'attaccamento al vostro ambiente fisico. |

| | |
|---|---|
| Vedete scene o ambienti che cambiano o si trasformano in rapida successione. | Di solito questa situazione riflette la mancanza di concentrazione. Per riprendere il controllo basta concentrarsi su un singolo oggetto o ambiente. Certi cambiamenti molto rapidi possono indicare anche che ci si trova in una realtà di non consenso. |
| Entrate in un ambiente molto brillante o di alto livello energetico (può manifestarsi come una opprimente sensazione di elevata energia accompagnata da una luce intensa). | Siete entrati in un ambiente di energia dalla frequenza più elevata di quella a cui siete abituati. Chiedete con decisione la regolazione della vostra velocità di vibrazione: "Adesso mi regolo", "Ora mi adatto", oppure rientrate nel corpo fisico. |
| Incapacità di muoversi attraverso strutture selettive. | Questo rappresenta sia un limite personale sia il confine di un ambiente di consenso. La frequenza della vostra energia personale potrebbe essere troppo densa per poter penetrare nella struttura (nel resto del libro sono disponibili altre informazioni in merito). |
| Perdere coscienza o il controllo nel bel mezzo di un'esperienza fuori dal corpo. | Chiedete ad alta voce la completa consapevolezza: "Adesso sono pienamente consapevole!" O "Consapevolezza, adesso!" (Non nominate mai il vostro corpo fisico, e non pensateci, altrimenti vi fate subito ritorno). |
| Improvvisa o graduale sensazione di pesantezza mentre volate o fluttuate. | Una percentuale insufficiente della vostra coscienza è all'interno del vostro corpo energetico. Chiedete con decisione di aumentare o di avere tutta la consapevolezza. |

| | |
|---|---|
| Duplice coscienza (la consapevolezza si trova al tempo stesso nel vostro corpo fisico e in quello di energia non fisica). | Avviene raramente. Poiché in natura la coscienza non è fisica, ha la capacità innata di essere contemporaneamente consapevole di diverse zone energetiche. La nostra coscienza può essere paragonata al flusso di energia che possiede la capacità di avanzare all'interno, nel fulcro non fisico dell'universo. |

## Sfruttare l'energia-pensiero

Il pensiero ha un potente effetto sulla nostra esperienza e sull'ambiente non fisico, soprattutto se viene focalizzato come una richiesta decisa; in tal caso comincia subito a ristrutturare e modellare l'energia non fisica che ci circonda.

In effetti i nostri pensieri, sia consci sia inconsci, creano una sorta di stampo energetico; interagiscono con l'energia sottile dell'ambiente non fisico, e cominciano a ristrutturarlo in base al loro contenuto. Scoprirete ben presto che solo alcuni ambienti specifici reagiscono subito alla vostra energia-pensiero: quelli che presentano una maggiore densità e solidità oppongono infatti resistenza ai cambiamenti.

Il potere del pensiero può essere sfruttato a vantaggio della mobilità personale. Quando siete fuori dal corpo, sperimentate vari metodi di movimento, e scegliete quello per voi più comodo e naturale (volare, camminare, scivolare), e non incontrerete limiti tranne quelli che voi stessi vi autoimponete. Appena vi adattate alle nuove capacità, i viaggi extracorporei diventano un'avventura emozionante.

La vostra conoscenza dei principi basilari dell'energia-pensiero è essenziale per adattarvi alle esperienze non fisiche e a controllarle. Qualunque dubbio possiate avere circa la loro validità scomparirà subito dopo le prime esplorazioni fuori dal corpo.

PRINCIPI DELL'ENERGIA-PENSIERO

1. Il pensiero è una forma di energia.
2. Il pensiero focalizzato possiede la capacità innata di influenzare, ristrutturare e infine plasmare l'energia.
3. Se l'energia della struttura o dell'ambiente è poco densa, la ristrutturazione è più veloce.
4. L'efficacia e la velocità con cui l'energia-pensiero ristruttura un ambiente energetico sono determinati dall'intensità del pensiero e dalla densità dell'energia su cui agisce.

## Adattamento all'ambiente non fisico

Per agire in maniera efficace negli ambienti non fisici che incontriamo quando ci troviamo fuori dal corpo, è essenziale comprendere ogni nuovo ambiente non fisico e i suoi principi energetici.

Per interagire con successo con le più sottili realtà pensiero-reattive dobbiamo riconoscere il potere creativo dei nostri pensieri e capire che noi stessi siamo la forza motrice della nostra esperienza.

Dobbiamo imparare ancora molte cose sulle dimensioni invisibili; per il momento possiamo fare affidamento sui seguenti principi:

MECCANICA ENERGETICA DI BASE

1. L'universo non fisico diventa sempre meno denso e aumenta la sua reattività al pensiero quando esploriamo allontanandoci dalla materia, diretti verso la fonte suprema di energia.
2. Essendo una forma di energia creativa, i nostri pensieri possiedono la tendenza naturale a interagire con gli ambienti non fisici che incontriamo e a modellarli. Più ci allontaniamo all'interno dell'universo multidimensionale, più rapida e intensa è la reazione dell'ambiente energetico provocata dal pensiero.
3. I nostri pensieri, consci e inconsci, influenzano l'energia non fisica che osserviamo. Il grado di influenza è direttamente proporzio-

nale all'intensità dei pensieri e alla densità dell'ambiente che ci circonda.

4. La realtà percepita in un ambiente pensiero-reattivo (naturale o di non consenso) viene determinata dalla frequenza di energia personale (densità) dell'osservatore e dei suoi pensieri consci/inconsci.

Questi principi hanno un notevole impatto su ciò che osserviamo quando ci troviamo fuori dal corpo, quindi non possiamo sottovalutarli. Ciò che vediamo e sperimentiamo viene influenzato dal modo in cui interpretiamo ogni ambiente non fisico e reagiamo a esso.

I primi esploratori fuori dal corpo misero in pratica tali principi. Nell'Apocalisse San Giovanni descrive incontri con splendide città, angeli ed entità a cavallo. Cinque secoli dopo Maometto descrive se stesso mentre cavalca un magnifico stallone bianco attraverso quelli che lui chiama "i sette cieli". È logico che le percezioni della realtà di questi esploratori del primo e del quinto secolo abbiano influenzato ciò che essi hanno visto mentre erano fuori dal corpo. In altre parole, la nostra storia e le credenze religiose hanno subito l'influsso del modo in cui gli antichi profeti percepivano e interpretavano gli ambienti non fisici che sperimentavano.

Le prime osservazioni di mistici, profeti e santi erano plasmate dai loro preconcetti fisici e sociali della realtà. Al giorno d'oggi Maometto visualizzerebbe se stesso alla guida di un scintillante veicolo bianco attraverso le dimensioni energetiche dell'universo; San Giovanni dichiarerebbe di trovarsi fuori dal corpo, e non di essere uno spirito.

Questa conoscenza non sminuisce affatto gli scritti altamente ispirati dei primi esploratori spirituali, e fornisce ulteriori intuizioni sul significato invisibile delle esplorazioni stesse; tra coloro che hanno influenzato e modellato le più importanti religioni, molti erano dediti ai viaggi extracorporei, che hanno poi riferito basandosi sulle loro percezioni della realtà. Nella Bibbia abbondano frasi come «Io ero in ispirito», «Devi nascere di nuovo per entrare nel regno dei cieli», «Lo spirito mi ha mosso» e «Per prima cosa cerca il regno di Dio». Queste affermazioni sono chiari riferimenti alle esplorazioni non fisiche (spirituali) dell'universo effettuate dai loro autori. È del tutto naturale che i primi esploratori delle dimensioni non fisiche abbiano chiamato "paradiso" l'oggetto delle loro scoperte; è senz'altro il nome adatto a un universo che reagisce al pensiero e fluisce con infiniti livelli energetici di luce e bellezza.

Ognuno di noi è diverso, e ciò che sperimentiamo quando ci troviamo fuori dal corpo varia in conformità al nostro indottrinamento sociale e alle credenze più fermamente mantenute. Gli ambienti e gli oggetti incontrati vengono spesso percepiti attraverso il filtro della mente. Ogni volta che esplorate fuori dal corpo potete chiedere di vedere la vera forma energetica dell'oggetto o dell'ambiente che state sperimentando. Se vi sentite confusi o avete qualche domanda in merito alle vostre osservazioni, potete sempre chiedere delucidazioni.

Tenete a mente che qualunque forma è energia; questo concetto si applica a tutti gli ambienti, le frequenze e le densità all'interno dell'universo (compresi quelli fisici). Gli oggetti, le situazioni e gli ambienti che percepiamo sono modellati e formati dall'energia-pensiero per un motivo specifico. La nostra comprensione di questo principio energetico basilare ci aiuta a interpretare le numerose forme energetiche che incontriamo, e a reagire a esse.

Ho scoperto che forme spontanee di energia non fisica di solito si riscontrano nelle regioni reattive al pensiero che si trovano oltre la prima dimensione non fisica (che è un duplicato energetico parallelo del mondo fisico, abbastanza stabile e resistente all'energia-pensiero). Di solito le forme di energia percepite come strutture a livelli multipli, veicoli e organismi d'acqua indicano che ci si è avventurati all'interno nelle zone dell'universo multidimensionale più reattive al pensiero.

## Guide

I metodi più importanti per dirigere e controllare le esplorazioni fuori dal corpo sono tre. Il primo consiste nel sorvegliare i nostri pensieri consapevoli (un compito a dir poco immane); il secondo nel chiedere aiuto al nostro sé superiore (anima), la parte più elevata del nostro essere, e il terzo nel domandare l'assistenza di una guida o un maestro con cui ci sentiamo a nostro agio: Gesù, Buddha, san Paolo, un angelo custode o un santo.

Quando invochiamo una guida, veniamo spesso indirizzati verso l'esperienza più favorevole al nostro sviluppo spirituale. Le guide non fisiche si fanno vedere raramente; possiamo invece percepire la loro presenza. Nella loro immensa saggezza esse capiscono che mostrandosi ci distrarrebbero, distogliendoci dal nostro obiettivo. In presenza di una guida proviamo spesso un forte senso di amore e sicurezza. Dentro di noi sappiamo di essere assistiti e diretti verso un'esperienza ideale.

I vantaggi di tale sostegno sono numerosi. Nei mondi di frequenza più elevata i nostri bisogni sono trasparenti; il livello di sviluppo spirituale, i blocchi interiori, i limiti, le paure e le capacità sono evidenti.

Una guida non fisica può valutare le necessità legate alla nostra evoluzione e assisterci nella situazione più adatta allo scopo.

Per quanto riguarda dimensioni e differenze, i mondi interiori dell'universo sono più grandi di quanto possa comprendere la nostra mente: ci restano da esplorare un'infinità di realtà e livelli energetici. Privi di una guida è facile confondersi o smarrirsi all'interno di un ambiente pensiero-reattivo.

Un'assistenza illimitata è sempre a nostra disposizione, dobbiamo solo chiederla, dato che le guide possono intervenire solo se richieste.

### Chiarezza

Uno dei modi migliori per ampliare la consapevolezza quando vi trovate fuori dal corpo consiste nel focalizzare subito l'attenzione su una singola idea o un obiettivo, e mantenerla così. Se la concentrazione comincia a vacillare o la visione diventa confusa, simile a un sogno, chiedete con decisione una maggiore chiarezza: è il modo migliore per mantenere e ampliare la consapevolezza e il controllo.

Questo accorgimento serve anche a prolungare le esplorazioni, che possono così durare alcune ore. Ogni volta che la vostra mente sembra divagare, non dovete fare altro che dire o pensare: "Chiarezza, ora!". Spesso bisogna farlo subito dopo la separazione, quando ci si trasferisce in un nuovo luogo non fisico, o quando si viaggia tra ambienti e dimensioni di energia.

All'inizio il sistema più facile per controllare e prolungare le esplorazioni extracorporee consiste nell'abituarsi a domandare chiarezza ogni due o tre minuti. Con il passare del tempo, grazie alla pratica costante la visione diventa automaticamente limpida.

È importante riconoscere il fatto che noi orchestriamo la nostra esistenza, sia fisica sia non fisica, con il potere dei pensieri. Quando abbiamo l'impressione di aver perso il controllo, significa solo che lo abbiamo concesso ad altri o ci siamo rifiutati di accettare le nostre responsabilità personali. Per molti è più facile puntare il dito e incolpare gli altri che non accettare la responsabilità dei pensieri e delle azioni individuali. Alcune delle lezioni più difficili che dobbiamo imparare sono strettamente legate al controllo del pensiero e alle responsabilità personali.

La capacità di concentrarci è un elemento centrale della nostra evoluzione personale. I benefici che ne riceviamo sono al di là delle aspettative: la nostra stessa vita è la ricompensa.

## TECNICA PER LA CHIAREZZA

Un semplice esercizio permette di evitare la mancanza di sintonia e la confusa consapevolezza che molte persone lamentano subito dopo la separazione dal corpo fisico: basta dire subito dopo il distacco: "Chiarezza, adesso!", "Esigo chiarezza!" o "Chiarezza!" . Formulando questa richiesta evitate qualunque possibile accenno al vostro corpo o all'ambiente fisico. Per esempio, la frase: "Io chiedo piena consapevolezza nel mio corpo" vi riporterà subito all'interno del veicolo biologico.

Ricordatevi sempre che quando siete fuori dal corpo sperimentate una forma di energia e un ambiente meno densi e dalla frequenza più elevata. Il vostro nuovo ambiente, compreso il corpo non fisico in cui vi trovate, reagisce all'energia-pensiero molto di più del corpo fisico. Formulate la domanda in maniera ferma e specifica: il risultato sarà immediato ed efficace.

Potete ricorrere a questa tecnica anche per far emergere un sogno lucido a livello di esperienza fuori dal corpo del tutto consapevole. La chiave di tutto sta nel ripetere questa procedura fino a quando la nebbia non svanisce, lasciando il posto alla piena consapevolezza.

Io vi ricorro automaticamente subito dopo la separazione dal corpo fisico, e la ripeto ogni volta che la mia visione o la mia consapevolezza non sono nitide: in questo modo acuisco le percezioni non fisiche e amplio il controllo e la capacità di ricordare.

## Riduzione e controllo della paura

La paura può rappresentare un ostacolo alla riuscita di un'esplorazione. Le nostre ansie, consce o inconsce, creano intorno a noi mura invisibili, spingendoci in un angolo e impedendoci di sviluppare al meglio il nostro potenziale. Le nostre scelte e il tipo di vita che conduciamo sono spesso diretti dal modo in cui affrontiamo le paure.

Ai tempi del liceo avevo un amico che era considerato uno dei migliori giocatori di baseball di Baltimora. Era al centro dell'attenzione di giornali e televisioni e il suo allenatore gli organizzò un provino presso una squadra di prima categoria. Dopo alcune settimane di incoraggiamento da parte dell'allenatore stesso e dei compagni, mi confidò un segreto: «Temo di fallire. Non sono abbastanza bravo». Fu così che non si presentò nemmeno alla prova: la paura di non essere all'altezza si rivelò troppo grande. Invece di inseguire il suo sogno, si arrese alle incertezze che lo assillavano.

Molti credono che l'atto stesso di separarsi dal corpo fisico e di esplorare nuovi regni dell'universo serva a ridurre le paure e i limiti che noi stessi ci poniamo. Dopo aver vissuto un'esplorazione, le persone parlano spesso delle loro vittorie.

A volte si diventa consapevoli di un aspetto interiore del proprio essere, che magari viene addirittura affrontato; in altre occasioni invece ci si rende conto di non essere soltanto una creatura fisica. Alcune persone mi hanno detto che si erano sentite connesse a una parte più elevata del loro essere. In qualunque modo lo chiamiamo (spirito, sé superiore, Dio o mente universale), per gli individui coinvolti questa connessione è del tutto reale. È un'esperienza difficile da spiegare, perché si estende ben al di là dei nostri concetti lineari di realtà.

Nella vita di ognuno ci sono momenti di fondamentale importanza che cambiano il destino: la sfida consiste nell'affrontare tali momenti e superare le paure. La scoperta delle esplorazioni fuori dal corpo può essere proprio uno di quei momenti, e la decisione di avventurarsi oltre i confini fisici può cambiare il corso dell'esistenza. Per quanto mi riguarda, devo ammettere che lo è stato davvero, e ringrazio Dio perché ho superato i miei timori e mi sono avventurato oltre. Ho imparato che tutte le paure sono soltanto illusioni. Ognuno di noi è un essere immortale che possiede un potenziale illimitato: il nostro vero sé interiore non può essere né ferito né ucciso.

## ATTACCHI DI PANICO

Alcune persone dichiarano di provare durante le prime fasi dei viaggi extracorporei una forte paura simile a un attacco di panico.

Di solito ciò avviene a causa del terrore dell'ignoto e dell'iniziale sorpresa che si prova staccandosi dal proprio corpo fisico.

Gli attacchi di panico vengono scatenati dalle insolite vibrazioni e dai rumori che accompagnano a volte lo spostamento della coscienza dal corpo molecolare denso alla controparte di energia più elevata. È importante ricordare che si tratta di componenti naturali di ogni esplorazione fuori dal corpo.

Riconoscere e comprendere questi fenomeni insoliti può servire a ridurre o eliminare l'ansia.

Se gli attacchi di panico sono un fenomeno ricorrente, può bastare una semplice affermazione: al primo segno d'angoscia ripetete mentalmente: "Io sono sano e salvo" o "Io sono protetto". Continuate fino a quando l'affanno non sparisce. Seguite poi le solite istruzioni dirigendovi lontano dal vostro corpo fisico ("Io vado verso la porta"). In genere dopo che la separazione dal veicolo biologico è completata, l'ansia iniziale scompare.

Tenete sempre a mente che le esperienze fuori dal corpo sono un naturale trasferimento di coscienza, e quindi non c'è nulla da temere: lo possono testimoniare i milioni di persone che ogni giorno escono dal loro corpo fisico. Dopo aver compiuto con successo un viaggio extracorporeo, gli attacchi di panico non sono più un problema: voi stessi sapete ormai che non è il caso di avere paura.

### TECNICA PER RIDURRE LA PAURA

Se la paura continua ad assillarvi, questa tecnica può esservi utile.

1. *Identificate la paura.* Cercate di identificare la natura della vostra apprensione: si tratta forse dell'ignoto, del cambiamento troppo rapido o del rischio di perdersi? Riconoscere la causa dell'angoscia è indice di sicuro progresso.

2. *Usate la paura.* La paura è una forma di energia, che fa aumentare il ritmo della respirazione, la forza e la capacità di concentrarsi. È un'esplosione di energia della natura, e ha lo scopo di ampliare la vostra capacità di affrontare possibili ostacoli o sfide. Quando siete spaventati, cercate di sfruttare al meglio questa emozione: usate l'energia che genera per aumentare la concentrazione e il desiderio di raggiungere il vostro obiettivo personale.

3. *Respingete la paura.* Respirate a fondo, e quando espirate visualizzate la paura che viene espulsa dal vostro corpo, dalla mente e dalle emozioni.

Ripetete mentalmente: "La paura si sta allontanando da me", "La paura se n'è andata", "Io mi elevo oltre la paura" e "Le mie paure vengono spazzate via". Visualizzate con la massima chiarezza possibile la paura che si allontana da voi, svanendo per sempre.

4. Sostituite la vostra paura. Rimpiazzate la paura con un'energia positiva e produttiva come l'allegria, la concentrazione, il coraggio o l'emozione dell'avventura. Usate un'affermazione appropriata come per esempio "Io sono sano e salvo", "Io assaporo la mia nuova avventura" o "L'eccitazione scorre in me".

VISUALIZZAZIONE DELLA MONGOLFIERA

La seguente visualizzazione può aiutarvi a superare la paura e altri ostacoli che vi impediscono di vivere con successo un'esperienza fuori dal corpo.

Respirate più volte a fondo e rilassatevi completamente. Visualizzate ora un'enorme mongolfiera di colore arancione brillante; vi avvicinate, e vedete che è pronta per volare via. Il sorriso ormai familiare della vostra guida vi dà il benvenuto a un'altra avventura oltre i limiti della materia. Entrate nel cestone, animati dalla certezza di un nuovo e meraviglioso viaggio.

Colmi di gioia, tagliate le funi che vi tengono legati a terra. Grazie a una forte spinta verso l'alto la mongolfiera comincia a salire; un'emozione intensa cresce in voi mentre vi innalzate sempre di più ondeggiando dolcemente sulle cime degli alberi. Sotto di voi le case e le macchine sembrano piccoli e insignificanti giocattoli.

Vi accorgete che lungo il bordo del cesto sono appesi alcuni sacchetti; li guardate da vicino, e scoprite che contengono le vostre paure e i vostri limiti. Ognuno di essi è etichettato: paura dell'ignoto, dei cambiamenti, dei fallimenti, delle nuove sfide, della morte... in pratica, tutte quelle che state sperimentando. Concedetevi un attimo di tempo per riconoscere le vostre fobie, e fissate con attenzione i loro contenitori.

Mentre volate sopra gli alberi, vi rendete conto che avete smesso di salire: il peso delle paure e delle limitazioni vi sta trattenendo. Date una sbirciatina verso il basso, e scoprite che ogni sacchetto è legato con cura alla mongolfiera. Felici, li slegate uno dopo l'altro e li guardate precipitare a terra. Il pallone riprende così a salire. Animati da un'eccitazione infantile sentite cadere ogni paura, certi che se n'è andata per sempre, e ogni limitazione appartiene ormai al passato.

Alcuni sacchetti sono fissati così strettamente che per liberarvene dovete tagliare la fune. La vostra guida vi porge un temperino, e con grande allegria voi cominciate a recidere le corde, sperimentando l'ampliarsi della vostra leggerezza e della libertà. In voi scorre il piacere della liberazione totale, mentre salite sempre più in alto. Raggiungete così nuove altezze: paure e limiti sono scomparsi per sempre.

## Riepilogo

- Voi possedete la quantità esatta di controllo che ritenete di possedere, che accettate e mettete in pratica.

- Per prolungare un'esperienza fuori dal corpo dovete distogliere l'attenzione dal vostro corpo fisico, e per riuscirci basta interessarsi in maniera totale all'ambiente non fisico che state esplorando, lasciandovi coinvolgere. Vi accorgerete ben presto che pensando al veicolo biologico ci si ritorna di colpo.

- Voi controllate la vostra esperienza, in maniera sia conscia sia inconscia; siete autori, registi e protagonisti di ogni esperienza, situazione e incontro. Ciò si applica a tutti i livelli dell'universo.

- Solo voi potete decidere come muovervi: siete liberi di camminare, fluttuare, volare o scivolare. E avete la possibilità di cambiare metodo in qualunque momento, in modo da adattarvi alle varie situazioni.

- Se la vostra percezione è confusa o indistinta, potete renderla più nitida chiedendone un immediato miglioramento: "Chiarezza, ora!".

- La vostra forma di energia non fisica è estremamente flessibile per ciò che riguarda dimensioni, forma, struttura e capacità. Con ogni probabilità sperimentate la forma per voi più agevole, che di solito è una copia del vostro corpo fisico. Al di là della seconda membrana di energia avete la capacità di adattarvi in maniera consapevole e trasformare il vostro aspetto in qualunque modo. Tutto ciò si ottiene concentrandosi su un cambiamento della percezione del proprio sé.

- La paura è un sentimento che si genera da solo, e di solito deriva dalla mancanza di conoscenza o informazioni in merito alle nuove situazioni o ambienti che incontrate. Ricordatevi sempre che siete un potente essere non fisico, e la vostra essenza è pura coscienza Non dovete temere nulla perché siete immortali.
- Cercate di mantenere il più possibile la mente aperta, evitando di formulare giudizi. Le opinioni, le credenze e le conclusioni a cui vi aggrappate in modo eccessivo possono influenzare ciò che sperimentate e percepite, così come fanno nel mondo fisico.
- Ricordatevi di rimanere calmi e centrati durante i cambiamenti o i movimenti della vostra consapevolezza.
- Riconoscete la capacità di controllare le vostre mosse e la vostra esperienza. I pensieri sono veicoli personali, una vera e propria forza creativa. Dovete semplicemente andare dove vi portano i pensieri.
- Richiedete con fermezza quello che volete esplorare, ottenere o percepire, e siate il più specifici possibile.
- Quando esprimete le richieste, siate pronti ai rapidi cambiamenti e/o al movimento interiore.
- Aspettatevi di vedere esaudite le vostre istanze: siate pronti e disposti a ricevere.
- Se quanto state osservando o sperimentando non vi è chiaro, chiedete delucidazioni in merito (per esempio: "Che cosa rappresenta questa forma di energia non fisica?").
- Esercitate la vostra capacità di controllo. Fatelo e basta, senza esitazioni o incertezze.

La vostra capacità di destreggiarvi in un ambiente pensiero-reattivo dipende in gran parte dal controllo che avete sui pensieri stessi, dalla conoscenza accumulata e dalla capacità personale di restare calmi e concentrati quando vivete un cambiamento improvviso. Come accade in qualunque altra situazione, più siete preparati più l'esperienza risulta produttiva. Tenete bene a mente che potete sperimentare il livello di controllo che avete richiesto. E quindi, mirate sempre in alto...

CAPITOLO 8

# Esplorazioni avanzate

Dopo essere stata allargata da una nuova idea, la mente di un uomo non torna più alle sue dimensioni originali.

Oliver Wendell Holmes

Il potenziale dell'esplorazione fuori dal corpo è infinito. Dopo aver oltrepassato i limiti fisici, la nuova ed eccitante frontiera dell'esplorazione umana si staglia davanti a noi. Le antiche barriere si dissolvono, mentre la nostra vera forza si realizza.

Ognuno di noi possiede capacità invisibili a cui non sappiamo ancora attingere, e che la scienza sta iniziando solo ora a comprendere. Le esperienze fuori dal corpo controllate dal soggetto aprono la porta a una nuova era di sviluppo ed espansione umana: spetta a noi scegliere se esplorare questa realtà o restare prigionieri entro i confini restrittivi della nostra fisicità.

In questo capitolo ho indicato una lista di possibili esperimenti per aiutarvi a capire quanto sia facile esplorare. Per ottenere specifici risultati o benefici voi stessi potete elaborare gli esercizi che ritenete più congeniali. Ricordatevi sempre di prendere nota dei risultati ottenuti (un registratore è la soluzione ideale).

Vi suggerisco di iniziare con due esperimenti simili a quelli condotti presso la facoltà di parapsicologia dell'università di Stanford.

Il primo è abbastanza facile: prima di iniziare la tecnica fuori dal corpo, ponete un oggetto di piccole dimensioni come un foglio di carta, una matita o una moneta sul bordo del tavolo. Durante l'esperienza cercate in maniera consapevole di abbassare la vostra densità personale (la frequenza) e di spostare l'oggetto stesso. Annotatevi il risultato.

La seconda prova consiste nel vedere un obiettivo lontano quando ci si trova fuori dal corpo. Chiedete a un amico di scrivere un numero o un simbolo, o fare un disegno (la larghezza del testo dev'essere di almeno venti centimetri), e di piazzarlo in un luogo che non potete vedere fisicamente ma che conoscete bene, come per esempio casa sua. Separatevi dal vostro veicolo biologico, focalizzate l'attenzione sul posto dell'obiettivo e cercate di osservarlo con la massima accuratezza.

## Esplorare l'universo

Quando ci si dedica alle esplorazioni al di là del proprio corpo fisico, la prima dimensione non fisica che si incontra è un mondo parallelo che consiste di un'energia molte volte meno densa della materia. A una prima occhiata sembra essere una copia del mondo materiale, ma dopo una più attenta indagine potete scoprire che questo ambiente energetico è simile ma non identico a quello fisico: gli oggetti come le sedie, le porte, i letti e i locali interi sono infatti leggermente diversi.

Il motivo è semplice: le cose e gli ambienti osservati nel primo livello di energia dell'universo non possiedono sostanza fisica, sono soltanto modelli energetici. Ogni oggetto non fisico che vedete esiste in maniera del tutto indipendente dall'universo fisico.

Numerose persone sono state indotte a credere che stavano osservando la realtà fisica da un diverso punto di vista; si aspettano che l'ambiente non fisico sia identico a quello concreto, e quando le loro aspettative vengono deluse rimangono confusi e disorientati. Di conseguenza, si convincono che l'intera esperienza extracorporea sia un semplice sogno. Questo equivoco nasce perché siamo stati condizionati ad accettare come valida solo la forma densa, e di conseguenza la nostra mente ha la tendenza a concentrarsi sull'unica realtà che conosciamo e accettiamo, cioè la materia.

Un indottrinamento del genere è prevedibile, dato che viviamo immersi in un mare di stimoli fisici e in un ambiente fisico, e fa parte del processo naturale di socializzazione. Per riuscire a superare questa forma di ammaestramento dobbiamo solo riconoscerlo. Il mondo fisico su cui ci concentriamo è solo una minuscola frazione dell'universo. In realtà, le forme materiali che vediamo intorno a noi sono soltanto la superficie esteriore dell'intero universo multidimensionale.

Ricordatevi sempre che la realtà è relativa; l'ambiente che percepiamo come reale è determinato dalla nostra densità e frequenza personale. Quando ci troviamo fuori dal corpo gli oggetti fisici ci appaiono vaporosi, simili a fantasmi: ciò accade perché la materia, vista dal punto di vista d'una frequenza più elevata, per noi non e più una realtà solida. Da questa nuova prospettiva l'unica realtà solida è quella della frequenza (densità) energetica corrispondente alla vostra.

Conoscere questo principio energetico si rivela molto importante quando vi ritrovate a esplorare un universo dal livello vibratorio diverso, e vi permette di controllare le esperienze.

Continuando con le esplorazioni, potete rendervi conto di un'incredibile verità: grazie al pensiero focalizzato riuscite a muovervi nelle differenti zone energetiche dell'universo. Siete in grado di alzare e abbassare in maniera consapevole la vostra velocità vibratoria (densità), provocando il corrispettivo mutamento dell'ambiente che vi circonda. Questa scoperta è molto importante perché elimina il bisogno di movimento esterno (laterale): ciò significa che potete esplorare senza muovervi qualunque frequenza dell'universo. I concetti fisici di distanza, separazione e moto diventano irrilevanti.

Un secondo vantaggio dato da questo tipo di esplorazione avanzata è l'acquisizione di un maggiore controllo di sé. È molto più facile rimanere centrati, e anche mantenere il senso di stabilità e chiarezza, quando non si devono affrontare contemporaneamente cambiamenti esterni e interni.

Inoltre, questo metodo vi permette di esplorare con maggiore efficacia gli innumerevoli livelli di frequenza dell'universo. Il movimento laterale nell'ambito di una specifica dimensione energetica è spesso limitato a una banda dell'intera frequenza.

E infine aumenta la capacità di esplorare, percepire e comprendere al di là dell'attuale comprensione umana. Alterando in maniera consapevole la vostra densità (frequenza vibratoria) avete accesso illimitato all'interno non fisico dell'universo.

Gli attuali concetti di moto sono direttamente legati al nostro indottrinamento fisico. Ognuno di noi evolverà fino al punto di "essere" semplicemente in qualunque punto in cui vogliamo trovarci. Questa non è una teoria, ma un fatto pratico che può essere riscontrato con l'esperienza personale.

MOVIMENTO INTERDIMENSIONALE CONTROLLATO

1. Subito dopo la separazione allontanatevi dal corpo fisico e rimanete calmi e centrati. Se necessario, richiedete chiarezza o consapevolezza: "Consapevolezza, subito!".

2. Mentre siete fuori dal corpo, esigete con decisione di sperimentare la successiva dimensione di energia interiore: "Io sperimento il prossimo livello (dimensione) di energia interiore, ora!". Indicate qualunque zona volete esplorare: il risultato immediato sarà un intenso movimento interiore che durerà alcuni secondi. Mantenete il più possibile la calma: se non siete preparati, la sensazione provocata dallo spostamento può essere molto intensa e disorientarvi. È come essere tirati verso il centro della propria coscienza.

3. Appena il movimento è terminato, centratevi richiedendo la vostra piena consapevolezza: "Consapevolezza. Adesso!". Siate pronti: il vostro nuovo ambiente e il punto di vista saranno completamente diversi.

## Alzare la frequenza interiore

Continuando l'esplorazione nei livelli energetici di frequenza più elevata, potreste notare alcuni cambiamenti legati allo stato di consapevolezza: vengono spesso riportate sensazioni di energia interiore, visioni, esperienze legate all'apparizione di una luce bianca, e l'aumento della sensibilità all'energia stessa.

Gli ambienti che incontrate sono sempre più luminosi, e la loro sostanza è costituita da una forma di energia più elevata. Per esempio, quando osservate un fiore o un filo d'erba potete vedere che emana un ampio spettro di luci e colori. Un unico filo d'erba appare costituito da migliaia di punti luminosi, ognuno dei quali è pura e viva coscienza.

Quando la nostra esplorazione si fa più profonda, abbiamo bisogno di elevare la velocità vibratoria interiore, in modo da aumentare la luce interna. Affinché la ricognizione dei livelli più elevati dell'universo sia efficace, la velocità vibratoria deve mutare per coincidere con la frequenza che stiamo sperimentando. Nel caso in cui non esista tale sintonia fra noi e l'ambiente che ci circonda, sperimentiamo una luce accecante e ci sembra di essere schiacciati da una forma di intensa energia. Si tratta di una sensazione talmente spiacevole che molte persone tornano di scatto nel corpo fisico.

Per innalzare la velocità vibratoria interiore dobbiamo solo formulare una richiesta decisa e sincera, in modo da favorire il nostro sviluppo spirituale. La sintonizzazione dei sistemi energetici invisibili è un processo di crescita che di solito avviene mentre dormiamo o stiamo sognando. La maggior parte della gente non si rende conto di questi cambiamenti, ma chi è invece informato in proposito percepisce spesso ondate di energia interiore che gli attraversano il corpo; si tratta di un processo che può durare pochi secondi o alcuni minuti, a seconda dell'entità dell'adattamento necessario. Ho scoperto che questa procedura ha un notevole effetto sulle capacità non fisiche. Se vogliamo avventurarci nei regni più elevati dell'universo dobbiamo elevare la nostra frequenza energetica personale; se vogliamo sfuggire alle illusioni della materia, abbiamo l'obbligo di far crescere la nostra luce personale.

Tenete sempre presente che il paradiso non si adatta a noi: siamo noi che dobbiamo elevarci per poter essere all'altezza!

I pensieri negativi, la rabbia, l'odio, le forme di attaccamento e l'ignoranza bloccano la naturale radiosità della luce interiore. Le emozioni e i pensieri distruttivi sono un tipo di energia a bassa frequenza che ricopre a mo' di mantello il nostro corpo di energia interiore. Quando vi trovate fuori dal corpo potete individuare subito queste vibrazioni negative nel campo energetico (aura) di chi state vedendo. I sentimenti negativi come l'odio, la paura, la rabbia e la cupidigia diventano parte della persona che li crea; agiscono come un campo che appesantisce l'energia, impedendo alla luce dell'anima di splendere con la sua normale intensità. Nel corso delle proiezioni astrali potete verificare l'evoluzione di coloro che incontrate osservando il vigore della luce che emanano: più forte è la luminosità, più alto è il livello evolutivo raggiunto.

Per elevare la nostra frequenza interiore dobbiamo iniziare eliminando i blocchi di energia interna. È per questo motivo che anime spiritualmente evolute come Gesù e Buddha hanno dedicato gran parte del loro tempo all'insegnamento della Regola d'oro: "Ama il prossimo tuo...", "non fare agli altri...". Essi avevano perfettamente capito che più blocchi eliminiamo, più brilla la nostra luce e maggiore è la nostra velocità di frequenza nell'universo multidimensionale.

Il riconoscimento di questo principio riveste un'importanza fondamentale per la nostra evoluzione immediata. Quando il corpo fisico muore, si passa automaticamente al livello di energia (frequenza) dell'universo che corrisponde alla velocità di vibrazione personale. Si tratta di un processo energetico naturale, del cambiamento cioè di coscienza da una frequenza all'altra. Gli individui speciali che hanno riconosciuto ed eliminato tutti i loro blocchi, elevando la loro velocità personale, sperimenteranno la piena magnificenza e la luce del regno dei cieli.

## Amplificare lo stato vibratorio

È possibile amplificare lo stato vibratorio da una leggera vibrazione interiore alla completa separazione dal corpo fisico. Questo risultato può essere ottenuto incoraggiando mentalmente le vibrazioni più leggere affinché crescano, si allarghino e si diffondano in tutto l'organismo. È normale che alcuni di noi si risveglino nelle varie fasi del sonno e sperimentino un leggero tremito interiore e/o un formicolio alla base del collo o nelle braccia e nelle gambe. Ciò avviene spesso nella fase REM, durante i sogni lucidi o le fasi più leggere di alpha, come per esempio lo stato ipnagogico. Per riuscire in tale compito occorre prestare attenzione alle fluttuazioni di energia sottile che avvengono nelle fasi iniziali del sonno, nei sogni e nel rilassamento. La consapevolezza delle nostre sensazioni interiori, dei sentimenti e delle percezioni rappresenta un importante primo passo nella percezione delle vibrazioni interiori.

Da oggi in poi, quando vi svegliate o entrate e uscite dal sonno rimanete fisicamente immobili e rilassati. Notate qualunque cambiamento dell'energia interiore, vibrazioni, intorpidimento, formicolio o altre sensazioni insolite: se ciò dovesse avvenire, incoraggiate mentalmente le vibrazioni e le altre sensazioni affinché si diffondano in tutto il vostro organismo. Lasciatevi andare e seguite il loro flusso mentre occupano ogni angolo del vostro corpo e della vostra mente: a questo punto potete ordinare a voi stessi di allontanarvi dal veicolo biologico. Distogliete l'attenzione e qualunque pensiero dal corpo fisico, dirigendovi in un altro punto della casa.

Per quanto possa apparirvi strano, questa procedura è la cosa più naturale da fare: basta accorgersi dei sottili cambiamenti non fisici che avvengono nel nostro organismo, e saperli organizzare.

## Ampliare la capacità di ricordare

Ogni volta che terminate un'esperienza fuori dal corpo o un esperimento, chiedete con fermezza e decisione un trasferimento completo della vostra memoria alla vostra consapevolezza fisica. Il cervello materiale e la memoria funzionano come un computer: le informazioni non fisiche accumulate devono essere trasferite e immagazzinate con cura all'interno della consapevolezza fisica. E per riuscirci non dovete fare altro che chiederlo. Molti esploratori ignorano questo principio, e il risultato può essere un ricordo confuso e disgiunto dell'avventura appena vissuta. Come accade per la tecnica della chiarezza, maggiore è l'enfasi con cui formulate la richiesta, maggiore è l'efficacia del risultato. L'ideale è una affermazione focalizzata e decisa: "Io ricordo tutto!". Fate la dichiarazione quando siete pronti a tornare al corpo fisico: in questo modo vi ritrovate di colpo all'interno del vostro corpo fisico.

## Esplorazioni di gruppo e con un partner

Condividere l'esplorazione con un gruppo può fornire notevoli benefici a tutte le persone coinvolte. Trattandosi di un'esperienza di nuovo tipo è senz'altro utile acquisire le informazioni vissute da altri, e inoltre si possono discutere nuove prospettive e tecniche.

Agire all'interno di un gruppo ci permette di scambiare appunti e imparare dai resoconti altrui. Quando eleviamo le nostre capacità, possiamo esplorare le zone importanti legate alla riduzione della paura, la rivalutazione delle credenze, la conversione ai sogni e le tecniche di separazione, basandoci su racconti di prima mano. Abbiamo inoltre la possibilità di discutere e identificare i limiti e i blocchi che appaiono.

Si possono condurre esperimenti di verifica: per esempio, un gruppo può creare un obiettivo, un tempo e uno spazio fisico dove tutti i membri devono incontrarsi mentre si trovano fuori dal corpo. Io raccomando sempre di trovare qualcuno con cui condividere le proprie esperienze, una persona seriamente interessata alle scoperte interiori. Incontrare in maniera consapevole un amico o un fidanzato in condizioni non fisiche è a dir poco fantastico.

### LA TECNICA DEL PARTNER

È una variazione della tecnica Christos, sviluppata dal giornalista australiano G. M. Glaskin e che in origine era stata designata come metodo regressivo per l'analisi delle incarnazioni passate. Ben presto era però emerso che tale procedura provocava l'uscita dal corpo di molti tra i soggetti interessati.

Il metodo qui indicato è adatto a coppie, amici e interi gruppi. Voi dovete mantenere il più possibile la calma, perché in qualità di guida avete il compito di condurre la meditazione e dirigere di tanto in tanto il vostro compagno.

L'altra persona deve stendersi supina, con gli occhi chiusi e la testa rivolta verso nord. Per raggiungere il massimo rilassamento dovrebbe togliersi le scarpe e adagiarsi su una superficie morbida come un letto, un materassino o alcuni cuscini.

Cominciate a massaggiarle le caviglie con un movimento dolce e circolare (il massaggio serve a mantenere lo stato di completo abbandono).

Dopo circa due minuti passate alla testa: appoggiate quattro dita sopra la fronte, proprio sopra il naso, e iniziate un lieve massaggio circolare. Aumentate lentamente la velocità e la pressione, continuando finché la persona non percepisce un ronzio o un mormorio interiore. A quel punto smettete. Molti dichiarano di sentire i primi suoni dopo circa cinque minuti.

Ha ora inizio la meditazione verbale guidata. Per tutta la visualizzazione parlate lentamente e in tono calmo, assistendo il vostro partner affinché si rilassi il più possibile. Concedetevi tutto il tempo necessario e concentratevi sul rilassamento.

> Respira a fondo e rilassati completamente... rilassati... rallenta e rilassati... senti la tua energia interiore che scorre... senti la tua energia interiore che scende lentamente dalla tua testa giù per il collo... sentila scendere lentamente lungo le spalle... sei completamente rilassato mentre la tua energia si abbassa fino ad arrivare sul petto... l'energia provoca una sensazione piacevole mentre attraversa il tuo stomaco... i tuoi fianchi... le tue cosce... adesso senti l'energia che scen-

de lungo i polpacci... senti l'energia che avanza oltre le cavi glie... adesso vedi e senti l'energia in fondo ai tuoi, piedi..

Dopo la parte della visualizzazione relativa al rilassamento, sfiorate delicatamente le piante dei piedi del vostro partner con la punta delle dita e ripetete:

Visualizza l'energia ai tuoi piedi che si estende e si allunga per una decina di centimetri attraverso il palmo dei piedi. adesso vedi e senti questa estensione dei tuoi piedi, che raggiunge i dieci centimetri... trattieni l'estensione per alcuni momenti... (dopo che ciascuna estensione è visualizzata, il vostro compagno deve rivolgervi un cenno d'intesa).

Dopo che l'altra persona ha visualizzato le due estensioni, fategli vedere e percepire le sensazioni legate ai suoi piedi che tornano normali. Ripetete tre volte questa parte, finché il vostro compagno non riesce a visualizzare due estensioni lunghe quindici centimetri. Concedetevi tutto il tempo necessario, e siate pazienti. Questa operazione di stretching iniziale è indispensabile alla riuscita della tecnica: non esitate quindi a ripeterla fino a quando lo ritenete necessario.

Appena il vostro partner vi comunica di essere capace di estendere i piedi visualizzati, passate alla testa e ripetete l'intero esercizio con la parte superiore del corpo e la testa. (La visualizzazione guidata procede ininterrottamente mentre gli sfiorate la sommità del capo e le spalle).

Adesso senti l'energia che fluisce sulla sommità del tuo capo... senti la testa che comincia ad ampliarsi e crescere... vedi e senti la sommità del tuo capo e la parte superiore del tuo corpo che si amplia e cresce di una decina di centimetri... vedi e senti la testa e le spalle che sono quindici centimetri più grandi delle loro dimensioni normali... senti la tensione della parte superiore del corpo che cresce e si allarga... È almeno quindici centimetri oltre i suoi limiti fisici...

Anche in questo caso ripetete tre volte l'intero procedimento, finché il vostro partner non riesce a immaginare con estrema facilità l'estensione.

Riportate la sua attenzione sui piedi, e guidatelo verbalmente ad allungare il suo corpo di almeno dieci centimetri. Ripetete finché vi sembra necessario.

Passate ora alla testa, e guidate il vostro compagno a raggiungere un'estensione di dieci centimetri di tutta la parte superiore del corpo, e a tornare poi normale.

Ora è di nuovo il turno dei piedi e guidate il vostro partner a un'estensione di mezzo metro, avvisandolo di mantenere la visualizzazione e non tornare alla posizione iniziale. Completata questa fase, chiedetegli di procedere allo stesso tempo all'estensione della parte superiore del corpo, per una lunghezza di mezzo metro; ripetete fino a quando non riesce a vedere e sentire con chiarezza l'estensione del corpo intero.

Adesso domandategli di allargare il suo organismo come se fosse un pallone gonfiato con l'aria, continuando a mantenere l'estensione:

> Adesso il tuo corpo intero si sta allargando... Puoi sentire il tuo sé interiore che si espande, simile a un palloncino... Il tuo corpo si sta allargando... Il corpo si è allargato di mezzo metro... Nel frattempo ti senti sempre più leggero... E simile a un palloncino ti senti alzare sempre più in alto...

Il vostro compagno si trova ora nella condizione ideale per vivere un'esperienza fuori dal corpo del tutto consapevole. A questo punto potete iniziare la vostra tecnica fuori dal corpo preferita, per esempio:

> Stai fluttuando, e ti senti sempre più leggero, e stai fluttuando in alto sopra al tuo corpo... Continui intanto a ripetere: «Sto fluttuando. Sto fluttuando. Sono consapevole del fatto che sto volando. Io volo in piena libertà».

Se la svolgete correttamente, questa tecnica vi fornisce un'ottima preparazione in vista di qualunque visualizzazione o affermazione fuori dal corpo.

Concedetevi il tempo necessario e consentite al vostro partner di assaporare tutte le sensazioni legate a questo metodo; basandovi sulle sue capacità immaginative, siete liberi di allungare o abbreviare la meditazione guidata. Tenete presente che la visualizzazione dovrebbe durare almeno mezz'ora, e che dopo la parte guidata il soggetto interessato ha bisogno di almeno venti minuti di silenzio, affinché possa dedicarsi alle affermazioni e visualizzazioni personali.

Sebbene io ne abbia indicata una sola, potete adattare alla vostre esigenze di coppia o gruppo qualunque tecnica, riservando sempre a una persona il compito di svolgere la parte verbale.

## Cambiamento psicologico accelerato e miglioramento del sé

A un certo punto dell'esistenza tutti noi ci mettiamo alla ricerca di una forma di miglioramento del sé o cambiamento psicologico. Negli ultimi trent'anni sono apparsi un'infinità di libri, cassette, seminari e tecniche su pensiero positivo, programmazione neurolinguistica, lavoro sul bambino interiore, rebirthing, programmi in dodici passi, biofeedback e un'infinità di altri argomenti.

Il nostro concetto di miglioramento del sé è ancora legato alle conclusioni raggiunte molti anni fa dai padri fondatori della moderna psicologia: Freud, creatore della psicanalisi, e Jung, artefice della psicologia analitica, credevano che il cambiamento psicologico fosse un processo lento e deliberato. Questa conclusione viene oggi accettata dagli esperti di tutto il mondo. Molti lo considerano il lento processo con il quale si eliminano uno dietro l'altro gli strati esteriori dell'ego, in modo che il paziente possa vedere e comprendere la causa alla base dei suoi attuali problemi o paure. Ogni anno milioni di persone spendono quantità considerevoli di tempo e denaro per ottenere qualche forma di cambiamento; moltissime sono state condizionate a credere che tale mutamento sia un cammino lungo e faticoso. Gli studiosi del settore ritengono che ci si possa aspettare qualche diversificazione comportamentale in un arco di tempo che va da alcuni mesi ad alcuni anni.

Anni fa, nel corso di una conversazione uno psicologo mi disse in tono brusco: «Il cambiamento psicologico è una questione dolorosa che richiede un'intera vita». Non potei fare a meno di pensare che per fortuna non ero suo paziente! Vari studi hanno dimostrato che l'atteggiamento e le aspettative del medico curante influenzano in maniera notevole i risultati ottenuti: spesso le aspettative (o la loro relativa mancanza) si trasferiscono al paziente. Di conseguenza, se uno psicologo prevede che un miglioramento sia una faccenda lunga e dolorosa, la realtà gli darà senz'altro ragione. Con il passare del tempo ho scoperto che molte delle conclusioni fondamentali di quell'industria miliardaria che è ormai l'evoluzione del sé sono decisamente incomplete. Credo sia arrivato il momento per tutti noi di porci alcune domande serie: come possiamo migliorare davvero noi stessi se non sappiamo chi siamo, per quale motivo ci troviamo qui e dove stiamo andando? In che modo possiamo migliorare qualcosa che non comprendiamo? L'evoluzione del sé e il miglioramento psicologico richiedono anni di dolorose analisi e introspezioni? Io sono convinto che tutti abbiamo la possibilità di evitare il labirinto infinito dell'autoanalisi e di arrivare subito al fulcro della questione (questa mia opinione è largamente condivisa). Provate a immaginare che cosa potremmo ottenere se ci fosse un metodo più diretto ed efficace di conseguire tali risultati. Considerate per esempio l'esperienza di Michael Crichton, il celebre autore di *Jurassic Park*, che nella sua autobiografia *Viaggi* descrive una delle sue esperienze fuori dal corpo, iniziata con il supporto di un suo amico di nome Gary e di una guida.

> «Comunque, l'idea del viaggio astrale non sembrava troppo preoccupante, e ci provai con Gary. Dopo tutto si tratta di un altro tipo di meditazione guidata in uno stato alterato. Visualizzai i miei chakra che brillavano in colori vivaci, che turbi-

navano come spirali bianche. Poi visualizzai me stesso che partiva attraverso il terzo chakra spostandosi verso l'alto in direzione del piano astrale – che a me appariva come un luogo nebbioso, giallo.

Fin qui tutto bene. Cominciai a capire perché la gente spesso immaginava il paradiso nebbioso o nuvoloso. Quel nebbioso piano astrale era gradevole. Era piacevole stare lì in tutta quella foschia gialla. Mi sentivo bene.

"Vedi qualcuno lì?" disse Gary.

Mi guardai intorno. Non vidi nessuno. "No".

"Restaci ancora un minuto e vediamo se arriva qualcuno".

Poi vidi mia nonna che era morta nel periodo in cui studiavo medicina. Mi salutò con la mano, e io la salutai a mia volta. Non ero sorpreso di vederla lassù. Non sentii alcun particolare bisogno di parlarle.

Quindi aspettai. Questo piano astrale era abbastanza anonimo. Non c'erano palme né sedie né posti dove sedersi. Era solo un luogo. Un luogo giallo nebbioso.

"Non vedi nessun altro?" disse Gary.

Non vedevo nessuno. Poi:

"Sì. Mio padre".

Mi sentii preoccupato. Non avevo avuto rapporti facili con mio padre. Ora stava comparendo mentre io ero vulnerabile, in uno stato alterato della coscienza. Mi chiesi che cosa avrebbe fatto, che cosa sarebbe successo. Si avvicinò. Mio padre aveva lo stesso aspetto di sempre, solo traslucido e nebbioso come tutto il resto in questo luogo. Non volevo fare una lunga conversazione con lui. Ero piuttosto agitato.

Improvvisamente mi abbracciò. Nell'istante di quell'abbraccio vidi e sentii ogni cosa del mio rapporto con mio padre, tutti i sentimenti che aveva provato lui e perché mi aveva trovato difficile, tutti i sentimenti che avevo provato io e perché non lo avevo capito, tutto l'amore che c'era tra noi, tutte le confusioni e i malintesi che avevano avuto il sopravvento. Vidi tutte le cose che aveva fatto per me e tutti i modi in cui mi aveva aiutato. Vidi tutto del nostro rapporto in una sola volta, nel modo in cui puoi valutare con un'occhiata un piccolo oggetto che tieni in mano. Fu un momento di accettazione compassionevole e di amore.

Scoppiai in lacrime.

"E ora che sta succedendo?"

"Mi sta abbracciando".

"Che cosa provi?"

"È... tutto finito", dissi.

Quello che volevo dire è che questa esperienza straordinariamente forte era già accaduta, completa e totale, in una frazione di secondo. Quando Gary mi vide in lacrime e mi chiese che cosa stava succedendo, era già tutto finito. Mio padre era scomparso. Non c'eravamo detti neanche una parola. Non c'era stato alcun bisogno di dire niente. L'esperienza era compiuta.

"Ho finito", dissi e aprii gli occhi. Ero balzato fuori dallo stato di trance.

Non potevo spiegarlo veramente a Gary, non potevo spiegarlo veramente a nessun altro – ma parte del mio stupore per quell'esperienza era dovuta alla velocità con cui era avvenuta. Come la maggior parte delle persone che sono state in terapia avevo un'idea del ritmo con cui si susseguono le introspezioni psicologiche. Fatichi. Le cose accadono lentamente. Possono passare anche degli anni senza alcuna modifica. Ti domandi se faccia qualche differenza. Ti chiedi se devi smettere o continuare. Lavori e fatichi e fai le tue sudate conquiste.

Ma che dire di questa esperienza? In un tempo più breve di quello che occorre per aprire la bocca e parlare, mi era successa una cosa straordinaria e profonda.

E sapevo che sarebbe durata. Il mio rapporto con mio padre si era risolto in un lampo. Non c'era neppure stato il tempo di piangere e ora che era tutto finito, piangere sembrava fuori luogo. Non avevo alcun desiderio di piangere. L'esperienza era già finita. Questo mi portò a chiedermi se le mie idee sulla normale velocità del cambiamento psicologico siano sbagliate. Forse potremmo ottenere enormi cambiamenti in pochi secondi, se solo sapessimo come. Forse il cambiamento richiede tanto tempo soltanto perché tentiamo nel modo sbagliato. O forse perché ci aspettiamo che occorra tanto tempo».

Qui di seguito potete trovare un raffronto con le mie stesse paure:

## DIARIO. 14 SETTEMBRE 1992

Ripeto verbalmente trenta o quaranta volte l'affermazione: «Adesso io sono fuori dal corpo» mentre il mio corpo scivola nel sonno.

Mi sveglio fluttuando sopra il mio corpo. Sono consapevole di una connessione alla base della spina dorsale, e in qualche modo visualizzo una specie di grosso insetto che mi tiene legato al corpo. Torno di scatto nel mio veicolo biologico e interrompo così questo insolito legame. Ma ecco che riprendo subito a galleggiare fuori dal mio corpo. Alcune persone mi stanno toccando, facendomi oscillare dolcemente da una parte e dall'altra. Sento la voce di mia madre che mi chiama. So di essere fuori dal corpo, ma le mie percezioni sono simili a un sogno, così esclamo ad alta voce: «Chiarezza, ora!». Percepisco una forte spinta di energia e una intensa sensazione di leggerezza; la percezione risulta ampliata.

A un tratto finisco in un altro ambiente. Sono in piedi in un dedalo di stanze completamente diverse dalla mia casa fisica. Chiedo ancora chiarezza, e la visione migliora subito. Davanti a me ci sono due scale: una porta in una stanza dorata, l'altra in una cantina buia.

Guardo nell'oscurità e vedo un'enorme massa che si muove lentamente, diretta verso di me. Si avvicina, e riesco a scorgere la sagoma di una grossa creatura pelosa, un orso immenso alto tre metri, con la testa di un orso e il muso di un cane. Il mio intero essere è paralizzato dal terrore. Vorrei disperatamente fuggire, ma resto fermo. L'animale sale con estrema lentezza le scale e mi stringe tra le braccia pelose. Riesco a pensare solo che potrebbe spezzarmi l'osso del collo in un secondo.

A un tratto invece mi abbraccia con calore e mi lecca la faccia, come se fosse un cane. Tutte le mie paure si dissolvono mentre mi rendo conto che questa orrenda creatura non può farmi del male. Mi sento avvolgere da un forte senso di gioia e potere: mi sento completamente libero da paure e limiti. Lo strano essere mi fissa negli occhi, sorride e scompare. Un flusso di energia fluisce in me mentre riconosco una nuova forma di libertà, un'assoluta libertà dalla paura. Rientro nel corpo fisico con una nuova visione di me stesso. In qualche modo so di aver affrontato la rappresentazione interiore delle mie paure più cupe e profonde, e di averle sconfitte grazie alla mia fermezza. Mi sento colmo di potere, e ho l'assoluta certezza di poter ottenere tutto ciò che voglio: ho capito che sono in grado di sconfiggere il mio più grande nemico, cioè le mie stesse paure.

Le esperienze fuori dal corpo controllate ci forniscono l'opportunità di affrontare e risolvere la causa energetica alla base di qualunque questione psicologica. L'esperienza dello specchio riportata nel Capitolo 5 è un altro esempio di tale processo. Vorrei sottolineare che si tratta di un metodo avanzato di miglioramento del sé in grado di creare una potente esperienza di confronto, non adatto agli individui psicologicamente instabili.

## Guarigione avanzata

La scienza ha dimostrato che molte delle malattie che assillano la nostra società sono il risultato diretto di emozioni e pensieri. Noi influenziamo il corpo fisico grazie al modo in cui usiamo, muoviamo e tratteniamo l'energia dentro di noi. Per esempio, l'ulcera allo stomaco, i problemi della pelle, le dipendenze fisiche e la depressione sono spesso causati dai nostri paradigmi emozionali e di pensiero.

L'esplorazione extracorporea ci fornisce l'opportunità di sperimentare in maniera consapevole le frequenze e i modelli di energia invisibile che influenzano il corpo fisico. Quando ci troviamo fuori dal corpo sperimentiamo direttamente la nostra substruttura energetica personale, il nostro sistema energetico non fisico sottile. Tutto ciò ci permette di regolare l'energia al fulcro del nostro essere. La ristrutturazione energetica ottenuta all'interno del corpo energetico non fisico manifesta i cambiamenti dentro il corpo fisico esterno.

Qui di seguito potete trovare una tecnica molto avanzata che si rivolge direttamente alla causa energetica alla base della malattia fisica. Usando questa tecnica di guarigione è possibile influenzare ed equilibrare le energie invisibili che fluiscono dentro ognuno di noi.

Iniziate con la vostra tecnica fuori dal corpo preferita. Subito dopo la separazione chiedete completa chiarezza, e ripetete la richiesta fino a quando la consapevolezza non è cristallina.

Dopo aver centrato la coscienza nel corpo non fisico, chiedete mentalmente e verbalmente alla luce risanatrice e all'energia di Dio (l'universo) di entrare in voi. Sentite le energie positive terapeutiche dell'universo che fluiscono in voi; chiedete con la massima sincerità possibile alla luce risanatrice di permeare ogni livello del vostro corpo energetico. Concedete a voi stessi di immergervi completamente in questo intenso chiarore.

Se lo desiderate, potete domandare (sempre verbalmente) che l'energia terapeutica venga diretta a una persona specifica, o in un punto preciso del vostro organismo. "Io chiedo che la pura energia dell'universo assista e guarisca..." o "Il potere risanatore dell'universo fluisce nel mio corpo e nella mia mente". Quando focalizzate i pensieri sul corpo fisico, con ogni probabilità vi rientrate.

Tornati nel veicolo biologico, rimanete fermi, sentite l'energia e la luce che scorrono in ogni cellula e sistema dell'organismo. Concedetevi il tempo necessario ad accogliere l'energia. Sentite la regolazione energetica necessaria a farvi ottenere le migliori condizioni fisiche.

Siate aperti per ricevere, e disponibili nei confronti della regolazione della velocità vibratoria del vostro corpo. Essere aperti è molto importante, perché troppo spesso la gente chiede senza essere pronta a ricevere. "Sono aperto per ricevere in me l'energia terapeutica": questa è una richiesta potente che agisce a qualunque livello dell'universo.

Siate grati per la vostra esperienza. Avete ricevuto un dono speciale di consapevolezza, regolazione e guarigione energetica: usatelo per aiutare gli altri a riconoscere e risvegliare l'energia terapeutica interiore che fluisce in ognuno di noi.

Durante le fasi iniziali di questa tecnica rimanete il più possibile staccati nei confronti del vostro corpo fisico, evitando di formulare pensieri in merito.

Non sottovalutate il potere di questa forma di regolazione dell'energia non fisica, che è la vera causa di tutti i miracoli fisici registrati nella storia del genere umano. La persona che realizza questa tecnica agisce come un canale aperto per il potere di Dio: all'interno di questo stato di coscienza tutto è possibile.

## Accelerazione della crescita spirituale

Per centinaia di milioni di persone in ogni angolo del globo gli obiettivi finali dello sviluppo spirituale sono la realizzazione del sé e di Dio, condizioni che vengono chiamate in vari modi: coscienza di Cristo, fulminazione, unione spirituale ed essere tutt'uno con Dio. Sin dalle epoche più remote ricercatori spirituali, monaci, profeti e santi hanno trascorso l'intera esistenza cercando di sperimentare tali risultati.

Purtroppo, le nostre religioni moderne si sono allontanate dal retaggio della loro esistenza spirituale, diventando un ben misero riflesso delle esperienze spirituali originarie e degli insegnamenti su cui erano state edificate. Il concetto di esperienza spirituale personale è diventato un fenomeno misterioso e inesplorato, del tutto sconosciuto ai molti leader religiosi. E a causa di tutto ciò milioni di fedeli si accontentano delle credenze create dall'uomo stesso e delle interpretazioni delle loro scritture.

Al giorno d'oggi non abbiamo più bisogno di basarci sulle interpretazioni e le credenze degli altri. Grazie all'esplorazione fuori dal corpo siamo in grado di ottenere e verificare noi stessi le risposte spirituali che cerchiamo.

Come scoprirete ben presto, l'esplorazione fuori dal corpo è uno dei modi più veloci e diretti di sperimentare la vostra essenza spirituale e di ottenere una conoscenza diretta del paradiso. Si ottiene così l'abilità unica di raggiungere qualunque obiettivo spirituale su cui ci concentriamo. È un potere spirituale facilmente verificabile, ma siamo noi a dover prendere la decisione di avanzare oltre i limiti del corpo fisico.

All'interno del mondo materiale è facile perdersi tra le dense illusioni e l'ignoranza che ci circondano, immergendosi nel mare delle credenze, le dottrine e le tradizioni create dall'uomo, restando intrappolati nel labirinto spirituale. Ben presto coloro che ricercano davvero la crescita e la saggezza spirituale si rendono conto che non possono trovarle nel mondo esteriore. La crescita spirituale è un viaggio interiore di consapevolezza, è l'esperienza e la conoscenza personale del nostro vero io, della nostra anima.

La tecnica seguente è indicata per chiunque sia alla ricerca dello sviluppo spirituale accelerato, della conoscenza e delle risposte.

TECNICA SPIRITUALE AVANZATA

Iniziate con la tecnica fuori dal corpo preferita. Subito dopo la separazione richiedete chiarezza. Quando siete pienamente consapevoli e centrati nel corpo fisico, chiedete di sperimentare la vostra anima (sé superiore), pronunciando una decisa richiesta di azione immediata: "Io sperimento la mia anima (sé superiore) adesso!".

A questo punto vi sentite subito spingere all'interno a grande velocità con una sensazione di estremo movimento interiore, come se foste attratti in un vuoto profondo dentro di voi. Strati infiniti di luce e colore attraversano la vostra coscienza mentre siete attirati sempre più in profondità. (Alcune persone riferiscono di essersi sentite catapultare nell'universo). Dopo alcuni intensi secondi, il movimento si interrompe. Siate pronti. La prima volta che lo sperimentate, questo rapido movimento può confondervi: resistete, abbiate fiducia, mantenete il più possibile la calma. Io credo che si tratti del trasferimento della coscienza dal nostro corpo non fisico relativamente denso all'esistenza di frequenza più elevata di pura coscienza (anima).

Il risultato di questa tecnica è al di là di qualunque aspettativa: potrete sperimentare e conoscere il vostro vero sé, indipendentemente da qualunque forma e sostanza. I limiti si dissolvono mentre un'incredibile dimensione spirituale di pura luce e conoscenza si apre dentro di voi.

Sperimentare il vostro sé superiore (anima) è alla base dello sviluppo spirituale; avete ora l'incredibile opportunità di scoprire le risposte ai più antichi misteri dell'esistenza. Potete ricevere una risposta o una soluzione a qualunque sfida o barriera fisica potreste vivere al momento. Nell'ambito di questo stato di coscienza si possono ottenere i miracoli. La vostra capacità di comprendere e influenzare i livelli più densi dell'universo è ampliata oltre la comprensione umana.

Non sottovalutate il potere di questa tecnica; l'esperienza consapevole di essere il vostro vero sé rappresenta una forma di risveglio che cambierà la vostra vita. In questo stato di coscienza la vostra capacità di ottenere risposte è illimitata, e sperimentate la vostra essenza spirituale al di là dei concetti fisici di tempo, spazio e forma. Finalmente conoscete i più grandi misteri della vostra esistenza, ciò che siete davvero.

## Esperimenti ed esplorazioni fuori dal corpo

- Osservate, indagate ed esplorate la substruttura energetica invisibile dell'universo.

- Investigate il vostro nuovo ambiente, la sua forma, la sostanza, la solidità e la stabilità.

- Conducete esperimenti usando l'energia-pensiero; osservate da vicino i cambiamenti del vostro ambiente.

- Viaggiate fino alla casa di un amico o di un parente, e osservate l'ambiente e le attività. Prendete nota del tempo e del luogo per la verifica.

- Eseguite esperimenti con la vostra densità non molecolare. Cercate di aumentare o diminuire la densità del vostro corpo. Applicate una certa pressione sul vostro braccio: la sentite?

- Toccate un oggetto nel vostro nuovo ambiente: riuscite a sentirlo? Possiede una densità, o la vostra mano lo attraversa?
- Chiedete di visitare e comunicare con una persona cara defunta.
- Osservate da vicino la struttura energetica del vostro nuovo corpo.
- Eseguite esperimenti con l'energia non molecolare. Osservate causa ed effetto, inerzia, gravità e le forze di energia unica che esistono nel nuovo ambiente.
- Mentre siete fuori dal corpo, osservate i vostri pensieri dominanti: influenzano in qualche modo l'ambiente che vi circonda? Adesso focalizzatevi su un singolo pensiero: in che modo la vostra concentrazione influenza l'ambiente?
- Chiedete una specifica qualità, per esempio una maggiore capacità di comprendere, vedere o capire. Osservate i cambiamenti nella vostra percezione.
- Scrutate l'orizzonte. Fino a dove riuscite a vedere? Mentre vi guardate intorno, l'ambiente cambia in qualche modo?
- Chiedete che una forma specifica, per esempio una sedia, appaia davanti a voi. Succede? In caso affermativo, questo oggetto possiede densità tridimensionale? Chiedete ora all'oggetto di sparire: lo fa?
- Indagate le possibilità di esplorare lo spazio senza i limiti di un veicolo spaziale convenzionale.
- Viaggiate nel vostro luogo fisico preferito, osservate e registrate l'ambiente e ciò che vi accade.
- Esplorate le possibilità delle vostre vite passate.
- Incontrate una guida o un abitante non fisico, e comunicate.
- Esplorate l'esistenza del sesso in un diverso stato vibratorio.

- Chiedete di sperimentare il vostro sé superiore, la vostra anima (ve lo suggerisco in modo particolare).
- Osservate la vostra esistenza (passato, presente e probabile futuro) da un punto di vista più ampio.
- Chiedete di capire e risolvere un problema fisico che vi sta procurando qualche difficoltà.
- Osservate ed esplorate la fonte primaria della materia così come la conosciamo.
- Chiedete intuizioni in merito a qualunque questione difficile.
- Chiedete di osservare la fonte e lo scopo della vostra attuale realtà.
- Chiedete di vedere e comunicare con un angelo.
- Esplorate e sperimentate il paradiso, inteso come i livelli vibratori non fisici dell'universo.
- Sperimentate la trasmissione dell'energia terapeutica a un amico fisicamente malato. Osservate e prendete nota dei risultati.
- Osservate da vicino la connessione tra il vostro corpo energetico e quello fisico: esiste una connessione visibile?
- Chiedete con decisione di vedere la vera essenza delle forme di energia che vi circondano. Osservate qualunque cambiamento nel vostro ambiente.
- Chiedete di osservare un pensiero, la sua forma, la funzione e le caratteristiche.
- Ponete qualunque domanda e siate pronti a sperimentare le risposte.
- Osservate il vostro corpo fisico da una prospettiva più ampia.
- Sperimentate, esplorate e iniziate a tracciare una mappa dell'universo multidimensionale.

- Manipolate l'energia (forma) con la focalizzazione consapevole dei vostri pensieri.
- Esplorate con un amico o un fidanzato/fidanzata (è un'esperienza che vi raccomando).
- Chiedete di osservare la nascita di un bambino da una prospettiva non fisica.
- Esplorate le possibilità dei viaggi nel tempo, e quelle legate al tempo e all'esistenza sequenziali.

**Domande riguardanti la nostra esistenza**

Nell'arco della storia umana ogni grande esplorazione e scoperta ha avuto inizio con una semplice domanda. Che cosa c'è dall'altra parte dell'oceano o del sistema solare? Con sempre maggiore intensità ci stiamo ora chiedendo: che cosa c'è dall'altra parte della materia, che tipo di energia e vita esistono al di là della nostra attuale visione tecnologica?

L'esplorazione fuori dal corpo solleva numerose questioni, così tante che per elencarle tutte non basterebbe un libro. Qui di seguito vi presento una lista di quelle a cui ritengo un serio esploratore debba trovare risposta, purché accetti di dedicare tempo e fatica all'indagine. Queste domande rappresentano un eccellente campo di ricerca ed esplorazione per le ricerche in coppia o in gruppo: in realtà sono infinite, così come la nostra capacità illimitata di trovare le risposte, ovviamente dopo che abbiamo trasceso il nostro veicolo biologico temporaneo.

- Che aspetto hanno gli ambienti non fisici?
- Qual è la loro struttura?
- Perché non sono tutti reattivi al pensiero?

---

- Esiste una forma di governo non fisico?
- Esistono leggi e regole?

- Ci sono punizioni per chi infrange le regole?
- Esiste una forza di polizia non fisica?
- Che cosa sono gli angeli?
- Esiste una gerarchia spirituale o non fisica?
- Dio interagisce direttamente o comunica con gli abitanti non fisici?
- Come vivono gli abitanti non fisici?
- Come trascorrono le loro giornate?
- Esiste qualcosa di simile all'esistenza fisica?
- Esistono città, comunità o nazioni?
- Le culture, i gruppi etnici e le razze continuano a esistere?
- In che modo i centri energetici (chakra) del nostro corpo influenzano la nostra vita quotidiana?
- In che modo i nostri centri di energia e i corpi non fisici funzionano come un completo sistema energetico?
- Qual è la correlazione tra i centri energetici e la nostra capacità di vivere esperienze fuori dal corpo?
- Il nostro corpo energetico può assumere una forma?
- Malattie e disturbi fisici sono la conseguenza molecolare degli squilibri energetici non fisici invisibili?

---

- A quale punto durante la gravidanza la coscienza (l'anima) entra nel feto?
- Varia da persona a persona o è un metodo universale?

- I disturbi e le malattie fisiche possono essere guariti o migliorati compiendo regolazioni energetiche sulla substruttura non fisica del soggetto?
- Un avvenimento o un disastro futuri possono essere influenzati o regolati dalla substruttura energetica invisibile dell'universo?
- Gli avvenimenti fisici futuri possono essere accuratamente analizzati, interpretati e predetti osservando le interazioni energetiche all'interno dell'universo?
- Quando ci troviamo fuori dal corpo, possiamo viaggiare nel tempo?
- È possibile che gli eventi temporali siano simultanei?

---

- La reincarnazione è una realtà? È un sistema evolutivo? Come funziona? Gli angeli esistono davvero? In caso affermativo, che aspetto hanno? Qual è il loro compito?
- Sono una specie non umana?
- Esiste il paradiso biblico?
- Qual è il vero aspetto del paradiso?
- Quanti paradisi esistono?
- Come differiscono tra loro?
- Il paradiso biblico corrisponde alle dimensioni energetiche dell'universo?
- Dio interagisce con l'evoluzione umana, o si tratta di un sistema automatico di sviluppo?
- Qual'è la nostra vera forma o essenza, ammesso che esista?
- Perché usiamo questi veicoli biologici temporanei?
- Che cosa speriamo di guadagnare o imparare?

- Che aspetto ha l'interno dell'universo?
- Di che cosa è fatto? è una serie di dimensioni energetiche?
- Esiste un confine nitido tra le diverse dimensioni energetiche?
- In caso affermativo, che cos'è?
- Come funziona?
- Qual è il suo scopo?
- Che cosa sono i miracoli?
- Sono l'alterazione e la ristrutturazione della substruttura energetica non fisica dell'universo?
- Che aspetto hanno le persone quando dormono o sognano?
- Fluttuano leggermente sopra il loro corpo?
- I sogni sono creazioni interiori o interpretazioni inconsce di eventi non fisici?
- Chi sogna si separa dal suo corpo fisico?

---

- In che modo l'evoluzione della nostra specie è correlata alle esplorazioni fuori dal corpo?
- Le esperienze fuori dal corpo sono un passo evolutivo per la nostra specie?
- L'evoluzione in realtà è il trasferimento della coscienza dal semplice organismo fisico alla condizione sempre più complessa di essere non fisico?
- Che cosa accade al momento della morte fisica?
- Dove andiamo?
- La morte è una componente naturale della nostra evoluzione?

---

- Perché ci troviamo qui?
- Abbiamo uno scopo o progetto specifico (inconscio) su cui stiamo lavorando?
- Scegliamo i nostri genitori? Come, quando e perché?
- Esiste il cibo non fisico, ed è necessario per la sopravvivenza?
- Le famiglie e i rapporti fisici continuano a esistere anche dopo la morte?
- Esiste il sesso non fisico?
- Vengono concepiti i bambini non fisici?

Le domande sono infinite, e le risposte stanno semplicemente aspettando che espandiamo la nostra visione oltre lo strato denso e molecolare dell'universo. Per molti di noi è arrivato il momento di avanzare oltre i limiti fisici che ci circondano: questo passo è la logica transizione ed evoluzione che sperimenteremo nel prossimo futuro.

## Domande e commenti

*Le esperienze fuori dal corpo possono essere dimostrate?*

Solo chi le vive possiede la prova della loro esistenza. Le conclusioni tratte da molti ricercatori sono arcaiche e prive di significato alla luce dell'esperienza stessa. Molte persone cercano disperatamente di adattare questo stato unico di coscienza al loro modello accettato di realtà. Numerosi scienziati sono giunti alla conclusione che le esplorazioni fuori dal corpo sono sogni lucidi perché questo concetto si adatta alla loro conformazione mentale.

*Che cosa si prova separandosi dal corpo fisico?*

Un gran numero di persone riferisce di aver provato una sensazione vibratoria di energia elevata e una sorta di catalessi fisica, spesso accompagnate da un forte ronzio, mormorio o rombo. Di solito suoni e sensazioni svaniscono appena la separazione è completa.

*Che aspetto ha l'ambiente fuori dal corpo?*

La percezione dipende dalla frequenza vibratoria (densità) del soggetto. C'è gente che riferisce di aver visto un ambiente simile a quello fisico, ma in genere l'aspetto non deve per forza coincidere con quello fisico.

*Quanto tempo è necessario per vivere un'esplorazione?*

Varia a seconda delle persone; chi si esercita quotidianamente ottiene risultati nel giro di un mese.

*Per quale motivo dovrei dedicare tempo e fatica alle esplorazioni?*

L'unico modo per sapere qualcosa con assoluta certezza consiste nel farlo di persona: il resto è solo teoria, speculazione, credenza. Uscire dal corpo ci permette di sperimentare ed esplorare oltre i limiti dei nostri sensi fisici, e ci offre l'opportunità di ottenere una conoscenza diretta della nostra esistenza.

*Che aspetto avrà il mio nuovo corpo?*

La maggior parte della gente riferisce di possedere una copia di quello fisico, dal contenuto energetico più elevato. La forma che sperimentiamo dipende dalle nostre aspettative e credenze. Quasi tutti si vedono come appaiono nel mondo materiale.

*Sarò in grado di vedere, sentire e toccare come adesso?*

Durante le prime esplorazioni l'ambiente viene percepito come qualcosa di non fisico. Le nostre capacita percettive sono legate alle nostre aspettative: più siamo aperti a espanderle oltre i limiti fisici maggiore è la loro disponibilità. Alcuni riferiscono di aver sperimentato una visione a 360 gradi, un netto miglioramento dell'udito e la capacità di leggere il pensiero.

*A volte durante le esplorazioni mi sento fuori sintonia e mi muovo a fatica. Come posso superare queste difficoltà?*

È un problema molto diffuso. Per aumentare la chiarezza e la mobilità, chiedete verbalmente o mentalmente la presenza della vostra consapevolezza: "Completa consapevolezza, ora!" o "Chiarezza, adesso!". Basta formulare una richiesta ferma e decisa, e si può ottenere il miglioramento immediato di qualunque capacità o percezione. Ripetete tutte le volte che lo ritenete necessario.

*Un'esperienza fuori dal corpo può cambiare le mie convinzioni religiose?*

Secondo uno studio approfondito pubblicato nel 1992 dal dottor Melvin Morse e condotto su 350 partecipanti, «le esplorazioni extracorporee non sembrano modificare i valori professati dal soggetto». Sono in molti a dichiarare addirittura che loro convinzioni sono state rafforzate.

*Che cos'è la luce radiosa di cui parlano spesso coloro che hanno vissuto un'esperienza di premorte?*

È la luce di frequenza più elevata delle dimensioni interiori, vista da qualcuno che non è abituato a una simile intensità. Di solito appare all'entrata di un tunnel.

*Che cos'è l'aura?*

È il campo energetico emesso da tutte le forme di vita.

*Che cos'è l'effetto tunnel comunemente riportato nel corso delle esperienze di premorte?*

È l'apertura della prima membrana energetica interiore, che si apre in maniera automatica quando una persona muore e passa all'interno dell'universo multidimensionale. Il tunnel si richiude subito dopo che il soggetto è passato nella dimensione successiva.

*Esiste la biblica corda d'argento?*

È un concetto molto preciso. In base alle mie osservazioni, si tratta di una sostanza filamentosa simile alla ragnatela di un ragno, e sembra funzionare da connessione tra il corpo fisico e il primo corpo energetico interiore in tutte le forme di vita. Sebbene il suo compito sia sconosciuto, è logico pensare che possa agire da condotto energetico. È comunque certo che quando si spezza la vita fisica cessa.

*Gli animali hanno l'anima?*

Decisamente. Senza anima (energia consapevole) nessuna creatura vivente può esistere. Per essere precisi, è l'anima a possedere e usare un veicolo biologico.

*Qual è lo scopo dell'esistenza fisica?*

Ci permette di imparare dall'esperienza. In un certo senso, la dimensione fisica è un ambiente molecolare rallentato, elaborato per l'addestramento necessario allo sviluppo della coscienza. Le sfide fisiche che incontriamo nella vita biologica sono le lezioni di cui abbiamo bisogno per evolverci. Essere e fare ci permettono di imparare.

*Come posso determinare la dimensione o livello energetico in cui mi trovo?*

In genere, più un ambiente è simile a quello fisico che ci circonda, maggiore è la nostra vicinanza alla dimensione fisica. Elevando il livello vibratorio, avanziamo automaticamente dentro le dimensioni interiori. Gli ambienti percepiti diventano sempre meno densi, e aumentano la ricettività nei confronti del pensiero, a mano a mano che ci allontaniamo dalla materia.

*Le esplorazioni fuori dal corpo possono essere dannose?*

No. Sono un'esperienza naturale riportata in tutte le culture e le società del mondo. Nel corso di vent'anni di ricerche personali non ho mai sentito di qualcuno che è stato ferito o danneggiato in qualche modo.

*Si può ricorrere alla droga per indurre le esplorazioni?*

La chiave del successo è data dal controllo e dall'assoluta concentrazione mentale, senza i quali le realtà interdimensionali sperimentate non possono essere distinte dalle allucinazioni o immagini provocate. Il controllo è alla base di un'esperienza produttiva e carica di significato, ed è la prima cosa che si perde quando si usano sostanze stupefacenti. Io sono fermamente convinto che chi esplora l'universo non debba assolutamente ricorrere alle droghe: perché mai contaminare il proprio veicolo biologico quando agendo in maniera naturale si possono raggiungere ottimi risultati?

*Può darsi che io non riesca a ritrovare il mio corpo fisico?*

No. Analizzando migliaia di esperienze non ho mai riscontrato un fatto del genere. Per rientrare basta pensare al corpo fisico.

*Quando li abbandono, il mio corpo e la mia mente rischiano di venire posseduti?*

La chiesa cattolica non ha un punto di vista ufficiale o unificato per ciò che riguarda le esplorazioni. Su questo argomento ho riscontrato molte opinioni diverse: molti teologi considerano le esplorazioni una vera benedizione spirituale, la conferma della loro fede e delle loro credenze religiose. Altri sono perplessi e incerti sulla possibilità di inserire tali esperienze nel nostro sistema di credenze. C'è anche chi teme qualunque fenomeno che sfugge alla sua comprensione, e le classifica quindi come qualcosa da evitare. Al giorno d'oggi un numero sempre più grande di teologi considera le proiezioni astrali una profonda esperienza spirituale e una concreta verifica personale dell'immortalità.

*Ogni volta che sto per separarmi dal corpo fisico, mi sento sopraffare da un'ondata di paura. Come posso eliminare questo problema?*

Si tratta della reazione diffusa e istintiva a una nuova esperienza. Uno dei modi migliori di eliminarla consiste nel ripetere affermazioni rassicuranti come: "Io sono sano e salvo" "Sono protetto" o "Sono salvo e tranquillo". Qualunque dichiarazione breve e positiva che vi aiuta a rilassarvi e farvi sentire sicuri sarà efficace. Mentre ripetete le affermazioni, distogliete l'attenzione dal corpo fisico dicendo: "Io mi allontano fluttuando dal mio corpo". Dopo un paio di esperienze riuscite, la vostra paura diminuirà fino a scomparire.

*Le esplorazioni non rappresentano un pericolo per nessuno?*

L'unica eccezione è data da chi soffre di acuti problemi psicologici: chi non ha un rapporto equilibrato con la propria realtà può solo peggiorare la situazione introducendo altre realtà nella propria esistenza.

*Qual è la cosa più importante da fare per acquisire il controllo completo e consapevole di un'esperienza fuori dal corpo?*

Basta ripetere la tecnica della chiarezza ogni volta che la consapevolezza è confusa o fuori sintonia: "Chiarezza, ora!" e "Consapevolezza, adesso!".

*Qual è la differenza tra i sogni e le esplorazioni?*

Per il soggetto la differenza è notevole: durante un'esplorazione egli è spesso consapevole come nello stato di veglia, mentre invece i sogni vengono sperimentati come immagini in rapido cambiamento che vengono proiettate all'interno della coscienza. Un'esperienza fuori dal corpo presenta almeno tre caratteristiche che mancano al sogno: la coscienza è presente, si controllano in modo consapevole i movimenti e si può verificare in maniera altrettanto cosciente l'intera esperienza.

# Conclusione

L'enorme potenziale racchiuso nelle esplorazioni fuori dal corpo controllate dal soggetto potrebbe rivelarsi la scoperta più importante del ventesimo secolo. Solo avanzando oltre i nostri limiti fisici possiamo sperare di comprendere l'essenza di noi stessi e dell'intero universo. Il genere umano si evolverà superando la dipendenza nei confronti dei veicoli fisici e della tecnologia, ma fino ad allora gli esploratori saranno gli unici individui coraggiosi a superare i limiti della scienza e della religione, oltre che della loro percezione fisica.

Un inarrestabile desiderio di conoscenza sta spingendo un elevato numero di viaggiatori ad avventurarsi al di là della sicurezza delle loro case fisiche, a esplorare e tracciare una mappa dell'universo senza restare confinati al denso livello esteriore della materia. Si tratta di un'attività di enorme importanza, perché solo l'esplorazione non fisica può penetrare la superficie della materia rivelando la struttura invisibile che è alla base dell'universo. È arrivato il momento di riconoscere che le forme molecolari deperibili che vediamo intorno a noi non sono l'unica realtà, e scoprire la verità che si nasconde dietro la facciata molecolare della vita.

Appena oltre la nostra capacità di vedere esistono ampi regni di energia e vita che attendono solo di essere scoperti. Con l'avvicinarsi del ventunesimo secolo, è giunta l'ora di esplorare e scoprire la verità della nostra esistenza, di liberarci dalle conclusioni e dai presupposti degli altri, in modo da vedere e sapere in prima persona.

Ognuno di noi deve affrontare una scelta importante: possiamo continuare a essere compiacenti, pregando e augurandoci che le nostre credenze siano esatte, o decidere di partire noi stessi ed esplorare. Che cosa c'è da perdere ampliando la visione e la comprensione in modo da superare i limiti della materia? La decisione di esplorare plasmerà il vostro futuro, l'evoluzione e la vita oltre ogni possibile aspettativa. Dio ha concesso a tutti noi la capacità di indagare e trovare da soli le risposte che non sono nascoste, ma aspettano pazientemente di essere riconosciute e scoperte. Tale ricerca interiore è l'essenza della crescita e dell'evoluzione umana, qualcosa che nessun altro può donarci o citare da qualche testo. Davanti a voi si stende una nuova ed eccitante frontiera, infiniti livelli di energia che aspettano solo di venire individuati. Oggi avete la rara opportunità di essere tra i pionieri, di viaggiare oltre la crosta densa e superficiale dell'universo, e di vedere con i vostri occhi la verità. L'avventura più grande vi sta ancora aspettando, e voi non avete altro da perdere che i vostri limiti.

# Glossario

*Abitanti non fisici:* qualunque essere vivente che esiste nelle dimensioni non fisiche e non possiede un corpo fisico.

*Affermazioni:* ripetute dichiarazioni positive che vengono pronunciate, pensate o scritte, usando il tempo presente (per esempio: "Io mi trovo adesso fuori dal corpo").

*Ambiente energetico:* termine generico usato per descrivere una specifica area non fisica all'interno di una dimensione (ne possono esistere infiniti dentro una stessa dimensione).

*Ambienti di consenso:* zone dell'universo create e sostenute dalla coscienza collettiva di un vasto numero di abitanti non fisici, che oppongono resistenza all'energia-pensiero individuale.

*Ambienti di energia naturale:* zone di energia priva di forma al momento non influenzate dal pensiero. Vengono facilmente manipolati dall'energia-pensiero conscia e inconscia.

*Ambienti di non consenso:* zone non fisiche dell'universo che appaiono formate e sviluppate, ma per il momento non sono sostenute e supportate dall'energia consapevole. Reagiscono con prontezza al pensiero individuale focalizzato.

*Anima:* pura coscienza che esiste indipendentemente da tutti i corpi energetici e le forme; è la pura essenza di ogni forma di vita. L'anima esiste al di là della forma e della sostanza così come noi le conosciamo, ma per esprimersi nelle regioni più dense (dimensioni) dell'universo ricorre alle forme di energia. Il nostro attuale organismo fisico è uno dei corpi energetici temporanei usati dall'anima per sperimentare, esplorare e percepire dentro questa dimensione densa ed esterna dell'universo.

*Apparizioni:* abitanti non fisici che hanno abbassato la frequenza personale dei loro corpi energetici e sono momentaneamente visibili all'interno del mondo fisico.

*Aura:* il campo energetico emanato da tutte le forme di vita.

*Buchi neri:* condotti energetici interattivi tra la dimensione fisica e quella non fisica.

*Catalessi:* incapacità di muovere il corpo fisico. Fenomeno che si verifica a volte durante la separazione da tale corpo o al momento del rientro. È una condizione temporanea originata dalla mancanza di sintonia tra il nostro organismo energetico e quello fisico. Le normali percezioni tornano poi nel giro di un minuto.

*Corda d'argento:* termine biblico tradizionale che indica la connessione non fisica tra il primo corpo energetico e il veicolo biologico. È una sorta di cordone ombelicale energetico capace di estendersi per immense distanze. Il suo aspetto non è quello di una corda bensì di un sottile filamento che congiunge il corpo biologico con il suo corrispettivo non fisico più denso.

*Corpo energetico:* termine generico che indica la forma non fisica o spirituale che sperimentiamo quando ci troviamo fuori dal corpo. Permette alla coscienza (anima) di agire nell'ambito delle varie frequenze non fisiche dell'universo.

*Dimensioni energetiche:* sistemi di energia stabili e ben distinti, o frequenze dell'universo; universi separati di energia che esistono a precise velocità di frequenza. Sono separate da frequenze vibratorie uniche e individuali. Per esempio, l'universo fisico è una singola dimensione energetica.

*Esperienza del tunnel:* apertura temporanea di una membrana energetica; si verifica spesso durante le esperienze di premorte.

*Esperienza di premorte:* esperienza riferita da milioni di persone dichiarate clinicamente morte e poi risuscitate, che sperimentano spesso la separazione dal corpo fisico, il movimento attraverso un tunnel che porta a una luce brillante e a un nuovo ambiente.

*Esperienza fuori dal corpo (OBE):* la separazione della coscienza dal suo veicolo biologico temporaneo. Viene chiamata anche proiezione astrale, eterica o mentale.

*Esperienze a grappolo:* esperienze fuori dal corpo multiple che si verificano in serie. Del tutto normali sono simili al gesto di scivolare dentro e fuori dal corpo. Vengono riferite da chi soffre per qualche grave malattia, e si presentano anche quando la morte fisica è vicina.

*Flusso di coscienza:* la coscienza espande la sua consapevolezza dalla fonte non fisica per mezzo di numerose frequenze di energia fino a quando non arriva a esprimersi nell'ambito della dimensione fisica esteriore.

*Forme di pensiero:* energia non fisica formata dal pensiero. Queste forme assumono qualunque aspetto e reagiscono spesso all'energia pensiero focalizzata. La loro densità e la durata in termini di tempo variano in maniera notevole; senza il continuo rafforzamento da parte del pensiero, si decompongono lentamente trasformandosi in nuvole naturali di energia non fisica.

*Forme di vita fisica:* veicoli cellulari temporanei (vita biologica) usati dalla coscienza (anima) per potersi esprimere all'interno delle dimensioni esteriori dense dell'universo. I veicoli fisici sono necessari per poter sperimentare, esplorare e interagire con la dimensione fisica, così come quelli non fisici servono per sperimentare ed esplorare nelle dimensioni non fisiche.

*Membrana di energia:* punto di convergenza di due diversi sistemi energetici (frequenze di energia); confine o barriera energetica che separa due dimensioni o sistemi energetici.

*Primo corpo energetico:* la forma non fisica spesso sperimentata mentre ci si trova fuori dal corpo. Sebbene invisibile all'attuale tecnologia, è vicino per densità e frequenza al corpo fisico. Nella letteratura metafisica tradizionale viene spesso chiamato corpo astrale o eterico.

*Radiazione umana:* sensazione distinta di energia emanata da un essere umano non fisico quando si trova fuori dal corpo.

*Radiazioni non umane:* emanazioni energetiche uniche e particolari emanate da esseri non fisici che non hanno mai vissuto l'esperienza fisica umana.

*Secondo corpo energetico:* una seconda forma di energia, meno densa del primo corpo energetico, che esiste a una frequenza più alta (elevata) rispetto al primo corpo non fisico. La sua frequenza interiore corrisponde alla seconda dimensione di energia interiore.

*Sogno lucido:* sogno in cui è presente una certa dose di consapevolezza.

*Stato ipnagogico:* sottile stato di coscienza sperimentato tra lo stato di veglia e il sonno. Ogni volta che andiamo a dormire passiamo attraverso questa fase creativa durante la quale la mente è particolarmente vivida.

*Stato vibratorio:* vibrazioni e rumori interiori riportati durante le fasi preliminari di un'esperienza fuori dal corpo: in genere si tratta di ronzii e mormorii accompagnati da tremori, formicolii e catalessi.

*Trasferimento del pensiero:* metodo di comunicazione universale usato nelle dimensioni non fisiche, sperimentato in genere come il riconoscimento interiore di una progressione di immagini molto vivide che appaiono nella mente. Queste scene convogliano sia emozioni sia pensieri.

*Universo (dimensione) fisico:* l'universo visibile, strato esteriore denso di quello multidimensionale. La dimensione fisica costituisce una piccola parte dell'intero universo (meno dell'1%).

*Universo multidimensionale:* l'intero universo, visibile e invisibile; flusso di energia che consiste di un numero sconosciuto di frequenze o livelli di energia. Quando esploriamo all'interno, allontanandoci dalla materia, le dimensioni energetiche non fisiche interiori diventano sempre meno dense e aumentano la reattività nei confronti del pensiero. L'universo fisico visibile è lo strato denso molecolare esterno dell'intero universo.

*Visualizzazione:* processo di creazione di immagini mentali per un determinato scopo.

# Ricerca sulle esperienze fuori dal corpo

Il bisogno di ulteriori informazioni sulle esperienze fuori dal corpo è sempre più grande. Lo scopo di questa ricerca è quello di ottenere il maggior numero di dati possibile riguardanti le esperienze stesse e gli ambienti osservati. La vostra partecipazione a tale studio contribuirà ad ampliare le conoscenze relative. Inviate quindi le vostre risposte a William Buhlman, P.O. Box 471, Novi, MI 48376-0471, USA.

**Nome**

**Indirizzo (facoltativo)**

**Sesso** M F - **Data di nascita**

**Attuale stato civile**:

single

sposato

risposato

separato

divorziato

vedovo

**Grado di istruzione**:

licenza elementare o media

diploma di scuola media superiore

laurea

1. Descrivete dettagliatamente la vostra esperienza fuori dal corpo, compresi i vostri sentimenti i pensieri e i gesti compiuti.
2. In quale momento della giornata si è verificata?
3. Qual era la vostra posizione fisica? Eravate stesi su una poltrona, sdraiati sulla schiena o su un fianco?
4. Descrivete il vostro stato mentale ed emozionale prima e durante l'esperienza.
5. Il vostro corpo fisico era addormentato?
6. Come avete lasciato il corpo fisico: girandovi di fianco, fluttuando, roteando o alzandovi a sedere?

7. Avete provato ansia o paura?
8. Avete provato qualche sensazione interiore c/o sentito rumori prima e durante l'esperienza?
9. L'esperienza ha cambiato la vostra percezione della vita e della morte?
10. Ritenete che vi abbia fornito la prova della continuazione della vita dopo la morte?
11. Il vostro livello di consapevolezza era diverso? In caso affermativo, spiegate in che modo vi sembrava cambiato.
12. Avete visto o toccato il vostro "nuovo" corpo? Possedeva forma e densità?
13. Potevate toccare o avanzare attraverso ostacoli come muri e porte? In caso affermativo, che cosa avete provato? Come vi apparivano queste strutture?
14. In che modo la vostra esperienza era differente da un sogno?
15. Avete apprezzato l'esperienza? Vorreste ripeterla?
16. Avete l'impressione che vi abbia cambiati? In che modo?
17. Avete ricevuto benefici fisici o psicologici? Se si provate a descriverli.
18. L'uscita dal corpo ha modificato la vostra comprensione dell'esistenza? Come?
19. Avete visto o sperimentato un tunnel, una porta o un'apertura di qualunque genere?
20. Prima di procedere all'esplorazione avete fatto un sogno?
21. Vi siete adattati a fatica al nuovo ambiente?
22. Quanto è durata la proiezione astrale? Avete notato qualche differenza tra il tempo sperimentato e quello fisico?
23. Quanti giorni o tentativi sono stati necessari per compiere tale viaggio?
24. Avete eseguito qualcuno degli esperimenti o esplorazioni descritti nel Capitolo 8? In caso affermativo, descriveteli.
25. Avete incontrato altre forme di vita?
26. Avete osservato il vostro corpo fisico addormentato?
27. Descrivete nei dettagli l'aspetto dell'ambiente non fisico: quali forme, colori, densità e luci avete sperimentato? Confrontatelo con l'ambiente fisico che vi circonda.
28. La vostra visione e la vostra consapevolezza erano chiare? Avete eseguito la tecnica per la chiarezza? Se sì qual è stato il risultato?
29. Per quanto tempo è rimasto addormentato il vostro corpo fisico prima dell'esperienza?

30. Quale tecnica di uscita dal corpo vi pare più efficace?
31. Avete sperimentato un muro o una barriera invalicabili?
32. Descrivete il vostro corpo non fisico, la sua forma, la sostanza e le capacità.
33. Durante l'esplorazione i vostri modelli di pensiero, la personalità e l'ego erano diversi da come sono durante il normale stato di consapevolezza?
34. Dopo l'esperienza, avete forse notato una maggiore sensibilità nei confronti di attrezzature e sistemi elettrici, orologi, computer, televisori, lampade... ?

## Permessi

Ringrazio per la gentile concessione a pubblicare brani, disegni e diagrammi tratti da:
*Travels*, di Michael Crichton; © 1988 by Micbael Crichton, Alfred A. Knopf, Inc. (ed. it. *Viaggi*, Garzanti 1989). *Parallel Universe*, di Fred Alan Wolf; © by Fred Alan Wolf, Simon & Schuster, New York. *The Astronomers*, di Donald Goldsmith; © 1991 by Donald Goldsmith, St. Martin's Press, Inc. QED: *The Strange Theory of Light and Matter*, di Richard Phillips Feynman; © 1985, *Princeton University* Press (ed. it. QED, *La strana teoria della luce e della materia*, Adelphi 1989). *Black Holes*, di Jean-Pierre Luminet; © 1987, 1992, Cambridge Univesity Press. Albert Einstein: *Relativity*, © 196 1; Ideas and Opinions, © 1954, Crown Publishers, Inc. (ed. it. *Relatività: esposizione divulgativa*, Bollati Boringhieri 1980; *Idee e opinioni, come io vedo il mondo*, Il Cigno 1990).

# INDICE



## Parte prima
## Esplorare il mistero



## Parte seconda
## Risolvere i nostri più grandi misteri

**SCHEDA BIBLIOGRAFICA**

Buhlman, William

**Avventure Fuori dal Corpo: Come sperimentare le proiezioni astrali volontarie** / William Buhlman.
Cesena (FC): Macro, 2019.

**Titolo originale:**
Adventure beyond the body. How to experience out-of-body travel.

**Traduzione:**
Alessandra De Vizzi

264 pp.; 13,5x20,5 cm
(Sesto Senso)

ISBN 9788862297615